小牟田哲彦

旅行ガイドブックから読み解く

明治・大正・昭和
日本人のアジア観光

草思社

旅行ガイドブックから読み解く
明治・大正・昭和 日本人のアジア観光

目次

第一章　大日本帝国時代のアジア旅行

第一章

大日本帝国時代のアジア旅行

図1　大正15年に満鉄鮮満案内所が発行した『朝鮮満洲旅行案内』（所蔵：中村俊一朗）。

昭和初期までのアジア旅行事情

江戸時代にもあった旅行ガイドブック

日本人は、近代以前から旅行好きな民族だった。

洋の東西を問わず、領主が土地の支配権を持つ社会では、その土地に住む者は他の土地へ自由に移ることが難しい。日本でも、江戸時代までは庶民はもちろん、支配階級の武士であっても移動の自由は認められていなかった。徳川家康が日本全国を統一して江戸幕府を開いた後も、町人が旅行するには役所や寺社が発行する通行手形が必要だったし、武士は所属する藩の許可を得た公用旅行のみが許された。福沢諭吉の『福翁自伝』には、明治維新前に故郷の中津藩から大阪や長崎へ出たり咸臨丸に乗ってアメリカへ行ったときの話が詳しく記されているが、いずれも藩命による旅行であって、誰の許可も得ない私用の旅行は一度もない。諸国を巡って『おくのほそ道』を著した松尾芭蕉はかなり特殊な例で、彼が忍者だったとか幕府の密偵だったという説が生まれる所以でもある。

ところが、江戸時代の中期以降になると、生活に余裕が出てきた庶民が、伊勢神宮などへの寺社参詣や温泉での湯治を理由に旅行の許可を受けるケースが増えていった。特に、伊勢神宮は皇祖神を祀っているため、その参拝を目的とするお伊勢参りの旅は無条件で許可された。

しかも、商家の奉公人や子供が主人や親の許しなく勝手に家を抜け出しても、伊勢神宮への参拝なら黙認された（抜け参り）。信心の旅ということで、街道沿いに住む者から施しを受けて無銭旅行をすることさえできたという。そんなお伊勢参りの実態が物見遊山同然の私的旅行であったことは、『東海道中膝栗毛』の弥次喜多道中の様子から容易に想像できる。

こうして、公私を問わず遠隔地への旅行をする人が増えてくると、旅行を題材にした書籍も多く出回るようになった。作者が旅の足跡を綴った紀行文は『土佐日記』が書かれた平安時代から数多く読み継がれていたが、宿場間の距離や宿代、川の渡り方といった基礎情報や名所案内、土産物の紹介などを記した実用書、いわゆる「道中記」が初めて登場したのは、江戸時代中期とされる。旅行中も携帯できる小型サイズになっているところなど、まさに現代の旅行ガイドブックと同じ機能を有していた。「旅行者が増えれば旅行ガイドブックが発行される」という社会のサイクル（?）は、日本では江戸時代から始まったと言える。

東アジアへと広がった旅行範囲

そんな旅行好きの日本人が旅行範囲を日本列島の外へと広げるには、てくてく歩けば基本的に旅行ができる日本国内と異なり、金さえ払えば誰でも利用できる外国への公共交通機関の存在が不可欠となる。そして、飛行機が登場する以前の海外への交通機関となると、船しかない。

貿易船や軍艦といった特定の職業や身分の人しか乗れない船ではなく、所定の手続きさえ踏めば一般人でも乗船できる定期旅客船が日本と中国大陸との間で初めて運航されたのは、安政六年（一八五九年）のこと。ペリーの黒船来航によって江戸幕府がアメリカと日米和親条約を結び、開国したのが嘉永七年（一八五四年）だから、そのわずか五年後である。日本の会社ではなく、イギリスのペニンシュラ&オリエンタル・スティーム・ナビゲーションという海運会社が、上海〜長崎間に旅客航路を開設したのだ。

当時は最先端の乗り物だった蒸気船が投入され、一泊二日のスケジュールで二週間に一回、定期運航が行われた。その後、フランスやアメリカ、それに日本の船会社までもが、日中間の旅客航路にどんどん参入。日本人が日本列島を離れてアジア大陸へ旅行することができる物理的な環境が確立していった。

ただ、イギリスの会社が日中航路を始めたことからもわかるように、旅客航路の開設当初は、主に上海にいる西洋人が、長崎や雲仙あたりへ遊びに行くときなどに利用していたらしい。それが明治の初め頃になると、中国の裕福な商人や清朝の役人が商用や視察の名目で日本旅行を楽しむケースが増えていった。日中間を往来する船会社の競争によって旅客運賃が低落し、欧米人、日本人、中国人の旅客はいずれも増加したが、明治初期の船客リストによれば、とりわけ中国人が日中連絡船の旅客の圧倒的大多数を占めていたと推察されている。

では、日本人の物見遊山客が中国大陸などアジアの近隣諸国へ出かけるようになるのはいつ頃からか。それは概ね明治の後期くらい、つまり二十世紀に入った頃からと考えてよいように思われる。明治中期以降の約四半世紀で、日本の貿易規模は輸出入の金額ベースで約二十倍、一年あたりの輸出入額の成長率は平均して一〇パーセントと、年四パーセント程度だった当時の世界貿易の成長率と比較しても急速な拡大を遂げていた。とりわけ、アジア圏内での貿易規模の拡大が著しく、日本の貿易実績がアジア域内で占める割合は、明治十六年（一八八三年）には輸出額が四・二パーセント、輸入額が六・三パーセントだったのが、大正二年（一九一三年）には輸出額が二四・一パーセント、輸入額が三〇・五パーセントと飛躍的に増えている。貿易規模が拡大した範囲で、商用ではあるが、日本人の行動範囲も相応の拡大を遂げているはずである。

また、日露戦争に日本が勝って中国大陸に日本が特殊な権益を持ったり、韓国を保護国化したり併合したりしたことで、日本人がそうした特殊権益地域や新たな領土に多く移り住むようになった。そうしてできた在外日本人コミュニティーと日本列島内との間で、日本人の相互往来機会も必然的に増えていくことになる。そしてそれは、大型船や鉄道といった近代的な公共交通機関が発達して、一般の日本人が従前よりずっと手軽に、国内はもとより日本列島の外にまで旅行できるようになった時期とちょうど重なっている。

すると、増加する一般旅行者を対象に、実用書として使うことを想定して中国大陸や朝鮮などの現地事情や旅行上の注意などを記した書籍、すなわち現代でいう旅行ガイドブックが世に出始めた。旅の情報を必要とする者が増えたという社会状況に応じて旅行ガイドブックが登場・発達するという流れは、江戸時代の道中記が登場したときとよく似ている。

八十年前の日本人が持っていた空間意識

そうして登場したアジア方面の旅行ガイドブックをていねいに紐解くと、当時の具体的な旅行事情はもとより、第二次世界大戦前の日本人が一般的に持っていた生活感覚、旅行に対する意識、あるいはアジアという外国に対する認識や空間意識までも垣間見ることができる。

大正八年（一九一九年）に発行された『朝鮮満洲支那案内』というガイドブック（図2）からその一例を挙げてみたい。これは鉄道院（後の鉄道省、戦後は国鉄。現在のＪＲグループの前身）という官庁が発行した書籍で、長期旅行に携帯することを意識しているのか、ポケットに入りそうな小型サイズで、かつ、ハードカバーでしっかりした作りになっている。

まず、本のタイトルからして、現代の日本人からは突っ込みが入るかもしれない。「朝鮮」「満洲」「支那」という三つの地域が並列に並んでいて、中国を意味する支那が満洲と別扱いになっている。第二次世界大戦終結時までに学校で地理の授業をそれなりに受けていた世代でなければ、この理由を感覚的に捉えることは難しいだろう。

98 路(12) 奉天

路途 12 奉天 Feng-tien
附撫順

【到著】 奉天には滿鐵の奉天驛 Feng-tien(C 8)、京奉鐵路の瀋陽 Shen-yang (H 4)、及皇姑屯 Huang-ku-tun (A 4)三車站あり。皇姑屯は郊外西方に偏在せるを以て、一部支那人の外一般旅客に要なし。瀋陽驛は京奉線の極端驛にして小西邊門外に位置し、比較的城市に近ければ、同線よりする支那旅客の多く乘降する處たり。滿鐵奉天驛は前記兩車站と三角形線路を以て交はる城西の一角に在りて、滿鐵本支線の諸列車は勿論、京奉線主要列車とも相互連絡の便あり。且城内との往復亦至便なるを以て内外旅客の乘降最も多し。【手荷物】奉天驛構内には其の運搬夫あり、賃金每個三錢。其の他同驛構内には左記の諸設備あり。【兩替店】各國貨幣の兩替を爲す——滿鐵附屬地にては邦貨通用すれども、城内其の他支那人との取引には支那貨幣を要す。【構内食堂】ヤマト・ホテル兼營の食堂あり、洋食の需に應ず。其他食料品雜貨呼賣商人、自動電話(市内一通話五錢)等あり。

【馬車、人力車】 馬車には洋式、支那式の二種あり。洋式馬車は彈條附の幌馬車なれど、支那馬車は彈條なき轎車にして、支那人の外一般の乘用に適せず。人力車は驛前其他到處辻待のものあり。輓夫は皆支那苦力なり。以上各種の賃金割合左の如し。

區間＼種別		洋式馬車	支那轎車	人力車
自滿鐵奉天車站	附屬地内	円・三〇	円・一五	円・〇七
	十間房迄	・四〇	・二〇	・一〇
	小西邊門 大西邊門迄	・六〇	・三〇	・一五
	小西門 大西門迄	・八〇	・四〇	・二〇
	城内四平街迄	一・〇〇	・五〇	・三〇
	東門外迄	一・三〇	・七〇	・三五
待賃一時間に付		・一〇	・一〇	・〇五
傭ひ切	半日	二・五〇	一・五〇	一・〇〇
	一日	三・五〇	二・〇〇	一・五〇

以上孰れも夜間、雨雪の際は一割増、暴風雨雪時二割増とす。

【馬車鐵道】 奉天驛前より小西門迄每日頻回往復便あり。日支合辦なる瀋陽馬車鐵道公司の經營に係り、運賃規定左の如し。奉天驛、舊奉天驛、十間房、小西邊門の三區間每區銅元三個。小西邊門小西門間銅元四個。通計十三仙也。

旅館 ヤマト・ホテル(A 8) 滿鐵會社の經營に係り、奉天驛樓上に在り。宿泊料は歐式にして、室料二圓五〇以上各等差あり。食事料朝食一圓、晝食一圓五〇、晩餐

図2　大正8年に鉄道院が発行した『朝鮮満洲支那案内』の奉天（現・瀋陽）案内ページ。奉天駅からの市内交通や両替事情などが、文語体で詳しく紹介されている。

この『朝鮮満洲支那案内』の目次に列挙されている掲載地名を見ると、万里の長城を境にして北側を満洲、南側を支那と呼んでいることがわかる。この区別は、「満洲という名の中国大陸の東北部は、中国本体とは別の地域である」という見方に基づいている。

この空間意識は日本人固有のものではなく、中国大陸には古くからこういう地域区別の概念があった。「華北」「華中」「華南」という、中国大陸を大雑把に南北に区別する呼称は、そのことを端的に示している。もともと「華北」とは、概ね万里の長城のすぐ南側（現在の北京市、天津市及び河北省、山西省、山東省、河南省にわたる地域）を指していた。だが、今の中華人民共和国の実効支配地域だけを地理知識の前提とするならば、この呼び方に違和感を覚えてもおかしくない。中華人民共和国の領土が「中華」という伝統的な世界観と合致するのであれば、その「北部」には満洲方面も全部入るはずなのに、なぜ「華北」に満洲は入らないのか、と。

この疑問は、「中華」という世界が、本来は万里の長城の南側を意味していると理解すれば氷解する。万里の長城は異民族の防波堤として漢民族の歴代王朝が建設し、維持してきた。つまり、中国大陸の中央部以南における多数派民族である漢民族にとって、万里の長城の外側は、自分たちの生活圏とは別の世界であると理解するのが伝統的な考え方であった。むしろ、満洲族の王朝として満洲を支配下に置いた清王朝の存在は、長い中国大陸の王朝の歴史からすると例外的と言えるのだ。

とはいえ、この『朝鮮満洲支那案内』が出た大正八年は辛亥《しんがい》革命から七年が経過しており、清王朝に代わって成立した中華民国も満洲を自国の領土に含めていた。昭和初期に誕生した満洲国は、まだ

図3　満洲・華北・華中・華南の区分地図（昭和初期）

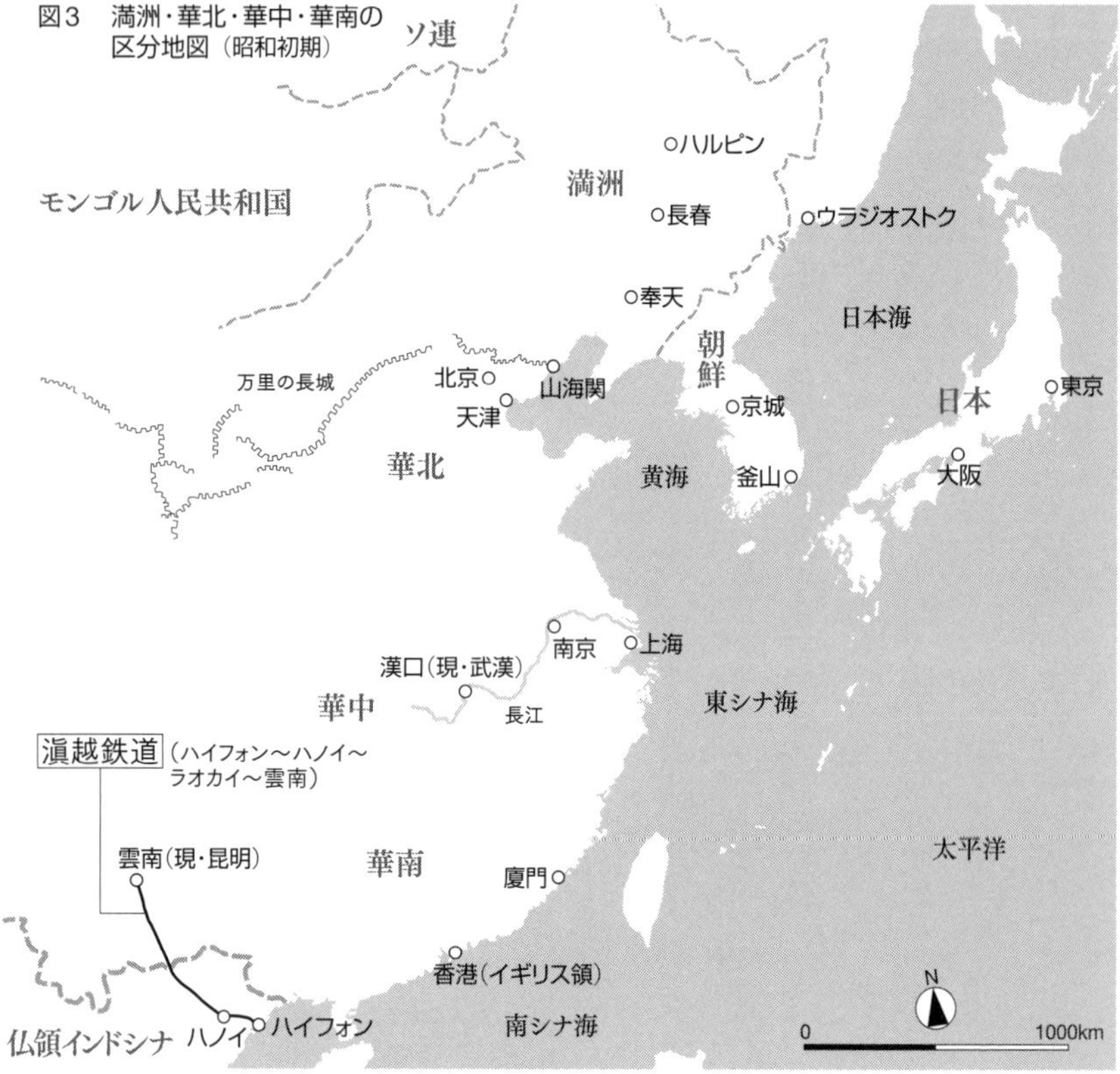

影も形もない時代である。その時期に、中国内部の地域分類として華北と満洲を区別するならともかく、「支那」という、清王朝に代わる中国大陸の代表政権あるいはその領土を示す語と同一レベルで比較する地理概念として、その領土の一部である「満洲」という地方を示す語を用いるのも、筋が通っているとは言い難い。

　旅行ガイドブックがそのような用語の使い分けをしている理由としては、当時の満洲には日露戦争の結果、ロシアから租借権を譲り受けて日本の施政下に置かれた遼東半島南部（関東州）や、営業権益を獲得して設立された南満洲鉄道（満鉄）など、事実上日本国内のように旅行できる地域や鉄道路線が広範囲にわたって存在し、万里の長城以南とは旅行事情が大幅に異なる特殊な地域だった実態を考慮したからではないか、という推測が成り立つ。

しかも、当時の中国大陸では、中華民国政府が領有権を主張する中国全土を現実に支配していたわけではなく、各地方にそれぞれの地域を統治する軍閥と呼ばれる武装集団がいて群雄割拠し、それぞれの勢力地域内をそれぞれ思い通りに支配している状態だった。昭和初期の日本史に名を刻んでいる張作霖や張学良は、大正後期から昭和初期にかけて満洲を実質的に支配していた有力軍閥である。

現代でいえば、二〇〇一年（平成十三年）のアメリカ同時多発テロが起こった頃までのアフガニスタンに似ているかもしれない。首都は中央政権が押さえていて、対外的には一つの国家としての形を保っているけれども、地方都市にはそれぞれの部族のボスが君臨していて中央政府の統制が及ばない。大正八年当時の満洲もそうした地域の一つで、北京にある中華民国政府の統制が及ばず、奉天派と呼ばれる張作霖率いる軍閥が実質的な支配者だったのだ。

実質的な支配者が異なれば、その地域の旅行事情にも必然的に違いが生じる。そこで、旅行ガイドブックの編集方針として支那本体、つまり中華民国の政府が実効支配している万里の長城以南の中国本土と、地方軍閥が実質的な支配者として君臨している満洲とを切り離して紹介することは、読者である一般の日本人の地理感覚に照らしてもさほど不自然ではなかったと思われる。

ちなみに、この本では中国本土のことを一貫して「支那」と呼称している。日本政府は清王朝に代わる中華民国政府を大正二年（一九一三年）に国家承認したが、日本国内の公文書では、「支那」または「China」という呼称が「秦」に由来することから、「China」と同じく地理的名詞である「支那」を「清国」という旧称に代わって使用することとなり、支那あるいは支那共和国という呼び方が慣例として用いられ続けた。一般的にも、「中国」という地名は、日本人にとっては古来より広島や山口などの中国地方を意味するものであり、海の向こうの外国名を「中国」と別の名称で呼ぶことは、日本国内の地方名との識別上の必要性もあったはずである。

だから、大正八年に官公庁である鉄道院が編纂した旅行ガイドブックで、中華民国を支那と表記しているのは、当時の公文書の用例に従っているからであり、読者である日本人にもそれが違和感なく受け入れられていたからであろう。この日本国内の慣例が中華民国政府の要請により改められ、日本の公文書で「中華民国」という国号を使用することが原則化されたのは、昭和五年（一九三〇年）になってからのことである。

「旅行可能な中国」はまだ限られていた

この『朝鮮満洲支那案内』の目次に列挙されている地名を見ると、中国大陸内の地名は鉄道の沿線都市や港町にほぼ限られている。一般の旅行者にとっては、当時のほぼ唯一の近代的な公共交通機関である鉄道があるところでなければ、訪問が難しかったことがその要因と考えられる。自動車はあったが、道路が整備されていなければ長距離移動はできない。飛行機はライト兄弟が一九〇三年（明治三十六年）に動力飛行を実現させたばかりで、旅客営業を行う定期航空便の登場は第一次世界大戦後を待たなければならない。

鉄道以外で長距離移動に利用できた公共交通機関は船である。海岸沿いだけでなく、大陸の中部や南部では、揚子江等の大きな河川を利用した交通が古くから発達していたので、鉄道の発達がなくても旅行は可能だった。『朝鮮満洲支那案内』の「支那之部」には、大陸東部の沿岸地域や主要鉄道沿線に混じって「揚子江沿岸」という小項目があり、大型汽船が揚子江（長江）の本流や支流を定期運航していて交通至便であることが詳述されている。上海から揚子江を遡って、漢口（現在の武漢）まで、三千トンないし四千トン級の大型旅客船が約八十時間（下りは約六十時間）かけてほとんど毎日のように航行しており、「頗《すこぶ》る乗心地佳《よ》し」と紹介されている。当時、漢口には揚子江沿いにイギリス、ロシア、フランス、ドイツ、及び日本の租界が設定されていて、内陸水運と鉄道が交わる交通の要衝として発展していた。

鉄道や水運が行き届かない中国の内陸地域は、一般市民が行楽気分で訪れることが難しいばかりでなく、現代のように史跡として明らかになっていない時期でもあった。井上靖が昭和三十三年（一九五八年）に短編小説『楼蘭』で描いた楼蘭遺跡は、スウェーデン人探検家のスヴェン・ヘディンやイギリスのオーレル・スタイン探検隊による踏査からまだ十年ちょっとしか経っておらず、日本の大谷光瑞探検隊が楼蘭や敦煌を訪れたのはちょうどこの『朝鮮満洲支那案内』の刊行の前後である。西安の始皇帝陵に至っては戦後の一九七四年（昭和四十九年）に発見されたので、この時期は土の中での長い眠りからまだ目覚めていない。要するに、この時期の中国内陸部は観光旅行というより探検の対象地域であり、それゆえに旅行ガイドブックの記載量は少なかった。

この傾向は、昭和に入ってからもあまり変わっていない。『朝鮮満洲支那案内』の刊行から十九年後の昭和十三年（一九三八年）に刊行された『旅程と費用概算』という全国旅行ガイドブックに折り込まれている「満・鮮・中国交通略図」を見ると、鉄道網が発達しているのは朝鮮と満洲が中心で、中華民国の実効支配地域は天津、青島、上海の港湾都市と、そこから鉄道でアクセスできる北京、済南、南京などの都市名が見えるが、その先は現在の陝西省の省都である西安、あるいは内モンゴルの包頭が鉄道で到達できる西の果てになっている。

日本から中国へ行くための旅行ガイドブックにこういう地図が載っているということは、当時の日本人はこの地域を一般的な旅行者として旅することが可能であり、また当時の日本人が支那とか中国大陸という地名を聞けば、だいたいこういう範囲をイメージしていたということになる。割り切った見方をすれば、この「満・鮮・中国交通略図」は、昭和初期の平均的日本人が抱いていた中国という外国、あるいは東アジアという地域に対する一般的な空間意識の一端を示しているとも言えるだろう。

ただし、この地図は、上海から南の大陸地域をはじめから範囲外として記載していない。一方、大正八年の『朝鮮満洲支那案内』には、沿岸都市にほぼ限られるものの、厦門（アモイ）や香港など南方の都市も紹介されている。また、西安よりさらに奥地にある雲南省の雲南（現・昆明《クンミン》）をも旅行地域に含めている。これは、雲南からフランス領インドシナ（現在のベトナム）のハノイ、そして南シナ海に面する港湾都市のハイフォンまで、滇越《てんえつ》鉄道という国際鉄道（71ページ図17参照）がフランスによって建設されていて、ハイフォンから旅客列車を乗り継げば四日間で雲南まで到達できたからである。このため、同書は「朝鮮満洲支那」の案内書であるにもかかわらず、現在のベトナムの首都であるハノイ（漢字表記は「河内」）やハイフォン（同じく「海防」）など、中国南部の国境を越えたフランス領インドシナに属する鉄道沿線都市の旅行案内が詳述されている。

　現代の旅行ガイドブックならば、国際列車で訪問できるからといって、中国版ガイドブックにベトナム領内の鉄道沿線の各都市の案内に多くのページを割くことはまずない。こうした記述が「支那」を対象地域と謳う旅行ガイドブックに含まれている背景には、旅行者が雲南省へ行くには事実上、ベトナム経由で滇越鉄道を利用せざるを得ないから旅行情報として必要だったという事情があったことは間違いない。だがそれだけでなく、そもそも大正中期の日本人にとって、中国南方地域とフランス領インドシナの違いに大した意味はなく、人為的な国境線を根拠に形式的に地域を区分けしようとする意識さえも稀薄だったのかもしれない。

メインコースは戦跡巡り

もちろん、旅行ガイドブックに書かれているからといって、その内容通りのアジア旅行が平均的生活レベルの多数の日本人によって容易になされ得たわけではない。ただ、実用に資する旅行ガイドブックが一般市民向けに存在していたことからすれば、とにかく金さえあればどんな日本人でも物見遊山のアジア遊覧旅行が可能な社会的環境が成立していたことは間違いない。

そうした、明治・大正期から昭和初期にかけての一般人によるアジア旅行が具体的にはどんなものであったのかを、当時の旅行ガイドブックの記述から読み解いてみたい。

明治中期になると、鉄道という陸上の新たな公共交通機関が全国各地に広がっていった。すると、それを利用した鉄道旅行という新たな旅行スタイルが登場し、それに伴い鉄道旅行のガイドブックも刊行されるようになった。その対象地域が日本列島の外、すなわち外地と呼ばれた海外領土や権益地、あるいは純粋な外国へと広がるとき、そのガイドブックは主として鉄道事業体が制作・刊行した。日本列島内と同レベルの旅行情報を収集し、かつ発信できる総合的な能力は、鉄道を運営する事業体自身以外にはほぼ持ち得なかったのだろう。

同様のことは、日本列島に出入りする際の交通手段として不可欠の存在となる旅客船を運航する船会社にも言える。このため、前記の『朝鮮満洲支那案内』が鉄道院によって編まれたように、明治から大正にかけて発行された日本列島の外を対象地域とする旅行情報誌は、純粋な民間の出版社が日本

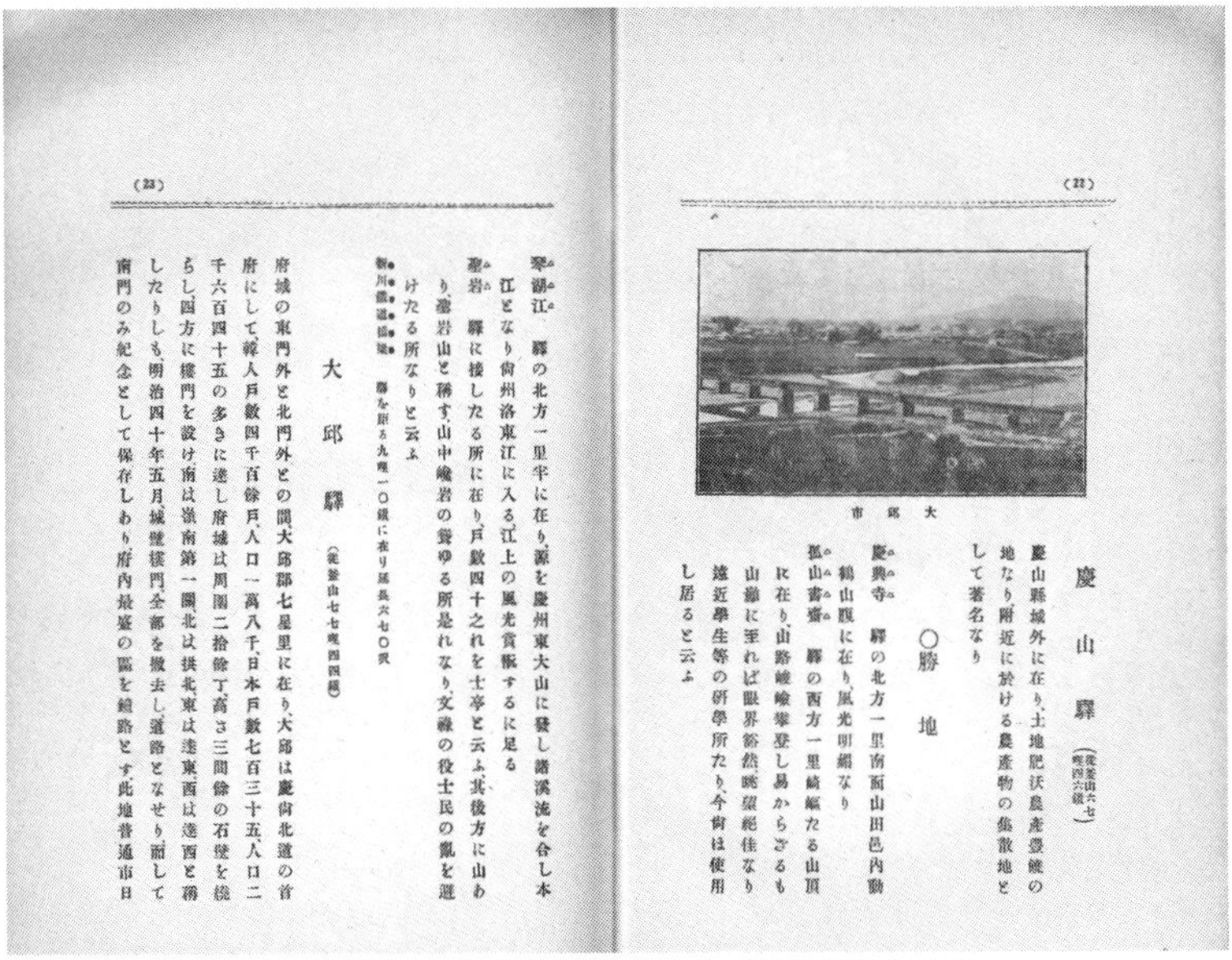
(22)

大邱市

慶山驛（從釜山六七哩四六鎖）

慶山縣城外に在り、土地肥沃農産豐饒の地なり附近に於ける農産物の集散地として著名なり

○勝地

慶興寺　驛の北方一里南面山田邑内鶴山腹に在り、風光明媚なり

孤山書齋　驛の西方一里綺縆たる山頂に在り、山路嶮嶮攀登し易からざるも山巓に至れば眼界豁然、眺望絶佳なり遠近學生等の研學所たり、今尚ほ使用し居ると云ふ

(23)

琴湖江　驛の北方一里半に在り、源を慶州東大山に發し諸溪流を合し本江となり尙州洛東江に入る、江上の風光賞翫するに足る

巫岩　驛に接したる所に在り、戸數四十之れを士亭と云ふ、其後方に山あり巫岩山と稱す、山中巉岩の聳ゆる所是れなり、文祿の役士民の亂を避けたる所なりと云ふ

●新川鐵道橋梁●　驛を距る九哩一〇鎖に在り延長六七〇呎

大邱驛（從釜山七七哩四四鎖）

府城の東門外と北門外との間大邱郡七星里に在り、大邱は慶尙北道の首府にして、韓人戸數四千百餘戸、人口一萬八千、日本戸數七百三十五、人口二千六百四十五の多きに達し府城は周圍二拾餘丁、高さ三間餘の石壁を繞らし、四方に樓門を設け南は嶺南第一關、北は拱北、東は達東、西は達西と稱したりしも、明治四十年五月、城壁樓門、全部を撤去し道路となせり而して南門のみ紀念として保存しあり府内最盛の區を縱路とす、此地普通市日

図4　明治41年に韓国の統監府鉄道管理局が発行した『韓国鉄道線路案内』。駅ごと、路線ごとに最寄りの名所などが解説されている。

列島の外に出てあちこちくまなく取材して作る現代の海外旅行ガイドブックとは異なり、鉄道事業体やその関連団体、または船会社が制作主体となっていた。

とりわけ、鉄道事業体による旅行ガイドブックは、その当時の日本人旅行者がどのような目線で現地の文物や風土、人々を眺め、関心を抱く傾向にあったのかを推測しやすい。船会社のガイドブックは、どうしても沿岸部に位置する寄港地の情報に偏りがちにならざるを得ない。外国の入港手続きなど実践的な旅行情報としては船会社版の方が優れている部分もあるが、名所旧跡の情報となると鉄道版の方が読み応えもある。

外地の鉄道事業体が初めて刊行した本格的な鉄道旅行ガイドブックとしては、

明治四十一年（一九〇八年）の『韓国鉄道線路案内』が挙げられる（図4）。発行元は「統監府鉄道管理局」となっている。当時の大韓帝国は外国ではあったが、明治三十八年（一九〇五年）に日本の保護国となっていたため、日本による統治機関として統監府が置かれ、韓国内の国有鉄道はこの統監府に属する鉄道管理局の管轄下にあった。したがって、その鉄道管理局が制作した公刊物であるこの沿線ガイドブックも日本語で書かれている。日韓併合後の明治四十四年（一九一一年）には、同書の改訂版である『朝鮮鉄道線路案内』が朝鮮総督府鉄道局（鮮鉄）から刊行されている。

本書は「線路案内」の名の通り、朝鮮半島を南北に貫く京釜《けいふ》線（釜山《ふさん》～西大門〔現在のソウル市内にあった駅〕間）と京義《けいぎ》線（龍山《りゅうざん》～新義州間）の両路線別に章立てされ、各路線の駅ごとにその駅の所在地方の沿革、最寄りの「勝地《しょうち》」（名勝地）の案内、それに駅周辺の旅館や料理店の名が列挙されている。改訂版の『朝鮮鉄道線路案内』になると駅ごとの記述が充実し、駅と最寄りの勝地紹介に加えて地域の人口、駅から人力車に乗った場合の主要な地点までの利用料金の目安などが列挙され、駅付近の旅館や料理店の情報も所在地や宿賃まで詳述されている。地域紹介だけでなく実用的な旅行情報が『韓国鉄道線路案内』より大幅に増えているのが、『朝鮮鉄道線路案内』の特徴だ。

しかも、『韓国鉄道線路案内』に比べると、『朝鮮鉄道線路案内』は、日本人旅行者が強い関心を抱きそうな日本関係の史跡の紹介量が全体的に増えている。たとえば、今は北朝鮮の首都の玄関駅となっている「平壌《へいじょう》驛」のページを開くと、冒頭には次のような一節がある。

「小西行長は此の城に據《よ》り、明軍に大敗し、日清の役には、我軍之れを包圍して遠く敵を遼東に敗亡せしむ。爾來十有六星霜、一たび露軍の蹂躪に委《まか》せんとせしも、幸に免かれ、爰《ここ》に新時代の興隆期に入る」

短い文章の中に、豊臣秀吉の朝鮮出兵時に小西行長がこの地まで足を延ばしていたことや、日清戦争ではここで日本軍が清軍を打ち破ったこと、さらに日露戦争時のことまで触れられている。「勝地」では、市街地に点在する高麗王朝や李氏朝鮮時代の古跡の紹介において、「日清の役」でどのような戦闘の舞台となったかが詳述されている。平壌は当時、日清戦争で平壌城の玄武門の城壁をよじ登って敵陣に乗り込み、中から開門して自軍を城内に引き入れ勝利をもたらした原田重吉一等卒の武勇伝によってその名が広く知られていた。

現在の韓国側にある京釜線沿線には、「死んでもラッパを口から離さなかった」として尋常小学校の修身教科書に逸話が載ったラッパ手・木口小平の戦死の地である成歡《せいかん》がある。成歓駅は現在のソウルから八十キロほど南に位置しており、日露戦争中の明治三十八年（一九〇五年）一月に開業している。以下は、成歓駅開業から六年後に刊行された『朝鮮鉄道線路案内』の「成歡驛」の紹介文である。

「成歡は、日清役の初頭に於て、一撃敵壘を殲《つ》くしたる、我民族の光榮ある戰蹟たるは、世人の

図5　成歓にあった松崎大尉記念碑（『日本地理大系 第12巻 朝鮮篇』より）。ラッパ手・木口小平の戦死の地として知られていた。

記憶(ママ)尚《な》ほ新たなるところ、驛を距《へだて》る十數歩の地、既に當時の殘壘を覓《もと》むべく、試みに丘上に立てば、安城《あんじよう》川蜒々《えんえん》長蛇の如く、水澤の間を貫流し、波濤狀を成せる岡陵《こうりよう》、西に走つて、牙山、屯浦の地に連らなり丘後の窪地に、茅舎《ぼうしや》の點々たるは、成歡の古驛にして、敵の牙營たりしもの、鬱々たる松林を控ゆる村落は、我軍先づ之を占據し、敵に迫りたる所、山河草木、總《すべ》て當年回顧の料たらざるなし。」

後半の「勝地」を見ても、「清軍の砲列を布《し》き死守したる所なり」とする月峰山、「松崎大尉戰死の地たり」とする安城渡《あんじようと》、「日清役に清軍の上陸地點たるを以て有名なり」とする牙山湾のほかは、「百濟の慰禮城址にして、邑は文祿の役、黒田長政が、明の大軍を潰走せしめたる古戰場なり」という稷山の紹介文に、かろうじて朝鮮古史の一角を成す百済の名があるのみ（それも、同文は文禄の役の説明の方が詳しい）で、あとは全部日清戦争に関係する地点が挙げられている。右に掲げた成歓の紹介文と併せて読めば、成歓とはもっぱら日本との関係でのみ歴史の表舞台に登場する地方であるかのように受け取れる。

余談だが、日清戦争直後は「死んでもラッパを吹き続けた」ラッパ手は白神源次郎という一等卒であるとされていて、終戦から一年後に「実は白神ではなく木口小平二等卒であった」との訂正がなされた。だが、ラッパ手・白神源次郎の名はすでに英雄として日本全国に定着していたため、木口小平の名が浸透するまでには大正初期頃までの長い時間がかかったという。本書はそうした過渡期に刊行されたためか、昭和初期の旅行ガイドブックには明記されているラッパ手・木口小平の名がなく、木口が所属する中隊を率いた中隊長・松崎直臣大尉の名のみが紹介されている。

こうした記述が平壌や成歓だけでなく、本書全体で至る所に見られる。豊臣秀吉の朝鮮出兵、日清戦争、そしてときには日露戦争にまで関連した説明が、名所旧跡の解説文中に頻出するのだ。現代の韓国や北朝鮮の旅行ガイドブックで同じ場所のページを開いてみても、こうした説明文はほとんど載っていない。

これが、朝鮮半島に関する日本統治時代の旅行ガイドブックの大きな特徴の一つといえる。明治の末期から昭和に入って日本が第二次世界大戦に敗れるまでの、いわゆる大日本帝国時代の朝鮮半島の観光旅行は、豊臣秀吉の朝鮮出兵と日清戦争、日露戦争の戦跡を鉄道であちこち巡るというのが主要なスタイルであり、モデルコースとされていたのである。朝鮮だけでなく、日露戦争後のポーツマス条約によって獲得した権益である満鉄を利用して周遊する満洲でも、日露戦争の戦跡は日本人旅行者にとって主要な観光コースとなっていた。

この『朝鮮鉄道線路案内』の前身である『韓国鉄道線路案内』が発行された明治四十一年四月は、

日露戦争が終結してからまだ二年半しか経っていない。大多数の日本人にとっては、自分が実際に徴兵されて日清戦争や日露戦争に参戦したり、自分の周囲に従軍経験者がいたり、中には身近な人が戦死したというケースも決して珍しくない状況にある。日本国民全体にとって非常にリアリティーがあり、直接的・間接的に自らの体験として知っている戦争だった。

しかも、現代の日本人の多くが日本の近代戦争に対して感じることと決定的に異なるのは、日清戦争・日露戦争がともに日本人にとって勝ち戦だった点だ。

現代の日本人が近代以降の戦争の史跡に接したときに受ける平均的な印象とは、沖縄の戦跡や広島・長崎の原爆資料館を訪れたときなどが典型的な例だが、概ね悲惨さや悲しさを感じ取り、そうした悲しく苦しい戦争の事実を後世に伝え、二度と戦争が繰り返されないように、という教訓を得る、といったところであろう。大半の戦争関連史跡における訪問者向けの解説は、「戦争は悲劇であり、絶対に起こしてはいけない」という意識を絶対不変の真理として万人に理解してもらおうとする点に主眼が置かれている。

ところが、明治の終わりから昭和二十年（一九四五年）までの大日本帝国時代はそうではなかった。司馬遼太郎の『坂の上の雲』に描かれているように、日清戦争と日露戦争は、日本が国運を賭けて戦った世紀の大一番だった。日本の歴史上初めて、一般庶民もが兵役によって外国の戦地にまで赴き、国民総動員で参加した身近な戦争だったのだ。その戦争に勝ったのだから、日本人にしてみれば、関係する戦跡というのは「勝った、勝った」と浮かれることができて、非常に痛快な気持ちに浸れる場所ということになる。もちろん、家族や親族など身近な人が戦死している者にとっては単純に喜べないだろうが、公には、両戦争は痛快な成功体験と捉えるべき空気が日本社会の全体に醸成されていた。

それを「とんでもないことだ」と考えるのは、現代の平均的日本人の価値観で当時の状況を見ているからに過ぎない。どんなに凄惨な戦闘があったとしても勝ち戦は生き残った者にとって楽しいというのは、発想として不謹慎だという批判は簡単だが、一方で、戦争という事象が持つ冷酷な現実でもある。勝利をもたらす武勇伝が生まれた戦場が聖地とされる現象も、古今東西変わらない。朝鮮戦争で自国の領土内が戦場となった現代の韓国にも北朝鮮にも、あるいは国共内戦で国民党軍を打ち破ったお隣の中国にも、そのような自国顕彰・礼賛型戦跡観光地が少なくない（中国では、中国共産革命にまつわる史跡を巡る観光旅行を「紅色旅游」といい、中国政府が国策として国民に推奨している）。それと同じような場所が日本統治下にあった当時、朝鮮半島のあちこちに生まれたのだ。

それらの勝利の痕跡を、自分たちもさまざまな形で関わった国民総力戦の一員として訪ね歩く旅行は、「戦争の悲惨さを学ぶ」といったダークなイメージではなく、日本軍の強さや勇ましさを実感し、勝ち戦の余韻に浸れるプラスのイメージが強かった。ガイドブックに溢れる戦跡地の解説文の行間から、そうした空気が窺える。日清・日露の両戦争と同じくらい解説が細かい豊臣秀吉の朝鮮出兵は明らかに勝ち戦とは異なるので、秀吉関係の史跡巡りは勝利の追体験にはならないが、それは、直近の戦争で勝ったことによる勝者の余裕の表れであろう。

観光旅行の大義名分

このような戦跡巡りは、朝鮮に限らず、満洲でも多かった。日露戦争の勝利によってロシアから獲得した日本の特殊権益地である満洲には、日露戦争関係の史跡があちこちにあった。昭和に入って満洲国が成立した後は、満洲事変の勃発地である柳条湖をはじめ、満洲事変関係の史跡も急増している。

内地から満洲への視察団体の斡旋をしたり現地事情を調査したりする目的で満洲国政府が設置した満洲事情案内所という団体が刊行した『満洲戦蹟巡礼』（三省堂、昭和十四年）というポケットサイズの小型ガイドブックは、満鉄沿線各駅の近隣に位置する日露戦争や満洲事変の戦跡地ばかりを集めた小冊子で、巻頭の序文は「本篇は一巡禮者として滿洲に於ける聖戰の跡を訪ねて、親しく當時の感激を永く後世に傳へんとしたものである」とはっきり謳っている。本文でも、たとえば奉天（現・瀋陽）駅の紹介文冒頭は、次のような勇ましい一節で始まる。

「渾河《こんが》の抱く無涯の沃野に立つ滿洲第一の大都會奉天は日露戰役に於ける兩軍の雌雄を決した屍山血河の巷であり、又滿洲事變發生の地として永遠に我が輝ける戰史に特筆大書せらるべき記念の聖域である。いま事變下に在る此の秋《とき》、當時を偲んで此の地に杖曳《ひ》く人々の道しるべとしよう。」

「戦蹟巡礼」というタイトルだから当然だが、紹介されている名所旧跡は日清・日露戦争、そして満洲事変のどれかに関係した古戦場や記念碑などで、現代から見るとよほどの戦史マニアでなければ知らないであろう局地戦に関するものも少なくない。北満洲ではソ連と衝突した張鼓峰事件（昭和十三年〔一九三八年〕夏に発生した満洲国東南部の満ソ国境を巡る日ソ間の軍事衝突）や、いわゆる馬賊集団（清末から満洲国時代に満洲各地で活動していた騎馬集団。馬賊から軍閥に成長した張作霖はその一例）との小競り合いにまで紙幅を割いている。それは発行元である満洲国政府、もっとはっきり言ってしまえば、その満洲国政府に強い影響力を持つ日本政府が観光旅行者に「こういう場所をこういう視点で見せたい」と考えていたからだ、という推測が成り立つ。

ただ、本書は無料頒布のパンフレット類ではなく、本文百九十六ページの旅行ガイドブックとして定価一円で販売されていた（同程度のページ数の岩波文庫は当時四十銭だった）。ということは、単に時の政権が国民に読ませたいと考えただけではなく、書籍の制作者たちもまた、この戦跡情報満載のガイドブックを自ら金を出して入手しようとする読者が日本全国に一定程度の数だけ存在することを、最初から予測していたことになる。

それは、当時の日本人旅行者がそうした場所を好んで巡りたがったことを窺わせるのだが、その背景には、嗜好が好戦的かどうかということではなく、「戦跡巡りという大義名分があると観光旅行がしやすい」という社会全体の雰囲気の存在があったと考えられる。江戸時代のお伊勢参りが参詣目的だったから自由にできたのと同じように、江戸時代生まれの日本人が社会の中枢を占めていた明治から大正の時代、そしてその人たちの教えを受け継いだ昭和初期の日本人には、「純粋な遊び目的で旅行に行く」ことを無条件でおおっぴらに許容するのではなく、何らかの大義名分を必要としたがる感覚が受け継がれていたのではないだろうか。

特に、本音と建前の乖離が大きくなると、この「大義名分」の有無は重要性を増す。典型的なのは昭和十年代で、昭和十二年（一九三七年）の盧溝橋事件勃発以降、鉄道輸送は戦時体制型へと徐々に切り替えられていった。鉄道省が運営する国有鉄道で通勤電車や長距離急行列車が増発される一方で、急行列車のスピードダウンや観光地向け列車の廃止などにより、観光旅行の抑制が図られたのは昭和十五年（一九四〇年）のこと。同年十月に実施された改正ダイヤを掲載した鉄道省編纂の『時間表』（現在の時刻表）の表紙には、「遊樂旅行廢止」の文字が見える。純粋に戦時輸送を優先するという目的もあったのだろうが、「兵隊さんが戦地で命をかけて戦っているときに、フラフラ遊びに行くなど不謹慎である」というピリピリとした雰囲気が社会全体を包み始めていた。

そんな空気に反発するコラムが、月刊誌『旅』（日本旅行文化協会〔のちにジャパン・ツーリスト・ビューローと合併〕発行）の昭和九年（一九三四年）七月号に載っている。タイトルは「旅は果して有閑事か」、コラム子は同号の三好善一編集長である。

「（前略）『久しぶりで旅行したいなア』と、誰かゞいつたとする。

『旅行？　フン、何を贅澤《ぜいたく》なことをいつてるんだい。旅行なんて、凡《およ》そプチ・ブル的な趣味だよ。そんな趣味に耽《ふけ》つてゐられる時代か、どうか考へて見ろ。だから、君なんか、時代に對《たい》する認識がないといふんだよ』と來る。

これは筆者の單なる創作ではない。何しろ、時代は我々の好むと好まざるとに關係なく、左翼的であり、又右翼的でもある。茲《ここ》に於いてか、旅行そのものが有閑趣味であり、小市民的な自己陶酔として排撃される場面を、筆者は屢々實見《しばしばじつけん》している。

旅行までが、かうした意味で取上げられ偶々《たまたま》それに對する趣味を口にする者が非難的口吻《こうふん》を浴びるといふに到つては、理解し得べきを理解せざらんとする傾向も窮まれり矣《か》だ。」（ルビは原文と一部異なり、引用者の判断による）

三好編集長はこの後、「旅は彼等一部の人々が云ふ如く、しかく有閑的であり、またプチ・ブル的な安逸《あんいつ》事であらうか」と自問し、「否！　斷じて否である」と即答してその論拠を延々と主張する（「プチ・ブル」とはプチ・ブルジョワジーの略語で、この場合は「成り上がり者」「社会全体の利益を顧みない個人主義者」というような相手を見下す意味で用いられている）。「旅という行為には当代の日本社会ならではの意義がある」としてその意義、つまり大義名分について、自然に接する旅に宗教的意義がある、などと説いているのだが、「有閑」、つまり自分自身が自由に使える時間があるときに、その時間を自分自身の遊興のために利用すること自体が批判されることについては反論していない。「行動には大義が伴わなければならない」という前提には同意しているのだ。

ところが、こうした空気が社会全体に醸成されつつある一方で、軍需産業が盛んになったおかげで、軍需景気の恩恵を受けた人たちが観光地へ繰り出し、温泉で芸者を上げて騒いだりするという現象が発生した。長距離利用者向けの高額な急行券を近場の温泉地へ行くために平気で購入する人が増え、本来の長距離客が急行列車に乗れなくなる事態まで生じた。

その背景を、当時中学生だった紀行作家の宮脇俊三は、「要するに、国策にそえるよう心を清める、あるいは、伊勢神宮に参拝して皇軍の武運長久を祈るといった建前さえあれば、内実は遊山旅行であっても大手を振って通れた」（『増補版　時刻表昭和史』角川書店、平成九年）と回顧している。聖地化された戦跡や寺社仏閣、健康上の効能がある温泉などは、許されるのであれば本音では行楽旅行で息抜きがしたいと考える国民にとって、知恵を使って上手に利用すれば便利な存在だったのかもしれない。

『時間表』の昭和十五年十月ダイヤ改正号でも、「遊樂旅行廢止」の標語とともに「聖地参拝」として伊勢神宮・橿原神宮・熱田神宮への旅行を呼びかける広告が裏表紙に載っているし、巻末には「大陸への最捷路　朝鮮へ」という鮮鉄の広告、「大陸《（ママ）》国策を現地に看よ！」と呼びかけて内地からの往復・回遊汽車賃割引率を列挙した満鉄の広告、姑娘《クーニャン》と呼ばれていたチャイナドレス姿の女性を描いた「中支那の旅」を宣伝する華中鉄道の広告、温泉地や景勝地へのアクセスを図示した地図と旅ごころを誘う牧歌的な詩を載せた台湾鉄道部の広告が連続して掲載されている。昭和十五年十月といえば大政翼賛会が発足した月だが、そんな時期でさえ、「大陸国策を現地に看る」という建前があれば、旅行の実態がどうあれ内地から朝鮮や満洲へ周遊旅行をすることも、社会の雰囲気としてまだ不可能ではなかったということになる。

外地の旅行ガイドブックに戦跡巡りの記述が増えていくのは、戦時体制が強化されていく昭和十年代に限ったことではない。前記の『韓国鉄道線路案内』から日韓併合を挟んだ三年後に改定された『朝鮮鉄道線路案内』も、前者より戦跡案内が増加しているし、同書の路線別紹介という編集方針を受け継いで鮮鉄が昭和九年（一九三四年）に発行した『朝鮮旅行案内記』では成歓の紹介文に「木口喇叭《ラッパ》手」の名も登場して、さらに戦記が充実している。

戦記の充実という点では、この昭和九年の『朝鮮旅行案内記』は、秀吉の朝鮮出兵に関する歴史解説文がやたらに長いのが興味深い。本書では路線別紹介文である「案内編」の前に、朝鮮全体の気候、風習、産業、教育事情などさまざまな分野の「概説編」というページが設けられているのだが、「歴史」のページが四十八ページあって、そのうち文禄の役・慶長の役に三十一ページも割いているのだ（日清戦争以降は各地の紹介本文に個々の史跡の紹介を譲っているためか、年表のように事実を羅列した二ページのみになっている）。本文以外にも「文禄役日本軍進軍路」という地図が一ページ丸ごと載っていて、小西行長や加藤清正らの進軍コースが図解されている（図6）。

本書の執筆者がこの時代の専門家だったのかもしれないが、現代の韓国旅行ガイドブックに、秀吉の朝鮮出兵時の古跡に関してこんなに詳しい記述はない。本書のコピーを現地に持参すれば、出版か

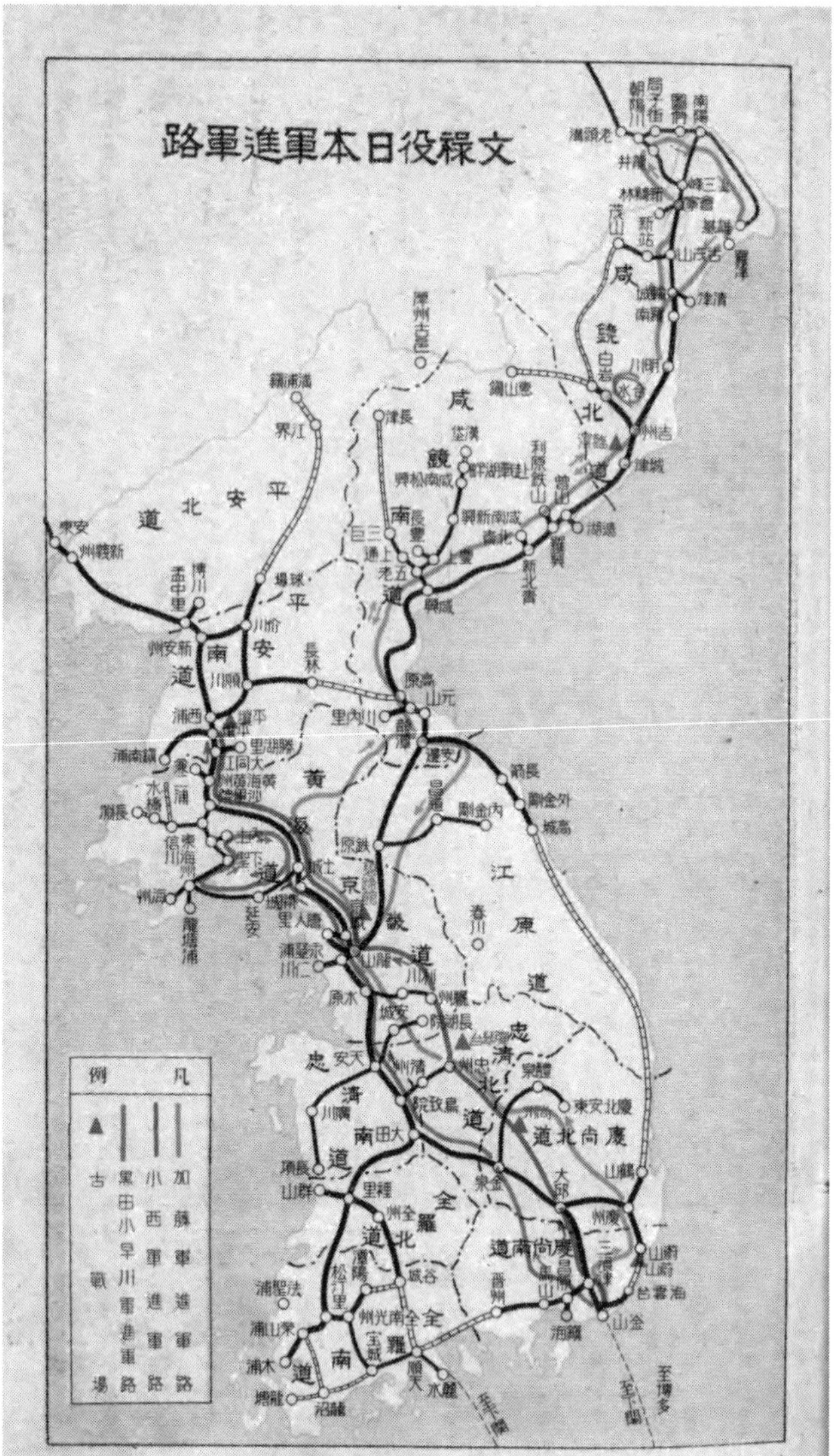

図6　『朝鮮旅行案内記』（昭和9年）に掲載されている文禄の役での日本軍の進軍コース解説図。

ら八十年以上が経過した今でも、秀吉関係の史跡巡りにこれ以上役立つ日本語ガイドブックは他にないと思われる。日本統治時代に建てられた現地の記念碑等はないとしても、日本の戦国武士たちが奮戦した古戦場を成す山河の形は、往時とほとんど変わっていないはずである。

団体ツアーが主流だった

この昭和九年（一九三四年）の『朝鮮旅行案内記』は、前半の「概説編」が二百三十六ページ、後半の「案内編」が三百九ページ、併せて五百四十五ページで編まれている。現代の韓国旅行ガイドブックである『地球の歩き方　D12　韓国　２０１８〜２０１９年版』（ダイヤモンド・ビッグ社、平成三十年）が五百四十四ページだからページ数としてはほぼ同じだが、現代のガイドブックに比べると写真や図版が圧倒的に少なく文章主体なので、その分、情報量はむしろ多いかもしれない。

ところが、現代の海外旅行ガイドブックではほぼ必須事項となっている重要な情報が、この『朝鮮旅行案内記』にはほとんどない。

右に比較対象として挙げた『地球の歩き方』の『韓国　２０１８〜２０１９年版』を例にとると、各観光地を紹介する本文の後ろに「旅の準備と技術」という章があり、パスポートの取得方法、ビザ（査証）の要否、通貨や両替の情報、出入国時の手続きなどが平易に説明されている。五百ページ超のガイドブック全体のうち、この「旅の準備と技術」の章が七十八ページを占めるから、それなりにボリューム感がある。

一方、この『朝鮮旅行案内記』では、「概説編」の最後の二ページに「旅行の注意」という項目があるだけ。内容も朝鮮全体の宿泊事情（朝鮮人経営の旅館はどこにでもあり宿代も安いとの評価、及び都市部と地方の宿代の相場）を記した「旅館」、本文で主として扱う鉄道沿線から外れた地域へは乗合自動車が利用できるとか、都市部にはタクシーがあるといった紹介文を綴った「自動車」、釜山・馬山・鎮海《ちんかい》・元山《げんざん》の付近一帯は要塞地帯に指定されていて写真撮影や写生スケッチは要塞司令部の許可証が必要であるとする「要塞地帯」、そして朝鮮の出入域に必要な「税關檢査」の四項目しかない。

それでも同書はまだましなほうで、これより五年前の昭和四年（一九二九年）に鮮鉄が刊行した同名の『朝鮮旅行案内記』では、宿泊情報や駅周辺の交通事情は全て各駅の本文に収められていて（この点は昭和九年版も同じ）、「旅行の注意」に相当する実用情報をまとめたページが存在しない。明治末期の前掲『韓国鉄道線路案内』『朝鮮鉄道線路案内』も地域紹介に徹していて、旅行をするうえで必要な事前準備や諸手続きなどが書かれていないのだ。朝鮮が日本の領土であった（『韓国鉄道線路案内』の刊行時はまだ韓国が日本の保護国となっていただけで、日本領とはなっていないが）とはいえ、人々が話す言語や流通している通貨などが内地と異なっているのだから、日本列島から出たことのない日本人が内地とまったく同じ感覚で旅行することは困難だったはずである。この点は、現代の海外旅行事情と何ら変わりがない。

もちろん、当時のガイドブックにそうした実用情報が常に書かれていなかったというわけではない。その一例が、本書13ページ以降で紹介した大正八年（一九一九年）発行の『朝鮮満洲支那案内』である。地域別の紹介本文が四百九十四ページ、及び索引や「當用支那語」（旅行に必要な日本語とそれに相当する中国語の漢字・発音のカナ及びローマ字の表記対象一覧。現代のいわゆる「日中旅行会話集」などに相当）から成る巻末の附録の前に、「總說」という、本文とはページ数が別カウントされている二十二ページ分の章がある。本文全体に比べれば分量は少ないものの、内地から朝鮮や中国大陸への多様なアクセスルートを紹介した「交通經路」という第一編と、「旅客須知事項」という第二編とで構成されていて、この「旅客須知事項」に「旅券」「稅關」「旅館」「料理店」「言語」「案内業者」「通貨」「旅費」「周遊計畫」「氣候及遊覽時期」「郵便電信電話」の各項目が並んでいて、現代の海外旅行ガイドブックでも掲載されている実用情報が概ね網羅されている。

この本は定価が五円となっている。大正中期の大卒銀行員の初任給は四十円から五十円程度だった。大学進学率が現代と大幅に異なる当時は大学新卒者自体が少なかったので単純な比較は難しいが、具体的な数値を年代ごとに比べやすい大卒銀行員の初任給を指標としてみると、現代の大卒銀行員の初任給を二十万円として計算した場合、同書の価格は現在の金銭感覚で二万円から二万五千円に相当することになる。とすると、本書はごく一部の富裕層の個人を除けば、主として旅行斡旋業者や団体向けに販売されたのではないかと考えられる。

このような価格設定には、当時の旅行スタイルとも関係があるように思われる。この時代は外地へ行くのに、現代のバックパッカーのような個人の自由旅行という旅行形態を選択する人は非常に少なく、団体で旅行するのが主流だった。外国へ観光旅行をするときに旅行会社主催のパッケージツアーを利用せず、個人で自由に動き回る日本人が珍しくなくなってきたのは、エイチ・アイ・エスなどの格安航空券販売会社の社会的認知度が高まってきた一九九〇年代以降、つまり昭和が終わって平成へと時代が移ってからであり、比較的最近のことと言ってよい。外地への旅行は基本的に団体で行くのが一般的だったとすれば、パスポートはどうだとか、税関検査でどうだとかということは団体の主催者が専門業務の一環としてサポートするので、市販のガイドブックではその種の情報は基本的に不要だったと言える。

鮮鉄や鉄道院などの役所が発行したガイドブックには見られないが、民間会社が発行した鉄道時刻表には、現代の市販の時刻表と同じように、巻末に広告がまとまって掲載されている。明治中期から後期にかけて冊子型の鉄道時刻表を市販していた複数の出版社が、大正四年（一九一五年）から鉄道院の公認を得て合同で発行するようになった『公認汽車汽船旅行案内』という月刊時刻表の巻末には、全国各地の旅館の広告に混じって、外地の鉄道会社や世界各国へ定期便を運航する船会社の広告が並んでいる。時刻表本文中にも、北海道の鉄道時刻に続くページに樺太、台湾、朝鮮といった外地の鉄道時刻が載っていて、内地の路線と同様に扱われている。

試しに同時刻表の大正八年六月号（図7）を開いてみると、本文直後の最初の見開き二ページに、「夏季休暇と鮮満支旅行」という大きな見出しを掲げた、鉄道院による次のような広告文が目に飛び込んでくる。

図7　『公認汽車汽船旅行案内』の大正8年6月号。
内地・外地の鉄道時刻を広く網羅していた。

「陽春も去り新緑も漸《ようや》く雨に厭《あ》き次いで待たるゝは暑中休暇利用の旅行に有之候《これありそうろう》。海か山か各位に於ては此際《このさい》最良の旅行地に就《つい》て種々御考慮の事と存じ候處《そうろうところ》、海の彼方、朝鮮、満洲、支那方面の目新らしき山川風物を探究せらるれば一入《ひとしお》の興趣《きょうしゅ》可有之《これあるべく》と存候《ぞんじそうろう》。當院に於ては鮮、満、支方面御旅行各位の御便利を圖《はか》り左記の通《とおり》各種乗車券を發賣致居候間《いたしおりそうろうあいだ》精々《せいぜい》御利用相成度候《あいなりたくそうろう》。

日鮮満巡遊券（約三割引通用六十日間）
　特別割引　奉天、長春間　永登浦《えいとうほ》、仁川《じんせん》間切符三割引
日鮮満往復券（二割引通用六十日間）
日鮮満團體乗車券（全區間二、三等五割引世話人無賃）
日支片道乗車券（四十日間有効）
日支往復乗車券（二割引百十日間通用）
（以上二種）朝鮮經由
日支周遊券（汽車約三割引、汽船約二割五分引通用四ヶ月間）
　特別割引　永登浦、仁川間　奉天大連間　溝帮子、牛莊間　北京、張家口《ちょうかこう》間、上海北驛、杭州間　切符三割引
日支團體乗車券（二割五分乃至五割引通用二ヶ月間）

御旅行御計畫の際は東京鐵道院旅客課、東京、名古屋、神戸、門司、仙臺及札幌管理局運輸課又は最寄り停車場に就て御承合《おうけあい》被下度候《くだされたくそうろう》。」

大正八年六月といえば、第一次世界大戦の講和条約としてヴェルサイユ条約が締結され、史上初の世界大戦はいちおうの終結を見た月である。一方で、直前の五月には中国で五・四運動、三月には朝鮮で三・一独立運動が起こっており、隣接するロシア東部へは前年からシベリア出兵が行われていた。そうした時期に、官公庁である鉄道院が朝鮮や満洲、中国大陸方面への行楽旅行を推奨する広告を出し、各種割引サービスの存在を宣伝しているということは、この時期は昭和初期に見られた「遊楽旅行廃止」のような社会的雰囲気はなかったことが窺える（この広告の次のページ以降にも、台湾総督府鉄道部や満鉄が出稿した旅客誘致広告が掲載されている）。むしろ、第一次世界大戦中は日本全体が大戦景気と呼ばれる好景気の中にあり、それがまだ続いていた。

この広告では、個人向けの各種割引切符と並んで、「團體乗車券」が宣伝されている。割引率も最大で五割、つまり正規運賃の半額になるとか、「世話人無賃」、すなわち現代で言えば「飲み会の幹事お一人様分無料」のようなサービスが謳われている。この世話人は、団体と同一行動せず次の目的地に先乗りして旅館の手配や準備等をするために、団体から離れて別日程で列車等を利用することも認められていた。現代では、このような団体旅行を主催しようとする者向けの案内を、個人旅行者向けの案内と併記する旅行会社のパンフレットや広告はあまり見られないが、当時は、特に外地への団体旅行がさまざまな主催者によって組まれていた。

自由気ままな旅をするには一人旅や少人数の仲間での旅行が望ましいが、団体割引運賃の設定が示す通り、まとまった人数が同一行程で旅行する場合は個人で同じコースを辿るより旅費が安くなりやすいのは、今も昔も変わらない。しかも、日本列島の外に出かけるということは、現代とは比較にならないほどの大仰な旅行であり、言葉や習慣が異なる地域で自分たちが異邦人として扱われるのは、ほとんどの日本人にとって未知の体験である。したがって、日本列島内の旅行とは勝手が違うさまざまな旅行実務上の諸手続きを全て世話人が代行してくれる団体旅行は、初めて外地や外国旅行をしようとする日本人にとって、極めて心強い旅行スタイルだったに違いない。

それに、江戸時代のお伊勢参りも「講」と呼ばれる集団が各地で組織され、その集団の構成員として参詣するシステムが広く全国的に確立していたから、幕末生まれが現役世代だった明治や大正期の人たちは、団体旅行という旅行形態には馴染みがあった。団体の場合は単身の場合より「視察」とか「学習」といった大義名分も立てやすい。旅行するのに大義名分が求められる時代や社会にあっては、個人旅行より団体旅行の方が広く受け入れられやすかったのだろう。

団体旅行には、会社や官公庁、地域の自治団体などのように、すでに存在している組織の構成員が集団で旅行する場合と、ある団体が参加者を一般公募して旅行団を結成する場合とがある。現代でも多くの旅行会社が「全行程添乗員付き。○○名以上催行保証」などのキャッチフレーズで、一定の申込者数があった海外ツアーを実施しているが、これは後者のスタイルである。このスタイルだと、旅行目的地との特殊な繋がりを持つ特定の集団に属していない個人でも、金さえ払えば団体旅行者として旅行できる。

この後者のスタイルによる団体旅行が朝鮮や満洲向けに実施された先駆的な例が、日露戦争終結の翌年にあたる明治三十九年（一九〇六年）、朝日新聞社が「満韓巡遊旅行会」という集団を結成して、船一隻を丸ごと借り切って満洲や韓国を七月から八月の一ヵ月間周遊する団体ツアーであった。朝日新聞に広告が出てからわずか五日間で、定員三百七十四名の募集枠が満員になるほどの大盛況だったという。

図8は、明治三十九年六月二十六日付の大阪朝日新聞の一面に掲載されているこのツアーの募集広告である。一行はまず神戸や呉、北九州で造船所や海軍工廠、製鉄所を見学し、朝鮮や満洲では日清戦争・日露戦争の戦跡地を巡っている。満洲では戦跡のほか、撫順《ぶじゅん》炭田や大豆生産など、肥沃な新興開拓地としての可能性を示唆する場面も見学している。

このツアーの参加者は、商業従事者に次いで学生が二番目に多かった。一ヵ月もの長期にわたって内地を離れられる者として、夏休み中の学生が多いのは自然なことだった。

学生や生徒が外地で戦跡を巡る旅行は、この頃から、修学旅行という形で国を挙げて推奨されるようにもなった。この朝日新聞社の満韓周遊ツアーが実施されたのとほぼ同時期に、東京高等師範学校が三十日間に及ぶ中国大陸への修学旅行に出かけている。東京高等師範学校は全国唯一の官立師範学校として発足し、日本中の中等学校に教員を輩出するエリート校だった。それだけに、この外地修学

図8　明治39年6月26日付『大阪朝日新聞』の1面に掲載されている満洲・韓国の周遊ツアー広告。

旅行も単なる戦跡巡りだけでなく、植物・鉱物採集などの理科学習、中国史に関する史跡巡りなど盛りだくさんの内容を含んでいたのだが、文部省だけでなく陸軍もこの旅行をバックアップ。列車や船の利用、宿泊に至るまで陸軍が便宜を図ったという（白幡洋三郎『旅行ノススメ』中公新書、平成八年）。

内地の学生や生徒が外地を旅行しやすい環境は、文部省や軍部によるこのような直接的支援に限らず、学生団体に対する割引運賃制度からも見て取れる。

満鉄の大連管理局営業課から発行された『満鮮観光旅程』というハガキ大の小冊子は、営業課が作成したということもあってか、本文六十一ページのほぼ全てが鉄道の割引乗車券、主要都市の旅館とその宿代の相場、モデルコースとその費用の紹介など実用情報で埋め尽くされている。同書の大正九年（一九二〇年）三月改訂版に掲載されている満鉄の割引乗車券類を見ると、「當社滿洲線及朝鮮線」（朝鮮半島の国有鉄道は大正六年から同十四年まで満鉄が朝鮮総督府から運営を受託していた）の「學生割引」、つまり学割について次のように記されている。

「當社の指定せる中學校程度以上の學校職員生徒及小學校、普通學校、公學堂の職員の旅行に對しては左記期間内に限り一定の割引證票引換に三等に限り五割引、割引證票は學校の請求により當社より配付す、同一官、公、私立學校（夜學校の類を除く）の職員學生に依り組織せる二十人以上の團體旅行に對しては六割乃至《ないし》七割引、春期自三月九日至四月二十日、夏期自六月二十五日至九月十五日、冬期自十二月二十日至一月二十五日」

学校が春休み、夏休み、冬休みの時期は、学生や生徒が団体で旅行する場合は最大で七割引もの特典が受けられるというのだ。これは、この記述に並んで紹介されている内地の国有鉄道、つまり「鐵道院線」の学割が「中學程度以上の學校職員生徒竝《ならび》に小學校教員に對しては夏期及冬季休暇中鐵道院線は三等に限り二割引」となっていることと比べれば、破格の割引サービスと言える。ちなみに、現代のＪＲグループが設けている学割運賃も正規運賃の二割引であり、その割引率はこの時代から引き継がれているものである。

このような外地の鉄道運賃における学割、それも学生団体の割引率の高さは、戦前における鉄道運賃割引制度の特徴であった。そこには、内地を含めた日本国内の学校に通う学生や生徒が、学校行事として修学旅行などで外地に行きやすくするための経済的配慮が政策的に含まれているとみていいだろう。

そうした配慮は、学割制度自体からも垣間見ることができる。当時の学割制度は、学生だけでなく、学校の教職員も対象だったのだ。学校の先生が学生と同じように学割が使えたのである。

団体や個人を問わず、学生や学校教職員向けの割引制度が内地の鉄道より手厚かった理由は、日本の将来を担う子供や学生たちが、外地で、大日本帝国の領土が拡大して発展している様子や、その拡大の要因となった戦場の跡を実際に見聞することに教育上の大きな効果がある、と考えられたからに他ならない。さらには、現在や将来の子供たちに大日本帝国の発展のさまを教育するための知見を得るために、学校の先生がそれらの地を実際に訪ねることは国家として有益だから、という判断もあったと思われる。だからこそ、外地への修学旅行は東京高等師範学校を嚆矢として、当初は教員を輩出する師範学校から徐々に広まっていったのだ。

団体旅行向きだった治安イメージ

外地への旅行に団体ツアーが好まれた理由には、外地独特の治安面での不安を解消する意義もあった。「海外旅行は日本国内の旅行よりも何となく危ない」という感覚は、海外旅行に関心を抱く多くの現代日本人に共通するところではないかと思われるが、戦前の外地の治安その他に対する不安の大きさは、現代の比ではなかった。

大正末期に創刊された月刊誌『旅』には、第二次世界大戦中に休刊となるまで外地の旅行記や体験談、旅行案内などがしばしば掲載されているが、当時の日本人が朝鮮や満洲、台湾といった海外領土や権益地への旅行に強い不安を抱いていたことを窺わせる記事が散見される（いずれもルビは原文と異なり、引用者の判断による）。

「而《しこう》して日露戰爭當時の出征軍人によつて傳へられた滿洲が今日尚《なお》邦人多數の腦底に存し、冬は氷に閉ざゝれ夏は黄塵《こうじん》と惡疫菌の渦卷返る外何の見るべきものもない殺風景な平野の樣に直覺し、甚しきは親子水盃《みずさかずき》でもしなければ容易に出かけることの出來ぬ薄氣味惡い未開地のやうに想像してゐるものさへある」（坂本政五郎「滿洲旅行に就いて」大正十三年四月号）

「第一に大概の人が相變らず滿洲といへばスグ馬賊はどうですとくる、朝鮮の不逞鮮人と共によくもこんなに根強く日本人の頭に、或る意味に於て滿鮮の代表的名物となつたものかと驚かれるのです。先日も一學生が暑中休暇に鮮滿旅行を計畫したが兩親がソンナ恐しい所へはやれぬといふから一ツ來て兩親の蒙《もう》を啓《ひら》いて貰《(ママ)》いたいとの申出がありました。

大正も十三年一般の海外事情に對する觀念も確かに向上し手近な朝鮮滿洲へなどは一寸《ちよつと》隣りへ行く位の氣安さで往復される迄になつたと思ふが、中々世間は廣くまだまだ右の學生の親御の様な人が實際少くないのです」（高砂政太郎「鮮滿案内雜感」大正十三年十二月号）

「私は本年の五月交通局總長として初めて渡臺した次第で…（中略）…私が赴任するに際し想像した臺灣、それは苦熱《くねつ》の天地であり、マラリアの流行する島であり、且つ生蕃《せいばん》の横行する所であつた。友人の中には私の健康を危惧して呉れたものすらあつたやうな次第である」（生野團六「想像した台湾と現実の台湾」大正十四年十二月号）

「九〇歳になる老母の見舞を兼ねて、此夏私が故國へ歸るに就いては、友人達は異口同音にシベリア鐵道通過の危險を説いて、歐洲航路に依ることを薦めました」（ハリス「シベリア横断　故国イギリスへの旅」昭和五年十二月号）

これらの記述は旅行雑誌に出ているから、抜粋元の記事全体は「これらの地域は危険だという先入観が広まっているが、そんなことはなく安全に旅行できる」という趣旨で書かれている。そういう記事がたびたび見られるということは、それだけ、そのような先入観を持つ読者が多かったことの裏返しでもある。

個人旅行が盛んになった現代でも、海外旅行の新聞広告には「安心の全行程添乗員同行」といった団体ツアーの謳い文句が躍る。国内旅行の広告に類似のキャッチフレーズを見つけにくいのは、日本語が通じて治安も安定している国内旅行では、現地での意思疎通や安全確保などの点で海外旅行ほど旅行会社に「安心」を保障してもらう必要がないからだ。現代よりもリアルタイムの現地情報がはるかに乏しく、危険なイメージが先行していた当時の外地へ旅行しようとするとき、現地の旅行事情に精通した添乗員が同行し、参加者間にも異境での同胞意識が生まれて心強さを感じられる団体旅行が選択されやすい環境であったことは間違いない。

人気がなかったシベリア横断鉄道の旅

ちなみに、ここに引用した『旅』の各記事のうち、イギリス人によるシベリア横断鉄道旅行記の記述にある「友人達は異口同音にシベリア鐵道通過の危險を說いて、歐洲航路に依ることを薦めました」というくだりは、大陸横断鉄道という壮大な旅行スケールのイメージとは裏腹に、朝鮮や満洲を通過して陸路でヨーロッパへ向かう旅程に治安上の危惧を抱く人が日本在住者に少なくなかったことを示唆している。この筆者はイギリス人なので、日本人の友人たちがそう思っていたのかどうかはわからないが、日本人旅行者による旅行記にも同種の懸念の存在が察せられる。

「シベリア鐵道の旅行は、非常に危険視され、渡歐旅客は殆《ほと》んどと言ひたいが寧《むし》ろ全部あの長い長い印度洋廻りをする樣ですが今度滿洲里迄來て此の必要のない事を感じました。印度洋より費用も安く日數にしては問題にならぬ程相違ある爲、誰しもシベリア經由を望むも『北滿の危險』と『シベリアの心配』とが原因して日本人旅客は過去半ヶ月間一人もなく、私もツーリスト・ビューローで道連れを求めたるも、どうしても無いとの事に思い切つて一人旅を決心したのです。家族友人等は皆印度洋か亞米利加廻りを勸告しましたが巴里《パリ》工藝展の開會前一ヶ月にはどうしても到着の要ある小生、シベリア以外には方法がないので實は遺言迄認《したた》めて出立した次第です」

(伴野文三郎「シベリア鉄道の旅」『ツーリスト』昭和九年七月号)

戦前は東京駅からロンドンまでの通し切符が買えた、という話は、日本とヨーロッパとを結ぶシベリア鉄道経由の旅行史を語るうえで必ずと言っていいほど触れられるエピソードである。実際の直通切符は一枚ではなく、いくつかの区間に分かれた乗車券が二十ページ以上に綴られたコンパクトな冊子だった。旅客航空路線がなかった時代、この切符を手に朝鮮や満洲を経由してシベリア鉄道方面へ通じる欧亜連絡鉄道ルートは日本とヨーロッパを結ぶ最短ルートであり、船旅だと日本からフランスのマルセイユまで四十日、ロンドンまでは五十日近くかかるところを半分以下の十五日で到達できる点では優位にあったのだが、実はあまり人気がなかった。

船旅は時間はかかるものの、日本の船に揺られた方がヨーロッパの下船地点まで日本語でサービスを受けられるし、広い船内ではダンスパーティーや映画の上映会に参加したり、軽い運動ができるスペースで身体も適度に動かせる。道中でゆったり入浴できることも、特に日本人旅行者にとっては大

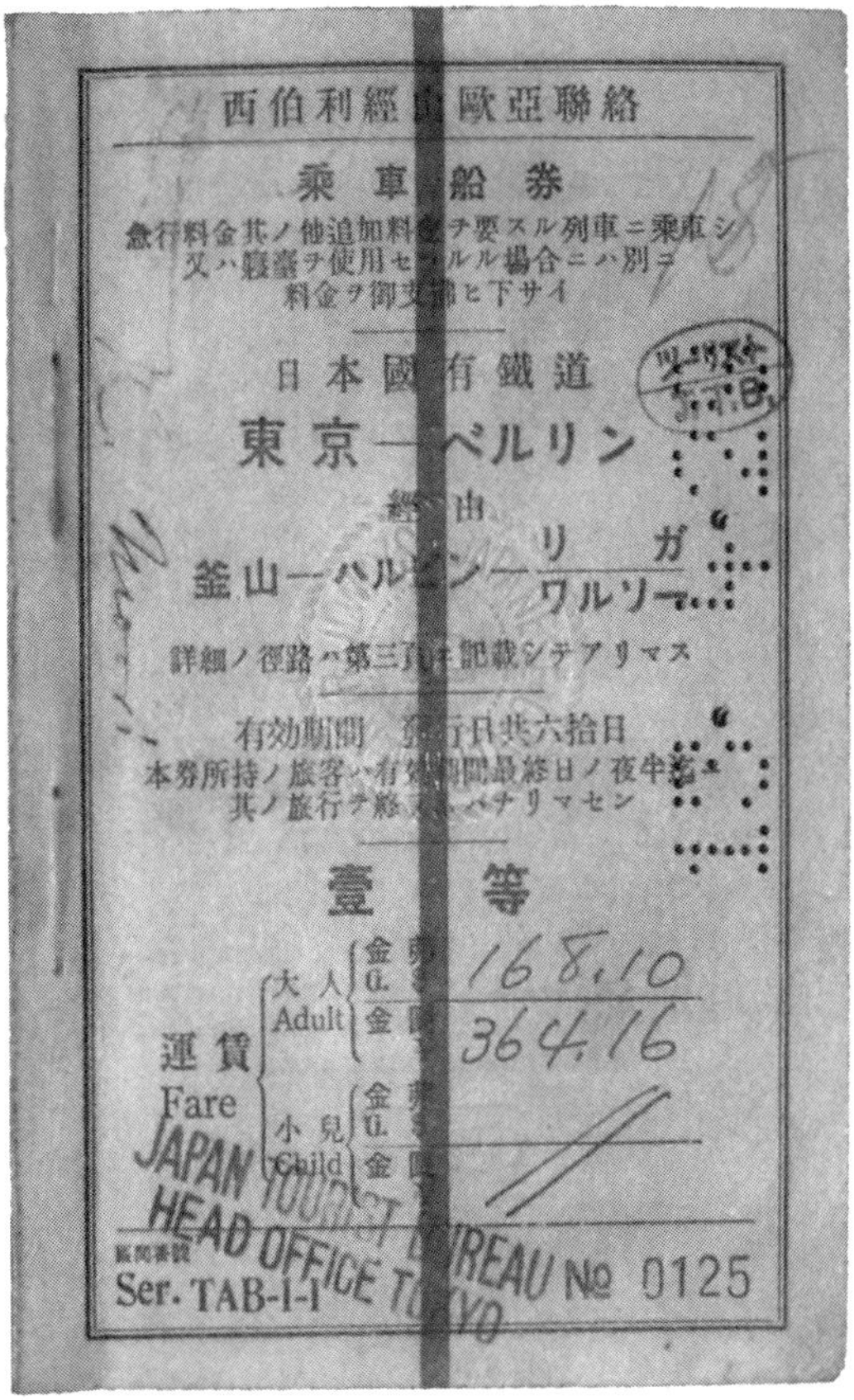

図9　昭和4年に発行された東京発ベルリン行きの1等乗車券（所蔵：中村俊一朗）。経由区間は朝鮮半島、満洲、シベリア鉄道で、有効期間は発行日から60日間となっている。

細字ハ午前　太字ハ午後　レハ通過　*ハ乘

日本・莫斯科・羅馬・伯林・倫敦・巴里間聯絡

◉東京發第一七列車ハ毎週金曜日ニ限リ敦賀港行ノ客車ヲ連結シ東京・敦賀港間直通運轉ス
（米原・敦賀間第六〇四列車、敦賀・敦賀港間第三列車）九九頁參照

日本・莫斯科・羅馬・伯林・倫敦・巴里間聯絡

參照頁	經由	經過日數	驛及港名		接續曜日	寢食 ①②③ 7	寢食 ①②	17	浦鹽聯絡時間ハ欄外記事參照	
11, 16		1	東京	發	月 水 金 土	9 45	9 25	①②③	…	…
		2	米原	著	火 木 土 日	7 24	6 41	604	…	…
99	浦鹽經由		米原	發	土		7 09	」	…	…
			敦賀	著	土		8 41	敦賀敦賀港間ハ3列車		
			敦賀港	〃	土		9 03			
236			敦賀港	發	土		*2 00	…	…	…
			浦鹽	著	月		12 00	…	…	…
			浦鹽	發	火 木 土		*7 00	…	…	…
			ポグラニーチナヤ	〃	火 木 土		4 20	…	…	…
			哈爾濱	著	水 金 日		*2 35	…	…	…
			浦鹽	發	火		7 35	…	…	…
			ハバロフスク	〃	水		7 40	…	…	…
			知多	著	金	↓	8 45	…	…	…
16		2	米原	發	火 木 日	7 30	…	…	…	…
22		〃	京都	〃	火 木 日	8 53	…	…	…	…
27		〃	大阪	〃	火 木 日	9 46	…	…	…	…
		〃	三ノ宮	〃	火 木 日	10 21	…	…	…	…
		〃	神戸	〃	火 木 日	10 30	…	…	…	…
		〃	下關	著	火 木 日	*9 40	…	…	…	…
297	朝鮮經由					7 ①②③				
		2	下關	發	火 木 日	10 30	…	…	…	…
		3	釜山	著	水 金 月	*8 00	…	…	…	…
297, 301		〃	釜山	發	水 金 月	9 10	—7	…	…	…
		〃	京城	〃	水 金 月	7 20	寢食	…	…	…
		4	安東	著	木 土 火	7 15	①②③	…	…	…
303		〃	安東	發	木 土 火	6 45		…	…	…
		〃	奉天	著	木 土 火	*1 00	…	…	…	…
339	大連經由		神戸	發			正午	初日	大阪商船會社汽船	
			門司	〃			1 00	二日目		
			大連	著			午前	四日目		
313							11			
			大連	發	木 土 火		*9 00	寢食	…	…
			奉天	著	木 土 火	↓	3 48	①②③	…	…
315		4	奉天	發	木 土 火	3 56	…	…	…	…
		〃	長春	著	木 土 火	*9 00	…	…	…	…
319		5	長春	發	金 日 水	12 05	…	…	…	…
		〃	哈爾濱	著	金 日 水	*8 00	…	…	…	…
		〃	哈爾濱	發	金 日 水	3 55	…	…	…	…
		6	滿洲里	〃	土 月 木	*8 00	…	…	…	…
		〃	知多	著	土 月 木	8 45	…	…	…	…
		〃	知多	發	土 月 金 木	9 09	…	…	…	…
		7	イルクーツク	〃	日 火 土 金	8 54	…	…	（標準時間ハ八頁參照 歐亞聯絡旅客運賃及）	
		9	オムスク	〃	水 金 火 月	3 45	…	…		
		10	スウエルドロフスク	〃	木 土 水 火	12 04	…	…		
		12	莫斯科	著	金 日 木 水	2 30	…	…		
		〃	莫斯科	發	金 日 木 水	9 30	…	…		
		13	ストロプツエ	〃	土 月 金 木	12 30	…	…		
		〃	ワルソー	著	土 月 金 木	*9 10	…	…		
	ワルソー經由		ワルソー	發	土 月 金 木		7 30	…		
			ウイーン	著	日 火 土 金		11*25	…		
			ベニス	〃	月 水 日 土		1 35	…		
			羅馬	〃	火 木 月 日	↓	6 40	…		
		〃	ワルソー	發	土 月 金 木	10 00	…	…		
		14	伯林	著	日 火 土 金	9 58	…	…	…	…
	リガ經由		莫斯科	發	金 日 木 水		7 50	…	…	…
			スモレンスク	〃	土 月 金 木		4 11	…	…	…
			リガ	〃	土 月 金 木		11*40	…	…	…
			伯林	著	日 火 土 金		10 06	…	…	…
		〃	伯林	發	日 火 土 金		10 11	…	…	…
		15	リエージ	〃	月 水 日 土		8 18	…	…	…
		〃	オステンド	〃	月 水 日 土		*1 30	…	…	…
		〃	倫敦	著	月 水 日 土	↓	9 15	…	…	…
		14	伯林	發	日 火 土 金	10 08	…	…	…	…
		〃	リエージ	〃	日 火 土 金	11 45	…	…	…	…
		15	巴里	著	月 水 日 土	6 43	…	…	…	…

（9）　（寢）ハ寢臺車連結　（食）ハ食堂車連結　（特）ハ特別急行

図10　日本からヨーロッパまでの鉄道と船による連絡時刻表（『汽車時間表』昭和5年10月号より）。

きなメリットだろう。これに対して、シベリア鉄道経由だとハルピンやモスクワなどで重い荷物を抱えて列車の乗換えをする必要があるし、国境通過時には出入国審査や通関手続きが繰り返されるので、そういう体験が煩わしい人にとっては面倒である。しかも、日本からヨーロッパへの直通切符は確かに制度上の正規乗車券なのだが、利用者が多くなかったためか、ヨーロッパ各国の鉄道員たちがこの切符の存在を知らず、所持客が不正乗車の疑いをかけられることもあった。そうしたさまざまな問題点の一つに、ここに紹介した旅行記に見られる通り、満洲やシベリア鉄道の沿線は治安に問題がある危険地域だという認識が日本では一般的であったことも含まれていたのだ。

52ページで引用した『ツーリスト』は、ジャパン・ツーリスト・ビューロー（現在の公益財団法人日本交通公社、及び株式会社JTBの前身）が大正二年（一九一三年）に創刊した旅行雑誌であり、発行元であるジャパン・ツーリスト・ビューローが調べた統計などが載っていることがある。その昭和四年（一九二九年）八月号の「西比利亜鉄道旅行」という記事の本文に付随して、「昭和三年中満洲里驛通過旅客數」という一覧表が掲載されている（表11）。北満洲を走っている東支鉄道（旧・東清鉄道）を利用して満洲からソ連に陸路入国した旅客数（入露の部）と、シベリア鉄道経由でソ連から満洲に入国した旅客数（出露の部）を、昭和三年（一九二八年）の一年間通して調査した結果である。

満洲里駅は現在も中国とロシアを結ぶ路線上にある中国側の国境駅で、ロシア側の国境駅では線路の幅（軌間）が異なる両国の相互に列車が乗り入れるための台車交換が行われる。昭和三年当時は中国側の東支鉄道はソ連が実質的な運営権を握っており、軌間もソ連側と同じ広軌（一五二〇ミリ。中国

表11　昭和三年中満洲里駅通過旅客数（『ツーリスト』昭和4年8月号より）。

	日本人	英国人	米国人	ドイツ人	フランス人	ロシア人	中国人	その他	計
入露の部	808	212	168	511	198	1,572	2,785	656	6,910
出露の部	698	171	103	671	143	1,417	3,512	617	7,332
計	1,506	383	271	1,182	341	2,989	6,297	1,273	14,242

入露の部…満洲里から出国してソ連へ鉄道で入国した旅客数
出露の部…ソ連を出国して満洲里から鉄道で入国した旅客数

図12　満ソ国境の満洲里駅。駅名が漢字とキリル文字の併記になっている（『南満洲鉄道株式会社三十年略史』より。所蔵：霞山会）。

側は東支鉄道が満洲国に売却された後の昭和十二年〔一九三七年〕に、一四三五ミリへの改軌工事が行われて現在に至っている）だったため、車両は台車交換などをせずに直通できたが、実際には国境の満洲里駅での乗換えを要し、その乗換え時間中に越境する旅客の出入国審査や通関手続きが行われた。そうした性格の駅だったこともあり、駅構内にジャパン・ツーリスト・ビューローの出張所が開設されていて、通関手続きの代行や手荷物託送、両替などのサービスが受けられた。「昭和三年中満洲里驛通過旅客數」の調査は、この駅構内出張所のスタッフによって一年間実施されたと思われる。

　この統計によると、年間の国境通過者の合計は一万四千二百四十二名（ソ連行きが六千九百十名、満

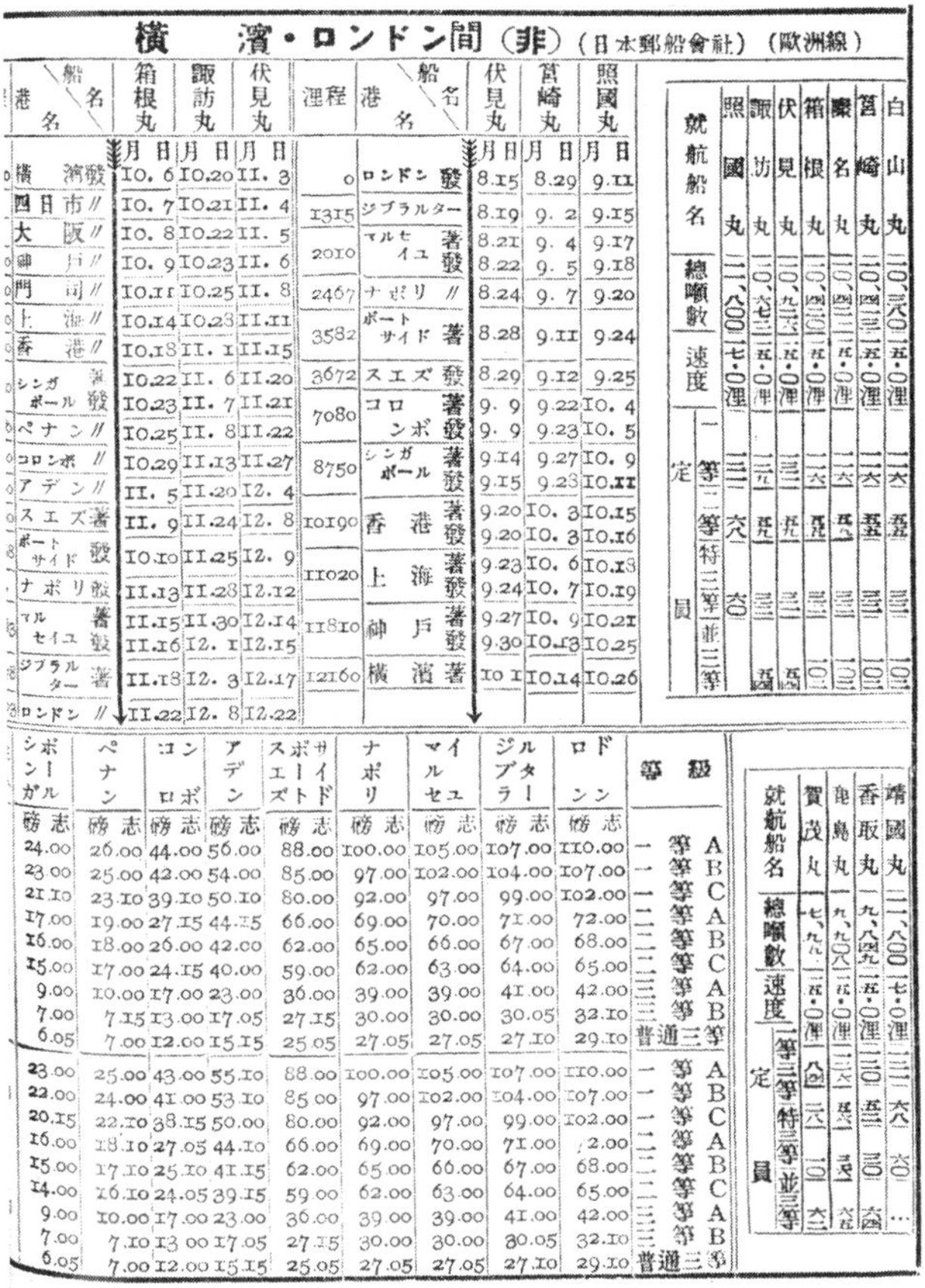

横濱・ロンドン間（非）（日本郵船會社）（歐洲線）

港名＼船名	箱根丸	諏訪丸	伏見丸
	月 日	月 日	月 日
横濱發	10. 6	10.20	11. 3
四日市〃	10. 7	10.21	11. 4
大阪〃	10. 8	10.22	11. 5
神戸〃	10. 9	10.23	11. 6
門司〃	10.11	10.25	11. 8
上海〃	10.14	10.28	11.11
香港〃	10.18	11. 1	11.15
シンガポール著	10.22	11. 6	11.20
シンガポール發	10.23	11. 7	11.21
ペナン〃	10.25	11. 8	11.22
コロンボ〃	10.29	11.13	11.27
アデン〃	11. 5	11.20	12. 4
スエズ著	11. 9	11.24	12. 8
ポートサイド發	10.10	11.25	12. 9
ナポリ發	11.13	11.28	12.12
マルセイユ著	11.15	11.30	12.14
マルセイユ發	11.16	12. 1	12.15
ジブラルター著	11.18	12. 3	12.17
ロンドン〃	11.22	12. 8	12.22

浬程	港名＼船名	伏見丸	筥崎丸	照國丸
		月 日	月 日	月 日
0	ロンドン發	8.15	8.29	9.11
1315	ジブラルター	8.19	9. 2	9.15
2010	マルセイユ著	8.21	9. 4	9.17
	マルセイユ發	8.22	9. 5	9.18
2467	ナポリ〃	8.24	9. 7	9.20
3582	ポートサイド著	8.28	9.11	9.24
3672	スエズ發	8.29	9.12	9.25
7080	コロンボ著	9. 9	9.22	10. 4
	コロンボ發	9. 9	9.23	10. 5
8750	シンガポール著	9.14	9.27	10. 9
	シンガポール發	9.15	9.28	10.11
10190	香港著	9.20	10. 3	10.15
	香港發	9.20	10. 3	10.16
11020	上海著	9.23	10. 6	10.18
	上海發	9.24	10. 7	10.19
11810	神戸著	9.27	10. 9	10.21
	神戸發	9.30	10.13	10.25
12160	横濱著	10 1	10.14	10.26

就航船名	總噸數	速度	定員 一等	定員 二等	定員 特三等	定員 並三等
照國丸	一一、八〇〇	一七・〇浬	一二一	六八	六〇	
諏訪丸	一〇、六七三	一五・〇浬	一二九	五九	三三	五四
伏見丸	一〇、九三〇	一五・〇浬	一三一	五九	三二	五四
箱根丸	一〇、四二〇	一五・〇浬	一二六	五九	三二	一〇三
榛名丸	一〇、四二一	一五・〇浬	一二六	五〇	三二	一〇三
筥崎丸	一〇、四一三	一五・〇浬	一二六	五五	三二	一〇三
白山丸	一〇、三八〇	一五・〇浬	一二六	五五	三三	一〇三

シンガポール	ペナン	コロンボ	アデン	スエズ・ポートサイド	ナポリ	マルセイユ	ジブラルター	ロンドン	等級
磅 志	磅 志	磅 志	磅 志	磅 志	磅 志	磅 志	磅 志	磅 志	
24.00	26.00	44.00	56.00	88.00	100.00	105.00	107.00	110.00	一等A
23.00	25.00	42.00	54.00	85.00	97.00	102.00	104.00	107.00	一等B
21.10	23.10	39.10	50.10	80.00	92.00	97.00	99.00	102.00	一等C
17.00	19.00	27.15	44.15	66.00	69.00	70.00	71.00	72.00	二等A
16.00	18.00	26.00	42.00	62.00	65.00	66.00	67.00	68.00	二等B
15.00	17.00	24.15	40.00	59.00	62.00	63.00	64.00	65.00	二等C
9.00	10.00	17.00	23.00	36.00	39.00	39.00	41.00	42.00	三等A
7.00	7.15	13.00	17.05	27.15	30.00	30.00	30.05	32.10	三等B
6.05	7.00	12.00	15.15	25.05	27.05	27.05	27.10	29.10	普通三等
23.00	25.00	43.00	55.10	88.00	100.00	105.00	107.00	110.00	一等A
22.00	24.00	41.00	53.10	85.00	97.00	102.00	104.00	107.00	一等B
20.15	22.10	38.15	50.00	80.00	92.00	97.00	99.00	102.00	一等C
16.00	18.10	27.05	44.10	66.00	69.00	70.00	71.00	72.00	二等A
15.00	17.10	25.10	41.15	62.00	65.00	66.00	67.00	68.00	二等B
14.00	16.10	24.05	39.15	59.00	62.00	63.00	64.00	65.00	二等C
9.00	10.00	17.00	23.00	36.00	39.00	39.00	41.00	42.00	三等A
7.00	7.10	13.00	17.05	27.15	30.00	30.00	30.05	32.10	三等B
6.05	7.00	12.00	15.15	25.05	27.05	27.05	27.10	29.10	普通三等

就航船名	總噸數	速度	定員 一等	定員 二等	定員 特三等	定員 並三等
靖國丸	一一、八〇〇	一七・〇浬	一二一	六八	六〇	…
香取丸	九、八四九	一五・〇浬	一一〇	五三	三〇	六四
鹿島丸	九、九〇八	一五・〇浬	一二六	五六	三六	六五
賀茂丸	七、九九九	一五・〇浬	八四	二八	一〇	六三

図13　横浜〜ロンドン間の欧州航路時刻表
（『汽車時間表』昭和5年10月号より）。

洲行きが七千三百三十二名）で、そのうち三分の二にあたる約九千三百人がロシア人と中国人で占められている。日本人の国境通過者は千五百六名（ソ連行きが八百八名、満洲行きが六百九十八名）。つまり、満洲里国境を鉄道で通過して満洲からシベリア鉄道へ向かう旅客は一ヵ月あたり五百七十六名に過ぎず、そのうち日本人は六十七名だったという計算になる。

しかも、三分の二を占めるロシア人と中国人を中心に、ヨーロッパまで直通せず、シベリア鉄道の途中駅で下車する者も多い。したがって、いわゆる欧亜連絡ルートとしてこの満洲里国境を鉄道で越えた一ヵ月あたりの旅客数は、五百七十六名よりずっと少なかったはずである。

一方、鉄道省編纂の『汽車時間表』昭和五年（一九三〇年）十月号によれば、横浜とマルセイユやロンドンを結ぶ日本郵船の旅客船は一隻あたりの乗客定員が二百五十名から三百名程度で、おおよそ一ヵ月に二便程度の割合で五隻から七隻が就航している（図13）。月二便という出港ペースは大正末期から変わっていないので、この満洲里駅での調査がなされた昭和三年当時の欧州航路の乗船客数は安定して多かったと思われる。

これらの諸事情から総合的に見る限り、ヨーロッパとの間を往来する日本人旅行者にとっては、急ぐ用事がない限り、シベリア鉄道経由よりも船旅の方が人気があったと考えてよさそうである。

今とは異なるアジア旅行の実践環境

モデルコースの比較からみる外地旅行費用

前述のように、外地行きの団体旅行は内地だけで完結する団体旅行に比べて、鉄道等の利用運賃の割引率が高かった。だから、外地へ行くなら団体旅行に参加するのが最も経済的ということになる。

そこをあえて個人旅行で行くことができた人たちは、ある程度の経済的余裕がある階層に属していて、当時の国民の多数派ではなかったことは間違いない。「一億総中流」という言葉が生まれた戦後と異なり、戦前の日本は「四民平等」の建前とは別に、納税額や保有財産、祖先の勲功の有無などによって国民が階層分けされる時代だった。戦前の身上書などには「身分」を記入する欄があり、私の実家に今も残る祖父の遺品書類には「平民」と記されている。ここに「華族」などと記入できる人たちは、保有財産に関する特権を享受できた。さらに、地方の農村では「おしん」のような貧しい小作農が慢性的な貧困に苦しんでいたが、対照的に、たとえば第一次世界大戦が起こった大正時代には、軍需景気によって成金と呼ばれる富裕層が都市部を中心にたくさん生まれた。そういう人たちは、大

図14　昭和13年版『旅程と費用概算』の表紙。

正八年（一九一九年）の時点で定価が五円、現代では二万円以上に相当する『朝鮮満洲支那案内』のような高額な旅行ガイドブックも個人で買えたと思われる。

　ただ、戦前の東アジア方面への行楽旅行が、国民のごく一部に相当するそれらの特権階級の人たちのみによる特殊な遊興だったかというと、そうとも言えない。当時の旅行ガイドブックに掲載されている各地のモデルコースの費用を比較すると、そのことが見えてくる。

　20ページで紹介した『旅程と費用概算』というガイドブックは、大正八年に初めて制作され、昭和十五年（一九四〇年）まで二十年間にわたりほぼ毎年のように改訂され続けた戦前の旅行ガイドブックのロングセラーである。旅情などまったく感じさせない業務用マニュアルのようなタイトルだが、巻末にはホテルや旅行会社の広告など、個人向けとも思える広告も多数掲載されている。

　創刊時は百ページほどの小冊子で、観光地の紹介文などはなく、ただモデルコースとそのコースの旅行に必要な費用が羅列されていただけだった。それが、だんだん情報量が増えて内容が充実するとともにページ数が増え、最後の昭和十五年版は本文が千ページを超えていた。

定価は大正九年（一九二〇年）版が三十銭で、その後ページ数の増加とともに少しずつ上がってい き、昭和五年（一九三〇年）版は一円二十銭、昭和十年（一九三五年）版は一円六十銭、そして最後の昭和十五年版は二円五十銭となっている。戦前の岩波文庫は概ね百ページ増えるごとに二十銭ずつ価格が高くなり、二百ページ前後なら四十銭だったから、仮に同じページ数の岩波文庫があれば一冊二円を超えていたことになる。同時期の鉄道省編纂『時間表』が二十銭から五十銭くらいで売られていたことからすると、現代の旅行ガイドブックに比べればまだ高いが、大正八年に五円もした前述の『朝鮮満洲支那案内』に比べればだいぶ安くなっている。

しかも、内容は外地だけでなく日本列島各地の観光地を網羅しているから、欧米や東南アジア方面へ向かうのでもない限り、どこへ行くにもこの本一冊で事足りる。宿泊施設の宿代や電話番号、日帰り温泉の入湯料、名所旧跡の入場料に寺社仏閣の拝観料といった実用情報が細かく記されているだけでなく、写真や地図も多く挿入されているので、無機質な業務用マニュアルどころか個人旅行者が視覚的にも楽しみながら旅行中に携帯して役立つよう編集されている。

この『旅程と費用概算』はその名の通り、掲載されている主要な旅行先についてモデルコースとその費用の概算を示している。そこで、内地の旅行先と外地行きのモデルコースの費用概算とを比較すれば、当時の外地旅行に必要な金額がどの程度高いか安いかの感覚を、現代の我々が理解しやすくなる。

費モデルの比較。

主要コース（原則として鉄道利用。「～」は船舶利用、……は徒歩）
東京→京都→奈良→高野山→和歌山→大阪→東京
東京→神戸～高松～小豆島～多度津→琴平→松山～別府～宮島→東京
東京→大阪～別府→宇佐・耶馬渓→久留米→博多→唐津→長崎～雲仙→島原～三角→熊本→阿蘇→豊後竹田→別府～大阪→東京
上野→青森～函館→小樽→定山渓温泉→札幌→稚内～大泊→豊原・栄浜→真岡→豊原→大泊～稚内→登別温泉→室蘭～青森→上野
東京→神戸～基隆→台北→台中→霧社・日月潭→嘉義→阿里山→台南→高雄→台北・北投温泉→基隆～神戸→東京
東京→下関～釜山→京城・仁川→平壌→安東（鴨緑江）→大邱→釜山～下関→東京
東京→下関～釜山→京城→内金剛……海金剛→温井里・萬物相→安辺→京城→釜山～下関→東京
東京→神戸～大連・旅順→撫順→奉天→平壌→京城→釜山～下関→東京
東京→下関～門司～青島～大連・旅順→撫順→奉天→長春→ハルピン→奉天→平壌→京城→釜山・東莱温泉～下関→東京
東京→下関～釜山→京城→奉天→天津→北平（北京）→漢口～上海・杭州～神戸→東京
（昭和６年版と同じ）
（昭和６年版と同じ）
東京→大阪～別府→宇佐・耶馬渓→久留米→博多→唐津→武雄温泉→長崎→雲仙→島原～三角→熊本→阿蘇→別府→門司～下関→宮島→東京
上野→青森～函館→小樽→定山渓温泉→札幌→稚内～大泊→豊原・栄浜→真岡→久春内→泊居→豊原→大泊～稚内→登別温泉→室蘭～青森→上野
東京→神戸～基隆→台北→台中→霧社・日月潭→嘉義→阿里山→台南→高雄→台北→花蓮→タロコ→礁渓温泉→台北・北投温泉→基隆～神戸→東京
東京→下関～釜山→京城・仁川→平壌→安東（鴨緑江）→大邱→慶州→釜山～下関→東京
（昭和６年版と同じ）
東京→神戸～大連・旅順→奉天・撫順→新京→平壌→京城→釜山～下関→東京
東京→敦賀～清津→ハルピン→北安→チチハル→四平街→新京→奉天・撫順→湯崗子温泉→大連・旅順～神戸→東京

表15　昭和6年版と13年版の『旅程と費用概算』におけるモデルコースと旅

	コース名	旅行期間	2等費用	3等費用
昭和6年版	大和名所めぐり	7泊8日	90円63銭	50円91銭
	瀬戸内海名所巡り	9泊10日	118円88銭	69円24銭
	別府・耶馬渓・雲仙・阿蘇廻遊	12泊13日	186円94銭	137円90銭
	東京—北海道—樺太遊覧	12泊13日	190円98銭	101円32銭
	台湾旅行	19泊20日	251円00銭	143円34銭
	東京朝鮮往復	10泊11日	168円95銭	90円60銭（学生78円32銭）
	朝鮮金剛山探勝	11泊12日	152円94銭	95円83銭
	満鮮周遊	13泊14日	208円08銭	119円27銭（学生94円93銭）
	青島及び鮮満	20泊21日	437円76銭	248円22銭（学生184円22銭）
	支那周遊	20泊21日	（1等）547円22銭 （2等）402円71銭 （3等費用は記載なし）	
昭和13年版	大和名所めぐり	7泊8日	90円41銭	52円86銭
	瀬戸内海名所巡り	9泊10日	118円	70円
	別府・耶馬渓・雲仙・阿蘇廻遊	12泊13日	146円30銭	94円40銭
	東京—北海道・樺太遊覧	13泊14日	183円	107円30銭
	台湾遊覧旅行	21泊22日	291円	187円
	東京—朝鮮往復	9泊10日	169円99銭	90円57銭
	朝鮮金剛山探勝	9泊10日	139円82銭	81円41銭
	鮮満周遊旅程案B	14泊15日	229円58銭	134円46銭（学生103円94銭）
	内鮮満周遊券第6号乙経路	19泊20日	351円68銭	198円30銭（学生149円24銭）

表15は、昭和六年（一九三一年）版と昭和十三年（一九三八年）版に掲載されている外地行きモデルコースとその費用を一覧化し、内地のモデルコースとして掲載されているものの一部を抜粋して比較したものである。費用には鉄道や船の運賃、急行や寝台を使用する場合の特別料金、各地の宿泊料、食費その他名所旧跡の見学料を含んでいるから、文字通り、それぞれの旅行全体に要する費用の概算

と言ってよいだろう。

昭和六年版を見ると、東京見物や伊勢参拝、雲仙遊覧など内地向けの八十七コースの後に、外地向けのモデルコースが七案掲載されている。この七コースはいずれも東京発着プランで、行き先の内訳は北海道と樺太の遊覧プラン、台湾周遊プランが各一案、朝鮮行きが二案、朝鮮と満洲、あるいは万里の長城以南の中華民国も組み合わせた大陸周遊プランが三案となっている。航空便がない時代なので、東京発着プランは必然的に往復の移動にかかる日数が増えることもあり、旅行日程はどれも長めである。

費用は原則として二等利用と三等利用の二種類で計上され、コースによっては学割利用の費用も併記されている。

あらかじめ戦前の鉄道の等級と運賃について説明しておくと、一等車はごく一部の特別な急行列車などにしか連結していない車両で、現在のＪＲグループのグリーン車が当時の二等車、普通車が当時の三等車に相当する。一等車はさしずめ、平成二十三年（二〇一一年）から東北新幹線などに連結されているグランクラスが相当すると言えるかもしれない。原則として二等運賃は三等の二倍、一等運賃は三等の三倍となっていた。運賃とは別建ての特急・急行料金も、一等と三等では二倍以上の開きがあった。こうした運賃体系は、朝鮮や満洲など外地で日本が運営していた鉄道でも基本的には同じだった。

現在のグリーン車は普通運賃にプラスアルファ程度のグリーン料金で乗れるし、特急料金や急行料金は普通車でもグリーン車でも同額である。だから、当時の庶民が鉄道旅行をする場合は三等利用が一般的で、特急や急行の二等車に乗るというのは、現在のグリーン車利用よりはるかに贅沢な行為であり、ある程度の社会的地位か経済力がないと乗れなかった。海軍士官は「士官としての体面を保つため」という理由で、軍服を着ているときは（もちろん自費だが）二等以上の車両にしか乗ってはいけないという決まりまであった。

このことを踏まえて昭和六年版の各コースの費用を見てみると、たとえば、京都・奈良から高野山を経て和歌山まで出る「大和名所めぐり」は東京発着八日間のプランで二等九十円六十三銭、三等五十円九十一銭。屋島や金刀比羅宮、道後温泉を経て九州の別府に渡り、最後は厳島神社にも足を延ばして帰京する「瀬戸内海名所巡り」は東京発着十日間の旅が二等百十八円八十八銭、三等六十九円二十四銭。別府や耶馬渓、雲仙、阿蘇を回遊する東京発着十三日間のプランは二等百八十六円九十銭、三等百三十七円九十銭（同書は二等と三等の費用を逆に掲載しているが、誤植と思われる）。

この二等利用プランは、東京から北海道を経て樺太へ足を延ばす十三日間の遊覧コースの二等利用プランの費用とほとんど大差ない。朝鮮往復と金剛山探勝プランは、逆にこの九州プランより安い。台湾旅行コースは二十日間の長期日程だが、三等利用なら十三日間の九州プランと総額では大差なく、日割りだと逆に安くなる。満洲まで行くと日数が拡大することもあって金額も増えるが、学生割引が内地より充実していることもあり、学割利用の三等利用プランはかなりの割安感がある。

大卒銀行員の初任給は、昭和初期にはほぼ七十円程度で推移していたので、39ページと同じように現代の大卒銀行員の初任給を二十万円として換算すると、十一日間の朝鮮往復なら三等で二十六万円程度、朝鮮と満洲の二週間周遊が三等で三十四万円程度というところだろうか。サラリーマンが休みやすいお盆休みや年末年始に一週間から十日程度、日本からアメリカやヨーロッパへ行くフリープランを旅行会社で探せば、航空会社やホテルのランクにもよるが、だいたい同じくらいの支出になるだろう。とすると、当時の外地旅行に必要な費用は、金銭感覚としては現代の日本人が欧米へ海外旅行に行くのとそれほど差はなかったと言ってよい。

しかも、この費用概算はあくまでも個人旅行を前提としている。団体旅行になると鉄道運賃の割引率が高くなるから、ここに挙げられている概算額よりさらに安い金額になる。

たとえば、昭和十三年版には、表15に掲げている「鮮滿周遊旅程案B」とは別に「鮮滿周遊旅程案A」というモデルコースも掲載されている(図16)。このプランは、下関から関釜連絡船で朝鮮に渡り釜山、京城(現・ソウル)、平壌を見物して満洲に入り、奉天からハルピンまで北上して帰路は旅順・大連から船で門司に戻ってくる十五泊十六日のコースで、東京や大阪などからこの案を利用する場合は、下関や門司との間での往復鉄道運賃とその分の日数が別途必要になる。東京発着の場合は、普通列車の三等で下関まで往復するために二十円十銭(学割はこの二割引)の運賃が別途必要となる。

この費用概算は「單獨」だと二等二百五円、三等百二十八円、三等学生八十九円となっているが、その隣に「團體(二〇人以上の場合一人當り)」の場合の金額も併記されている。二百五円の二等は百六十六円に、三等は百二十八円が九十九円、そして学生は三等利用の場合に限り六十九円にまで下がる

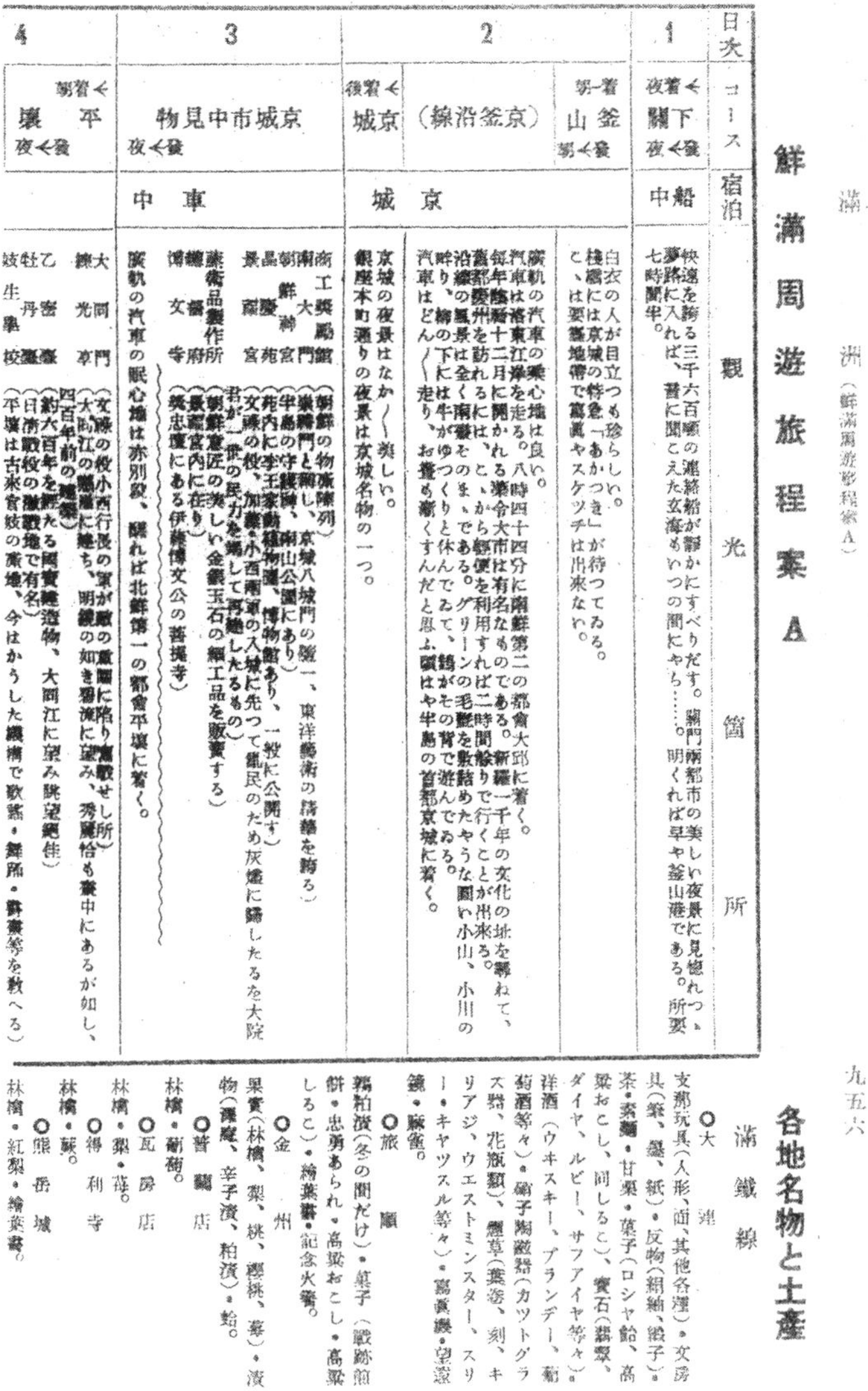
滿洲（鮮滿周遊旅程案A）

九五六

鮮滿周遊旅程案A

日次	コース	宿泊	觀光箇所
1	夜着 下關 夜發	船中	快適を誇る三千六百噸の連絡船が静かにすべりだす。關門兩都市の美しい夜景に見惚れつゝ夢路に入れば、昔に聞こえた玄海もいつの間にやら……。明くれば早や釜山港である。所要七時間半。
2	朝着 釜山 朝發（京釜沿線）夜着 京城	京城	白衣の人が目立つも珍らしい。機窓には京城の特急「あかつき」が待つてゐる。こゝは要塞地帯で寫眞やスケッチは出來ない。 廣軌の汽車の乗心地は良い。八時四十四分に南鮮第二の都會大邱に着く。汽車は洛東江岸を走る。毎年陰暦十二月に開かれる藥令大市は有名なものである。新羅一千年の文化の址を尋ねて、舊都慶州を訪れるには、大邱から輕便を利用すれば二時間餘りで行くことが出來る。沿線の風景は全く南畫そのまゝである。グリーンの毛氈を敷詰めたやうな圓い小山、小川の畔り、柳の下には牛がゆつくりと休んでゐて、鵲がその背で遊んでゐる。汽車はどん〳〵走り、お晝も漸くすんだと思ふ頃はや半島の首都京城に着く。 京城の夜景はなか〳〵美しい。銀座本町通りの夜景は京城名物の一つ。
3	京城市中見物 夜發	車中	商工獎勵館（朝鮮の物産陳列） 南大門（崇禮門と稱し、京城八城門の随一、東洋藝術の精華を誇る） 朝鮮神宮（半島の守護神、南山公園にあり） 昌慶苑（苑内に李王家動植物園、博物館あり、一般に公開す） 景福宮（文祿の役、加藤・小西兩軍の入城に先つて亂民のため灰燼に歸したるを大院君が一世の民力を竭して再建したるもの） 美術品製作所（朝鮮意匠の美しい金銀玉石の細工品を販賣する） 總督府（景福宮内に在り） 博文寺（獎忠壇にある伊藤博文公の菩提寺） 廣軌の汽車の眠心地は亦別段、明くれば北鮮第一の都會平壤に着く。
4	朝着 平壤 夜發		大同門（文祿の役小西行長の軍が敵の重圍に陷り奮戰せし所） 練光亭（大同江の斷崖に建ち、明鏡の如き猾流に望み、秀麗恰も畫中にあるが如し、四百年前の建築） 乙密臺（約六百年を經たる國寶建造物、大同江に望み眺望絶佳） 牡丹臺（日清戰役の激戰地で有名） 妓生學校（平壤は古來官妓の産地、今はかうした機構で歌謡・舞踊・詩畫等を教へる）

各地名物と土産

滿鐵線

○大連 支那玩具（人形、面、其他各種）・文房具（筆、墨、紙）・反物（絹紬、緞子）・茶・素麺・甘栗・菓子（ロシヤ飴、高粱おこし、固しるこ）、寶石（翡翠、ダイヤ、ルビー、サファイヤ等々）・洋酒（ウヰスキー、ブランデー、葡萄酒等々）・硝子陶磁器（カットグラス類、花瓶類）、煙草（葉巻、刻、キリアジ、ウエストミンスター、スリーキャッスル等々）・寫眞機・望遠鏡・麻雀。

○旅順 鶉粕漬（冬の間だけ）・菓子（戰跡煎餅・忠勇あられ・高粱おこし・高粱しるこ）・繪葉書・記念火箸。

○金州 果實（林檎、梨、桃、櫻桃、棗）・漬物（蒜、辛子漬、粕漬）・蛤。

○普蘭店 林檎・葡萄。

○瓦房店 林檎・梨・苺。

○得利寺 林檎・蘇。

○熊岳城 林檎・紅梨・繪葉書。

図16　昭和13年版『旅程と費用概算』で紹介されているモデルコース「鮮満周遊旅程案A」の冒頭部分。次ページ以降に満洲での行程表が続く。

のだ。学生団体だと同じ三等なのに旅費総額が個人旅行の半額近くになってしまうのは、外地の鉄道や船の団体割引率が高いだけでなく、宿代にも団体学割料金が設定され、成人の個人宿泊料が半額前後（しかも本来は一泊二食のところが三食付きになる）になったからである。

こうしてみると、三等や団体ツアーを利用すれば、日本列島を飛び出して朝鮮や満洲、台湾など近隣アジアへ行楽旅行をすることは、都市部に住む中流層以上の日本人にとって経済的に十分可能だったと思われる。学生が長期休暇などを利用して廉価に旅行しやすい環境が整っていたのも、現代の学生バックパッカーが学割を利用したりユースホステルに泊まったりしながら費用を節約して海外を旅できる点と通じるところがある。特に、大陸や朝鮮への玄関口となる北九州や中国地方をはじめ西日本の住人にとっては、東京を中心とした東日本の名所旧跡を巡るより、釜山や大連や上海に船で渡る方が短時間で旅費もかからず、旅行先として身近な存在だった。社会人として長期休暇が取れるかどうかを別にすれば、戦前の日本人にとって、外地への旅行が途方もない高額な費用を要する特権階級層だけの遊興行為、というわけではなかったと言ってよいのではないだろうか。

中国旅行にパスポートは不要

お金の話と並んで海外旅行に欠かせない実用情報として、パスポートやビザ（査証）の話が挙げられる。いくら大金を持っていても、それだけでは自由にどこへでも行けるわけではないのが、国内旅行と異なる海外旅行の最大の特徴でもある。

実用情報がほとんど載っていないこともある戦前の海外旅行ガイドブックの中で、大正八年（一九一九年）発行の『朝鮮満洲支那案内』に「旅客須知事項」という実用情報欄があることは39ページですでに触れた。その筆頭項目は「旅券」、つまりパスポートに関することである。

「支那に於ける開港場地域内の旅行、居住、企業等は自由なるも、若し該地域を離れて內地に旅行せんとする場合には帝國領事の發行に係り支那官憲の裏書したる旅行券を要すべく、該旅行券の所持者は商用又は遊覽の爲規定の期間內、券面記載の各地を自由に旅行する事を得べし」

ここでいう「支那における開港場地域」とは上海などにあった租界のこと。十九世紀後半から二十世紀前半にかけて、中国各地の港湾地区に存在した治外法権の外国人居留地を指す。上海租界があった地域は今では「バンド」という名前で観光名所として知られているが、そういう地域では日本人は支那、つまり中華民国の国内であってもパスポートなしで自由に旅行可能（一時的な旅行だけでなく、居住したり商業活動を行うのも自由）というのが、この冒頭のくだりの意味するところである。

租界を離れて中国大陸の「内地」を旅行する場合にはパスポートが必要と記されているが、その特殊な例が同書の「海防雲南間（滇越鐵路）」という地域の紹介ページに見られる。海防とは当時のフランス領インドシナ（現・ベトナム）の港湾都市・ハイフォンのことで、そこからハノイ（河内）、ラオカイ（老開）を経て雲南省へと延びる滇越鉄道の旅行情報の一つとして「旅行券」という項目を設けている。

「雲南省内の旅行には旅行券を要するを以て、旅客は豫《あらかじ》め三六時間前に海防又は河内驛長を介して在老開佛國領事に對し、旅券下附の手續を了すべし。又銃器携帯の必要ある場合には手數料として六弗を添へ前記の手續に依り許可證を請求すべし」

滇越鉄道は、ハイフォンからベトナム北西部の国境都市・ラオカイを経由して、中華民国領内である雲南省の雲南（現・昆明）まで直通する全長八百五十五キロの国際路線で（図17）、中華民国領内の区間も含めて、ベトナムを統治するフランスによって建設された。そのため、軌間は中国大陸で一般的に採用されている国際標準軌（一四三五ミリ）ではなく、フランスがベトナム国内で建設していた路線と同じメーターゲージ（軌間一メートル）を採用。ハノイやハイフォンとの国際列車が直通運転できる代わりに、中国国内の他路線との間で列車が相互乗り入れすることはできなかった。満洲北部の東清鉄道がソ連と同じ広軌だったため、国際標準軌の満鉄その他の中国国内路線との相互乗り入れができなかったのと状況が似ている。

治外法権の租界を離れて内陸部に旅行しようとする外国人にパスポートの携帯義務があること自体は不自然ではないが、この雲南省の事情が特殊なのは、「海防又は河内驛長を介して在老開佛國領事

図17　滇越鉄道路線図

に対し、旅券下附の手續を了すべし」という点だ。巻頭の「旅客須知事項」では「（日本人は）帝國領事の發行に係り支那官憲の裏書したる旅行券を要す」という原則が明記されているのに、雲南省の場合はハイフォン（海防）かハノイ（河内）の鉄道駅長を通して国境都市のラオカイ（老開）にあるフランス（佛國）領事に雲南省旅行のための「旅券」を申請せよ、というのである。この「旅券」というのは、パスポートではなく現代でいうところの査証（ビザ）ではないかと思われるが、いずれにせよ、雲南省が事実上フランスの植民地同然になっていることを強く推測させる旅行情報と言える。

もっとも、同地へのアクセス方法と

して紹介されているのは、ベトナム側から入る滇越鉄道のみ。当時の雲南省は、北京や上海など沿岸部に近い中国国内の他の主要都市にとっては、ほとんど外国のような奥地だった。「銃器携帯の必要ある場合」の記述からは、とりわけ都市部を離れた地域で中央政府によるまともな治安維持がなされていない実情が窺える。同書の「雲南」のページを開くと、同地は人口約十万人を擁する雲南省の中心地と記されているが、交通面から見れば、むしろフランスが支配するベトナムの延長線上にあり、日本人旅行者にもそのような地域として一般的に認識されていたと言っても過言ではないだろう。

そして、この本にはこれ以外に旅券に関する記述がない。「朝鮮満洲支那案内」というタイトルの通り、この本は朝鮮や満洲や支那の旅行ガイドブックなのだが、支那のページ以外に旅券関係の情報が記載されていないということは、その裏返しとして、それ以外の朝鮮や満洲では、あえて読者に説明するまでもなく日本国民はパスポートなしで自由に旅行ができたと物語っていることになる。

同様の記述は、実用情報も充実している『旅程と費用概算』にもみられる。以下は、昭和七年（一九三二年）改訂増補版（昭和八年発行）の「鮮・滿・中國旅行」のページに独立した項目として挙げられている「旅行券に就いて」の本文である。「旅行券」とは何やら旅行用ギフトカードのようにも思えるが、これもパスポートを意味している。

「各種日中連絡券所持範圍內の旅行及中國に於ける開港場地域內の旅行は自由であるが、夫《そ》れ以外の所謂《いわゆる》北支那方面の內地に旅行せらるゝ場合は帝國領事の發行にかゝり、中國官憲の裏書せる旅行券を所持せらるれば商用又は遊覧の目的にて規定の期間内、券面記載の各地を自由に旅行することが出來る」

冒頭の「各種日中連絡券所持範圍內の旅行」という一節が、大正八年の『朝鮮満洲支那案内』にはなかった情報だ。それ以下は、表現の変化はあるものの情報の内容は変わっていない。「各種日中連絡券」とは内地や朝鮮、台湾、樺太などの日本領土内、あるいは日本の権益鉄道である満鉄の各駅と、中華民国内にある所定地点との間を結ぶ直通の鉄道乗車券や、これらの地域を周遊する旅客に利用されていたフリー切符のような周遊券をいう（詳しくは99ページ以下を参照）。それらの国際連絡乗車券を持って中華民国の領土内で鉄道に乗る場合は、租界の内部と同じようにパスポートが不要だったのである。

このパスポート情報は、年が進むとさらに変化を遂げる。昭和十年（一九三五年）版の同書ではこうなっている。

「朝鮮各地及滿鐵、滿洲國內各鐵道沿線は勿論《もちろん》日中周遊經路による中國鐵道沿線並《ならびに》開港地點等の視察旅行には旅券の必要はないが、右以外の中國奥地旅行の場合には、帝國領事館を經て中國官憲から身邊保護の爲め旅行者に與《あた》へらるゝ一種の旅行免状とも云ふべき『護照』を受けて行かれる方がよい。（護照は銀二弗の收入印紙を添へて領事館に下付を出願すれば、二―三日、長くも一週間內

に受ける事が出來る）

尚《なお》日滿周遊經路、即ち內地から浦鹽《ウラジオストク》―ボクラニーチナヤ―哈爾濱《ハルピン》―南滿洲を經て―內地へ或《あるい》は此《こ》の反對經路による旅行者は府縣廳から正式に外國旅行免狀の交付を受け、（更にソヴイエット領事館の裏書を受け）之を携行せねばならぬ」

冒頭で「朝鮮各地及滿鐵、滿洲國內各鐵道沿線」も「旅券の必要はない」と言い切っているところが昭和七年改訂増補版より新しい。朝鮮は当時日本の領土だったので当然だとしても、建前上別の国である満洲国内の満鉄やその他の鉄道沿線でもパスポート不要であることが明言されている。

と同時に、後段の「尚」以下で、ウラジオストク（浦鹽）からハルピン（哈爾濱）方面へ直通する旧・東清鉄道（この当時は北満鉄道）に乗るときは、県庁などから「外國旅行免状」を発給してもらうこと、さらにソ連領事館の裏書、つまりソ連入国査証が必要だという細かい説明が付加されている。

前段でも、「中國官憲」からもらっておいた方がよい書類について、昭和七年改訂増補版の「中國官憲の裏書せる旅行券」から、昭和十年版では「護照」と明言している。「護照」とは、現在では「パスポート」を意味する中国語だが、ここでは日本人が日本の領事館を通じて中国官憲から入手する書類を指している。

明らかに日本とは別の国である満洲国や中華民国への渡航にパスポートを携帯しなくてよかった背景には、明治から大正時代頃までは海外渡航時におけるパスポート携帯の重要性が、「海外旅行では命の次に大切」と言われる現代ほど広く認識されていなかったという事情がある。外務省公式ホームページ内にある「外交史料Q＆A」というコーナーは当時の中国旅行におけるパスポート不携帯の例について、「1878年（明治11年）に定められた『海外旅券規則』には、旅券携帯免除の正式な決まりはありませんでした。しかし、明治時代後期になると、日本から中国へ渡航する者が非常に増加し、旅券発給事務が追いつかなかったことから、中国渡航に際しては旅券を携帯しない例が多くみられました」と説明している。

パスポートの発給事務が追いつかないのであれば、現代の日本人は外国への渡航を諦めるだろう。だが、当時の日本人は逆に、「だったらパスポートなんかいらないや」と考えてパスポートなしで本当に中国へ行ってしまったというわけだ。実際にパスポートなしで外国へ行けてしまえる環境があったことが、そうした人々の意識を増幅させた。

そんな環境を裏付ける記述が、大正五年（一九一六年）に大阪商船が発行した『航路案内』という非売品の冊子に見られる。「乗船切符の購入竝《ならび》に割引」という項目の一節である。

「乗船切符の購入に就《つい》ては別に何等《なんら》の手續を要せざるも唯《ただ》支那以外の外國に渡航せられんとする場合には旅行券を呈示せらるゝこと肝要なり、此《この》旅行券には米國、加奈陀《カナダ》又は露國等に赴かるゝ場合に限り本邦に駐在する行先國の領事の裏書證明を得置くことを要す若し之れ無ければ乗船切符を發賣することを得ざるのみならず行先地に於て上陸を拒絶せらるることあるべし」

支那以外の外国に行く場合は乗船切符の購入時にパスポートが必要で、アメリカやカナダ、ロシアなどに行くときは在日領事館で入国査証をあらかじめ取得していなければ乗船切符は販売しない、とあることから、「支那に渡航せられんとする場合」には、乗船切符の購入に際してパスポートの呈示は「肝要」ではなく、査証入りのパスポートがなくても乗船切符は販売するし中国大陸で上陸を拒絶されることもない、という反対解釈ができる。このような案内文を、中国本土への旅客航路を運航している船会社が乗船切符購入情報として自ら発信しているのだ。パスポート番号がなければ国際線の搭乗手続きができない現代では考えられない話である。

このような中国側の出入国管理実態は、パスポートという国際通用性のある書類に対する認識がまだ稀薄だった清王朝の時代から続けられてきたと見られる。明治四十四年（一九一一年）に朝鮮と満洲とを隔てる鴨緑江に鉄道橋が完成して直通列車が運行できるようになったとき、日本と清王朝との間で成立した「国境列車直通運転に関する日清協定」では、清国民以外の者がパスポートを携帯しないで国境を通過しようとする場合、居住範囲が朝鮮と清国内の双方にまたがっていた朝鮮人については、前年に成立した日韓併合で日本国民となった朝鮮人と清国民とを区別するためか、清国内に居住していなければパスポートを携帯しないで列車に乗って陸路越境することを認めない旨、特に定めている。もともと日本国民だった日本人やすでに日本領だった台湾の出身者、同じく領有していた南樺太に住む少数民族など、朝鮮人以外の日本国民については同種の条文がない。

大阪商船の『航路案内』が発行された翌年の大正六年（一九一七年）には、中華民国政府が入国する外国人に対してパスポートの携帯を義務づける旨の通牒を発している。つまり、この『航路案内』の発行時点では、中華民国政府自体が入国する外国人へのパスポート携帯を一般的に義務づけていなかったのだ。

しかも、この中華民国のパスポート携帯義務化措置について日中間で交渉が行われた結果、日本人は中華民国への渡航に際して旅券を携帯しなくてよいことが正式に認められた。さらに、大正七年（一九一八年）には日本側も中国人の日本入国に際してパスポートの携帯を不要とする公文（外国人本邦入国規則ノ除外ニ関スル交換公文）を発し、日中相互に旅券を免除することが確認されている。

その後、当時の中華民国が領有していた満洲は、昭和七年に満洲国として独立。中華民国が満洲に関して有していた日本との諸関係は、基本的には満洲国がそのまま引き継いでいる。だから、日本人は満洲国への渡航に際しても、中華民国時代と同じくパスポートがいらなかったのである。

さらに、『旅程と費用概算』の昭和十三年（一九三八年）版になると、「滿・鮮・中國旅行」のページから、昭和七年改訂増補版の「旅行劵に就いて」や昭和十年版の「旅行劵に就て」というパスポートに関する記述が消滅してしまう。その代わりに「旅行證明に就て」という項目が設けられているが、内容は「現在北支方面に旅行する場合には『北支旅行身分證明願』、移住せんとする場合には『北支移住身分證明願』が必要である。この證明書を受けるには所轄警察官吏派出所より『居住證明書』を受け」云々というもので、北支、つまり満洲国に隣接する中華民国北部へ旅行する場合の旅行手続き情報である。中華民国への旅行にパスポートが不要であることは従来と同じだが、中華民国と同じく外国であるはずの満洲国への旅行にもパスポートがいらないことは書かれていない。日本人はパスポートなしで満洲国へ行けるという事実は、もはや旅行情報として一言も触れる必要がないほどに当然であったということだろうか。

ただ、満洲国の出入国手続きに関する旅行者向け情報が曖昧だった遠因として、満洲国という国が国籍の概念について明確に定められなかった、という事情が存在したことを挙げることはできるかもしれない。というのは、満洲国は昭和二十年（一九四五年）に滅亡するまで、国籍法を制定しなかった。「満洲国民とは何ぞや」という問題に、法的に明確な回答ができない国だったのだ。戦前に満洲の開拓地へ入植した日本人はもとより、満洲国政府に雇用されて同国の公務員となった日本人にも、日本国籍から満洲国籍に切り替わった者は一人もいないはずである。

日本の国籍法は今も昔も二重国籍を認めていないので、もし日本人が満洲国籍を取得したということになると、自動的に日本国籍を放棄することになる。ただ、国籍の概念に詳しい官僚などはもちろん、そうではない大多数の一般庶民でさえ、「満洲国に移住したら現地に根を張った生活をするためにも、満洲国籍の取得手続きをすることを薦めます。ただし、満洲国籍を取得したら日本国籍は消滅します」などと言われて、素直に満洲国籍を取ろうとしたとは考えにくい。満洲での新生活を考えていた当時の日本人は、あくまで内地と同じ日本国民の立場のまま満洲で生きていこうとしたのであって、日本が自分にとって外国になってしまうような事態は想像もしていなかったはずであり、仮にそんなことをしたら、満洲へ移住しようとする日本人はほとんどいなかったのではないか。

満洲国籍と日本国籍の区別が曖昧であるということは、満洲国に入国する日本人を満洲国の住民とそもそも区別できないことを意味する。このため、中華民国時代にもまして、満洲国成立後の満洲では日本人がパスポートなしで旅行できるのが当然の状況になった、といってよいと思われる。

日本国内での越境手続き

パスポートなしで旅行できる範囲が台湾や朝鮮のみならず、外国である中国大陸全体の広範囲に及んでいたことが、日本人観光客の東アジア旅行を国内旅行並みに身近にしていた要因の一つであることは間違いない。とはいえ、現代のヨーロッパでも、シェンゲン協定には加盟しているがEUには加盟していないスイスへの隣国からの出入国には税関検査を伴う（出入国管理を行うパスポート審査はない）という事例があるのと同じように、当時の日本周辺のアジア地域でも、パスポート不要措置によって、主権が異なる地域を出入りする旅行者が何らの手続きもせずいつのまにか隣の国に入っていた、ということになるわけではなかった。むしろ、日本国外はもちろん、日本国内であっても内地と外地の往来には所定の手続きを経なければならないケースがあり、それが外地旅行に、内地旅行と異なる特別な性質を与えていた。

昭和十五年（一九四〇年）まで刊行されていた『旅程と費用概算』の「鮮・滿・中國旅行」には「税

關検査に就いて」という項目があり、日本の海外領土や中国大陸と内地とを結ぶ旅客船の利用時や大陸での国境通過時には、税関検査を受けなければならない旨の案内文が掲載されている。朝鮮と内地との間の移動は日本国内の移動なのだが、関釜連絡船の船内で税関検査が行われていた。朝鮮や満洲方面へのモデルルート表にも、船内で税関検査がある旨が注記されている。

これは、旧大韓帝国が諸外国との間で実施していた関税制度を日韓併合後も十年間据え置く措置が採られ、内地と朝鮮との間でも大正九年（一九二〇年）まで同様の措置が採られたことに起因している。据置き期間が満了すると日本の関税法が朝鮮にも適用されて朝鮮から内地への移入税は全廃されたが、内地から朝鮮への移入税は、朝鮮半島地域の経済保護などを目的として、さらに当面の間存続した。これが完全に撤廃されたのは昭和十六年（一九四一年）のことなので、『旅程と費用概算』が発行されていた昭和十五年までの全期間にわたって、内地と朝鮮とを往来する旅行者は税関検査を受けなければならなかったのだ。

ポーツマス条約で日本が租借権を獲得していた関東州（遼東半島南部）へは、内地から大連港発着の旅客航路が多数設定されていた。関東州は日露戦争前のロシア統治時代から、二十世紀末までの香港のような関税自由地域となっていたため、大連港から内地へ向かう船客に対してのみ税関検査を行えばよく、その逆は必要ない。ただし、昭和十年（一九三五年）版の『旅程と費用概算』の「税關検査に就て」では、「關東州」に「汽船で入る場合は汽船内で酒・煙草等に對して檢査がある」との記述が見られる。また、「滿洲又は中國に旅行の際（朝鮮を除く）、旅行用具中特に注意すべきは寫眞機

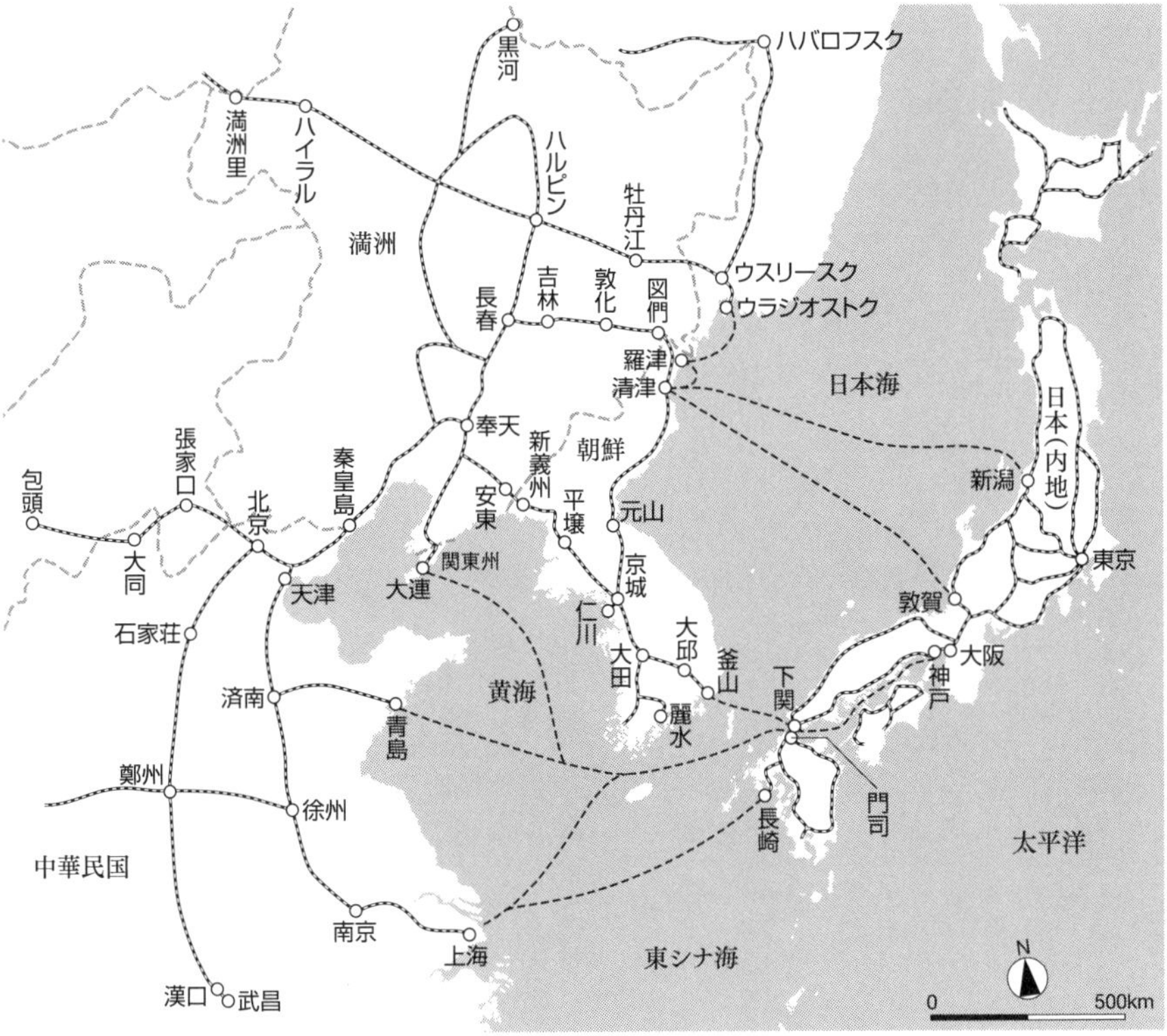

図18　昭和初期における日本内地と朝鮮・満洲・中国大陸との主要連絡ルート図。

其他課税品で、之等を内地から携行する場合は、出發港の税關にて豫《あらかじ》め許可證明書を貰ひ受けて置かぬと歸還の際課税される」との一文は、内地に戻るときの税関検査に関する注意であるから、満洲の玄関口である関東州への渡航時も含む注意喚起であると読むことができる。関東州と隣接する中華民国（満洲国成立後は満洲国）は、大連港経由の輸出入業務の便宜を図るため、自国領外である大連に税関施設を設置していたので、自由貿易港である大連に上陸する際にも酒やタバコの持ち込みに関する検査があったのである。
当時の内地と満洲を結ぶ主要ルートは、大連航路経由と朝鮮半島縦断鉄道経由のいずれかであった（昭和十年代になると、日本海を横断して朝鮮北部の清津を経由して満洲国の首都・新京へアクセスする北鮮ルートも注目されるようになった）。このため、昭和十三年（一九三八年）版の『旅程と費用概算』の「税關検査に就て」では、満洲国内から内地への帰還時の税関手続きに関して、大連経由と朝鮮経由の両方の手順を以下の通り詳述している。昭和一ケタ時代の『旅程と費用概算』より記述が詳しくなっているのは、それだけ、この情報を知っておくべき旅客が増加しつつあったことを強く推測させる。

「滿洲から内地へ行く場合、毛皮、寫眞機、麻雀、雙眼鏡、寶石類等の奢侈《しやし》品は輸入市價の十割の輸入税を課せられる。尚《なお》骨牌類《こっぱいるい》は本關税の外《ほか》麻雀は一組に付金三圓、トランプ類は一組に付金五〇錢の骨牌税が課せられる。
左記の煙草は自用と認められたる場合に限り記載數量だけは免税されてゐる。尚煙草は検査の證印を必ず受けねばならぬ。

煙草 ｛葉巻　五十本／紙巻　百本／刻《きざみ》　三十匁《もんめ》｝ 一人に付何れか一種に限る。但し葉巻紙巻兩方の場合は各半量とす。

（イ）大連から大阪商船定期船で門司・神戸に向ふ場合『船中で』、此の反對の場合は『神戸又は門司稅關で』。
（ロ）大連驛から關東州外に向ふ場合『大連驛で』、託送手荷物は大連驛手荷物檢查所で、携帶品中課稅品ある場合は同檢查所に任意申告を必要とする。此の反對の場合『普蘭店《ふらんてん》以南の列車中で』。
（ハ）（1）安東驛經由の場合『安東驛で』携帶品は『車内で』、託送手荷物は『驛ホーム檢查所に於て』。
（2）京圖《けいと》線經由の場合『圖們《ともん》驛で』、京圖線及朝開《ちょうかい》線經由の場合『上三峰《かみさんぽう》驛で』、携帶品は『車中で』、託送手荷物は『驛ホーム檢查所で』。」

これらの地域と異なり、台湾や樺太、それにヴェルサイユ条約で日本の委任統治領となったサイパンやパラオなどの南洋群島と内地とを往来するときは、同じ日本領土内であるという原則に基づき、税関検査を受ける必要はなかった。特に、樺太の場合は明治以降に獲得した海外領土とはいえ、内地からの移住者が多く法制上も内地に準ずる扱いを受けるケースが他の外地より多かったせいもあるのか、樺太への連絡船では、内地の離島航路を利用する場合と手続き上の違いはほとんどない。『旅程と費用概算』でも、樺太は北海道のページに続いて一体となって掲載されていて、巻末にまとめられている台湾や朝鮮、満洲など他の海外領土とは扱いが異なっている。

内地から台湾への渡航に際しては、満洲のケースと同じく、タバコと酒の移出入について制限があり、82ページに紹介した『旅程と費用概算』の満洲出入域手続きに記されている「葉巻五十本、紙巻百本、刻みタバコまたは板タバコは三十匁（百十二・五グラム）までは個人消費用として免税」という基準が台湾と内地との往来時にも適用される。基隆港に発着する旅客船では、専売局員が船内まで出張して検査を実施した。

また、台湾特有の事情として、台湾産の植物の一部については、南国特有の病害が内地で伝染しないよう、内地への持込みに制限が課せられていた。台湾総督府交通局鉄道部が毎年発行していた『台湾鉄道旅行案内』の昭和十五年版には、「内地に移出する植物に就ての注意（臺灣總督府植物檢査所）」という次のような一覧表が載っている。現代でも、沖縄や鹿児島県南部の離島、あるいは小笠原諸島から本土への植物持込みに規制が設けられていて、那覇空港の国内線搭乗エリアなどに植物検疫所があるが、それと同じ理由による検査が戦前の台湾でも行われていた。

「◎次の植物は植物檢査済でなければ內地行の船舶に持込又は內地に携行できない。
○西瓜《すいか》、木瓜《もつか》（小包郵便では送れない）
○柑橘の果實（椪柑《ぽんかん》、桶柑《たんかん》、雪柑《せつかん》、斗柚《ざぼん》、文旦《ぶんたん》、金柑《きんかん》、れもん等）
◎次の植物は全然內地に携行できぬ
○檬果《まんごう》（樣仔《ソウヤ》）、枇杷《びわ》、李《すもも》、桃、蒲桃《ふともも》（香果《ヒヨンコウ》）、蓮霧《じやわふともも》（輦霧《レンブ》）、蕃石榴《ばんじろう》（拔仔《バラア》、那拔《ナツプ》）、龍眼《りゆうがん》、茘枝《ライチー》、五斂子《ごれいし》（楊桃《ゆうとう》）等の生果實《なまみ》

鹽田の光景（一三八頁）

製鹽收納（一三八頁）

製鹽搬出（一三八頁）

縱貫線 —146—

▲臺灣製糖會社三崁店製糖所 停車場の西一里二十町。機械能力八百五十噸。最近一期の製糖高は、千四百七十八萬四千六百餘斤に達してゐる。

臺南驛《たいなん》（臺南州臺南市北門町）

驛名	哩程	旅客運賃 一等	二等	三等
基隆	哩 二三〇・三	円 一四・三〇	円 九・九〇	円 五・四〇
臺北	二〇二・五	一三・一五	九・一〇	五・〇五
臺中	一〇一・〇	六・五五	四・五五	二・五五
嘉義	三八・三	二・五〇	一・七〇	〇・九五
高雄	二八・八	一・八五	一・三〇	〇・七〇
屏東	四四・一	二・八五	二・〇〇	一・一〇

▲手荷物運搬▲携帶品一時預▲手荷物配達▲入場券發賣▲内臺間連絡扱▲自動車▲人力車▲仲賣▲呼賣（辨當・壽司）

驛勢

乘降客數 一、〇三三、四六二人
發著貨物噸數 一〇九、一四七噸
收入 六一〇、八〇三圓

重要貨物

發送 到著
金物 二、五七三噸 薪炭 七、三九三噸
木材 三、四七噸 石炭 六、六四五噸
酒 二、一七〇噸 米 六、〇八四噸

旅館 東屋（大正町）（三ノ）四春園（花園町）（三ノ）臺南ホテル（錦町）（四ノ）大和館（大正町）（四ノ）
・宿泊料・ 二圓乃至五圓
・中食料・ 一圓乃至二圓五十錢

図19 大正13年版『台湾鉄道旅行案内』の台南案内ページ。鉄道駅ごとに駅のサービスや駅周辺の宿泊情報などを紹介している。

○胡瓜《きゅうり》、甜瓜《まくわうり》、南瓜《かぼちゃ》、其他瓜類一切、蕃茄《トマト》、菜豆《いんげんまめ》、豇豆《ささげ》、やんばるなすび、蕃椒《とうがらし》、甘藷《かんしょ》（蕃《ハン》薯《ツー》）等の生果實
○甘蔗《カムチヤ》及種子、土壤の附著せる植物（盆栽、鉢植、其他植木類）」（ルビは原文と異なり、引用者の判断による）

台湾と同じ熱帯地方に位置する南洋群島については、そもそも『旅程と費用概算』が旅行対象地として取り上げていない。パラオやサイパンには日本郵船が内地との定期旅客航路を開設

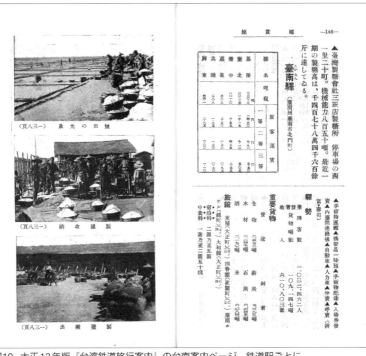

し、昭和以降は横浜～サイパン～パラオ間に大日本航空の定期旅客便も飛んでいたが、台湾や朝鮮、満洲、樺太など他の外地に比べると観光旅行先としては影が薄かったらしい。

　南洋群島への渡航手続き情報は、昭和九年（一九三四年）に初版が出た『南洋群島移住案内』（大日本海外青年会編）という、一般の観光旅行者はあまり手に取らないのではないかと思われる書籍に見ることができる。同書の「渡航……及其他の手續」というページに、移住者とは別の「一般渡航者」にとっての渡航情報として「南洋群島は我國統治領でありますから渡航は自由に出來まして他外國の如き渡航手續は要しません内地族《ママ》行同様に渡航も又歸國も自由であります。只渡航者は先方上陸後十日以内に島支廳（内地役場同様のもの）へ島居住届（内地寄留届同様）をする必要があります」とある。日本郵船が昭和五年（一九三〇年）に発行した乗船パンフレット『裏南洋航路』にも、「彼地上陸後の爲め戸籍謄本を用意して置く方が御便利です」と記されていて、南洋群島への観光旅行客は、まるで戦後のソ連やその継承国であるロシアで今も外国人旅行者に求められている滞在登録のような制度に服する必要があった。

　内地との往来客に対する検疫についても、観光旅行客が手に取りやすいガイドブックには記述を見つけにくい。ただ、『南洋群島産業視察概要』（東京府小笠原支庁編、昭和十年）という官公庁の報告書のような書物に、植物の移出入検査に関する関連法令やサイパンにおける検査態勢などが詳しく記されていることから、検疫無用で旅行できる内地と異なり、内地との往来客に対して植物検疫が実施されていたようだ。

満洲国から中華民国への国境越え

満洲国や中華民国への渡航に日本人はパスポートが不要だったとしても、国境を越える際に何らの手続きも必要としなかったわけではない。再び『旅程と費用概算』を紐解くと、現代の中国近隣で外国人観光客が体験できる通常の国境越えとは、趣きがだいぶ異なっている。

昭和七年（一九三二年）に満洲国が建国されると、中華民国とは主として万里の長城を隔てて接することになり、北平《ほくへい》（現・北京）と奉天（現・瀋陽）とを直結する平奉《へいほう》鉄道（京奉《けいほう》鉄道。後に北寧《ほくねい》鉄道と改称。現在の中国国鉄京哈《チンハー》線。図20参照）は万里の長城の最東端として知られる渤海沿岸の山海関《さんかいかん》駅で分断された。以後、山海関は第二次世界大戦の終結まで両国を結ぶ直通鉄道の国境駅としての役割を担ったが、旅客の国境通過手続きは国境成立時から終戦まで一様ではなかった。

何しろ、中華民国から見れば、満洲国とはもともと自国領だった地域の一部が勝手に分離・独立してできた国だから、正式な国家として承認することはできない。ということは、いくら線路が繋がっているからとはいえ、自国の鉄道の一部を乗っ取ったに等しい未承認国家の国有鉄道（満洲国鉄）と国際列車を仲良く共同運行したり、満洲国鉄所属車両の自国内への乗入れを認めるわけにはいかない。このため、昭和六年（一九三一年）秋の満洲事変勃発以降、それまで奉天〜北平間を一泊二日で運行していた直通列車は全て運転中止となり、旅客は山海関駅で乗換えを余儀なくされることになっ

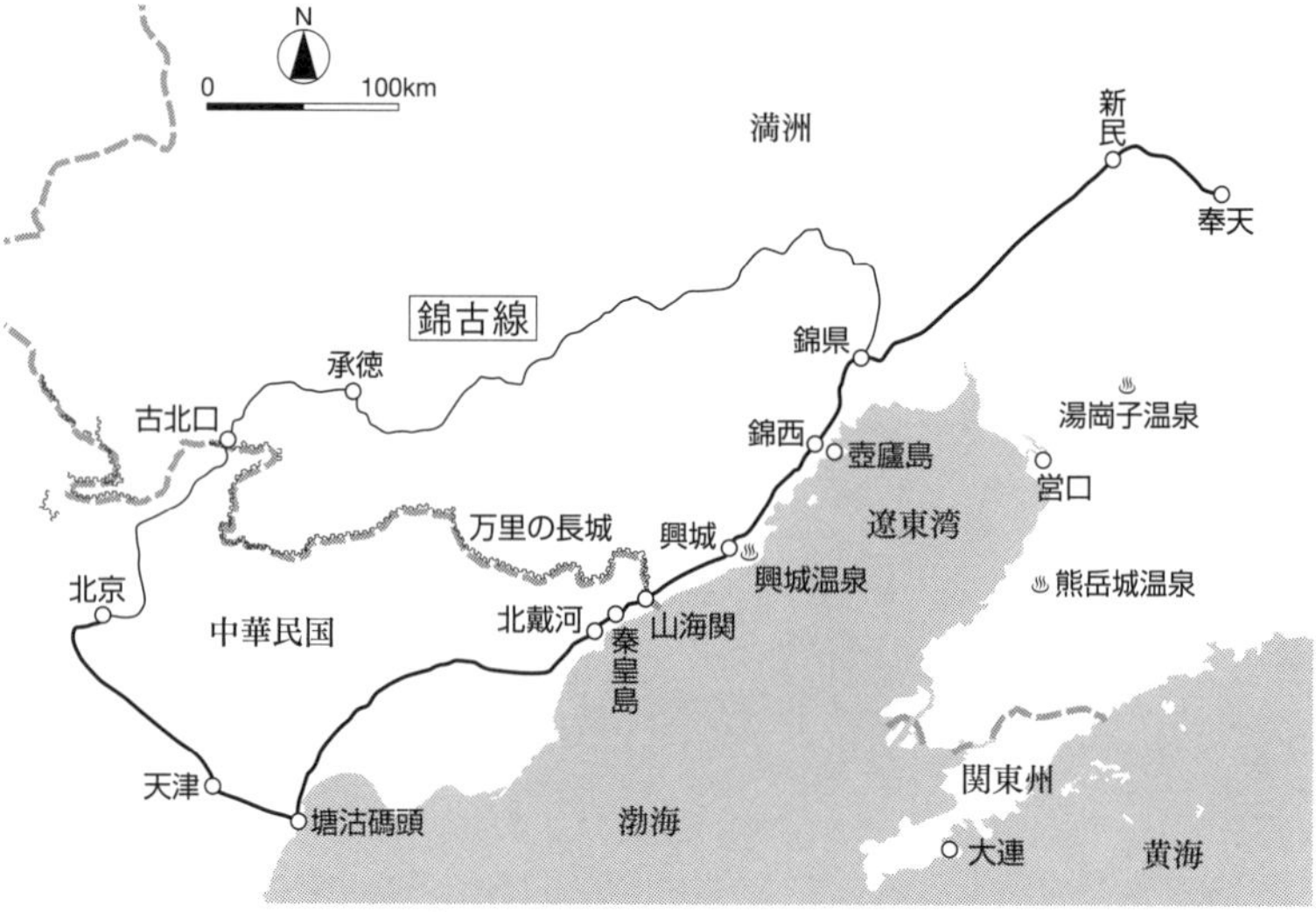

図20　奉天〜北京間の京奉（平奉・北寧）鉄道路線図。満洲国成立後は万里の長城が国境と重複する地域が多くなった。

たのだ。

その変化は『旅程と費用概算』の各年度版の記述の変遷にも現れている。昭和六年版の同書に掲載されている「三週間　支那周遊旅程」というモデルコースでは、奉天から天津への移動手段として「奉天（満鐵驛）」を午前に出発して翌日午前に天津に着く京奉鉄道の「各等列車北京行」を挙げており、「奉天―天津間二一時間（七〇二粁）一等寝臺車、食堂車連結（寝臺料上四弗、下五弗）（銀弗）」という注釈がついている。京奉鉄道に一泊二日の直通夜行列車が定期運行されていることの証である。奉天も天津も同じ中華民国だから、乗車中に国境を通過することにはならない。「小使銭ハ奉天驛構内ニテ所要額丈ケ支那貨ニ兩替シオクヲ便トス」という、別の国へ行くときのような注意書きがついているのは、満鉄沿線である奉天では、満鉄附属地で日本円が通用するという事情があったからだ。

満鉄附属地とは正式名称を「南満洲鉄道株式会社鉄道附属地」といい、ポーツマス条約で日本が帝政ロシアから譲り受けた満鉄沿線の特定地域を指す。本来は鉄道の建設や管理に必要な地域という意味だが、ロシアはこれを拡大解釈して、沿線各地の都市部に設定された附属地内で行政権や警察権も行使していた。その権益を日本がそのまま引き継いだことで、満鉄沿線の主要都市はほとんど日本の治外法権地域となっていたのである。

この満鉄附属地は、あくまでも満鉄が経営する鉄道沿線にのみ存在する。現代では誤解されがちだが、第二次世界大戦の終結時点で満洲に存在した鉄道路線のうち、ポーツマス条約で日本が獲得した満鉄の路線は全体の一割強に過ぎず、大部分は中華民国に所属する路線だった。満鉄附属地は満鉄所属路線の沿線にしか存在しないから、奉天から満鉄経営ではない京奉鉄道で北支方面へ南下するときには、満鉄所属駅や満鉄附属地ではそのまま通用した日本円も現地通貨への両替が必要になった。

ところが、同書が刊行された昭和六年七月のわずか二ヵ月後に満洲事変が発生すると、この旅行情報は活用できなくなる。翌昭和七年（改訂増補）版の同書では事態の急変に対応できなかったのか、同じ記述がそのまま載ってしまっているが、昭和十年（一九三五年）版の「山海關」の紹介欄の文末に、「滿洲事變以來久しく中絶のまゝであつた奉天、北平間直通列車も、昭和九年七月一日から復活された」と記されている。つまり、この区間の直通列車が三年近く運休していたことが、この記述から読み取れる。

図21　列車の最後尾から見る山海関駅と駅での税関検査の様子（左円内）（『満洲概観』より）。

復活した直通列車は、山海関に新しく誕生した国境を越える国際列車となった。このため、『旅程と費用概算』の昭和十三年（一九三八年）版では、「稅關檢査に就て」に、満洲国成立以前の同欄にはなかった次のような注記が登場している。

「▲北支　山海關では山海關驛滿洲國稅關及び中華民國臨時政府稅關吏より、塘沽・天津では埠頭岸壁上で何《いず》れも從前通り實施されて居る。時局柄特に嚴重な檢査を行はれて居るから、餘計な手廻品は一切持つて行かないのが便利である。尙《な》ほ山海關での稅關檢査には本人の立會《たちあい》無き限り、荷物を留置されるから、託送品は必ず一旦奉天驛にて受取り、更に自分の乘車する列車に再託送し、山海關で立會へる様にして置くべきである。」

さらに、満洲国が建国された後は『旅程と費用概算』の満洲各地の紹介記事が厚くなっていっただけでなく、満洲以南の中華民国領の旅行情報も徐々に増え、その一環として、満洲国との接続地である山海関の国境通過情報が、次のように詳細に記されるようになった。

「山海關通過に際して

▲通關　通關は安東に於けると同様車內持込手廻品は車內で、託送手荷物はホーム税關検査所で夫々《それぞれ》税關検査を受けねばならない。

寫眞機携帯者は多少面倒でも税關の證明書を貰つて置く方がよい。

▲支那旅行身分證明書検査　通關が終ると日本領事館警察署員の身分證明書検査が行はれるが、其の前に同署員の配布する申告書に本籍・住所・氏名・旅行目的等を記入して差出さねばならない。之等は一見形式的の様であるが、相當嚴重に行はれて居る。

▲山海關通過後の注意　鐵道沿線での寫眞撮影は事實上禁止地帯があるから、撮影に際しては乗務憲兵又は警乗兵の指示を受けることが必要である。

▲歸路の税關検査に就て　歸路國境に於ける税關検査は相當嚴重に行はれるが、特に左事項は注意しなければならない。

一、戰利品青龍刀・銃彈等と目されるものは全部没收される。
一、支那、外國で發行される雑誌、新聞は特に嚴重である。買物の包紙に使はれた古新聞等にも排日新聞があるから、一應前によく調べて置くこと。
【時差】支那は滿洲より一時間遲れであるから、支那に出入するとき時計を整えねばならぬ。」

昭和十三年になると、山海関とは別に、内陸側に古北口《こほくこう》という新しい国境駅を持つ路線が開業。同書最後の発行となった昭和十五年（一九四〇年）版の「古北口」の紹介ページに「此處は滿支の國境であるから、通過旅客に對して支那旅行身分證明書・稅關の檢査があるほか、日・鮮・滿貨幣と中國聯銀券の兩替を要する。」（聯銀券については144ページ参照）とあるほか、「北支五省」の「稅關」手續きについて、「山海關・古北口の兩國境驛及び青島・天津碼頭《ばとう》（又は塘沽棧橋）で稅關檢査がある。入國の際は比較的簡單であるが出國の際は相當嚴重に行はれる。然《しか》し往路と雖《いえど》も時局柄檢査は相當嚴重であるから餘計な手廻品は一切持たないことである」との国境越え情報が記されている。

この山海関や古北口の国境越え情報に登場する支那旅行身分証明書とは、昭和十二年（一九三七年）八月に制定された「支那渡航取扱手続」に基づいて、居住地の所轄警察署が発行する身分証明書をいう。同年七月の盧溝橋事件勃発以後、混乱する中国大陸への日本人（台湾人、朝鮮人も含む）の渡航を制限することが目的の制度である。昭和十三年版同書では以下のように「北支旅行身分證明書」という呼称を用いているページもあり、制度運用初期の未定着ぶりが察せられる。

「現在北支方面に旅行するには『北支旅行身分證明願』、移住せんとする場合には『北支移住身分證明願』が必要である。この證明書を受けるには所轄警察官吏派出所より『居住證明書』を受け、これを持つて更に所轄警察署に出頭し、前記旅行身分證明願又は移住身分證明願二通に夫々《それぞれ》本人寫眞添附の上提出すれば一通は警察控へ、一通を本人に下附《かふ》される。證明書の下附は無手數料である。」

警察署へ出頭せよといった文言が物々しく感じられるが、よく読めば、手続きの窓口が居住する都道府県のパスポートセンターでなく警察署となっている以外は、現代のパスポート取得の手順と似ている。手続きさえきちんと踏めば、誰でも取得できる住民票のようなものだろうか。しかも無料である。

ただ、同書いわく、この証明書の「所持なき者は北支入國を拒否せられる」というから、実質的にパスポートに代替する書類と言える。日本側が独自に制定した制度に基づいて発行される書類がない場合に、日本側（この場合は事実上日本の影響下にある満洲国側）の国境で出国を拒否するなら筋は通っているが、日本や満洲国の制度に拘束されないはずの中華民国側でなぜ「入國を拒否せられる」のか、同書の記述からは判然としない。同書では中華民国側が入国を拒否するかのように記しているが、実際にはその入国手続きの前段階である満洲国側で出国を止められることを意味している可能性がある。

なお、同書は「軍人官吏にして制服着用の場合」はこの証明書の携帯が不要であるとの注釈をつけている。日本の軍人や役人は軍服や役所の制服を着ていれば、一般人であれば必要となるパスポートも身分証明書も持っていないのに外国へ行けるというのは、当時の日本の軍人や役人の特権的地位の高さを窺わせる。制服自体に身分証明の効果がある、ということなのだろう。

ともかく、一般の日本人観光客が中華民国へ入国する際にパスポートの携帯を必要とせず、内地同様に旅行できる自由は、この制度の運用開始によって事実上消滅した。昭和十五年五月からはこの制度がさらに強化され（邦人渡支一時的制限に関する外務省発表）、それ以降、不要不急の旅行者にはこの身分証明書が発行されなくなった。ただし、昭和十五年版の同書は同年四月時点の情報をもとに編集されているため、この制度変更は反映されていない。

昭和十二年にスタートしたこの支那旅行身分証明書の携帯義務制度は、当然ながら、中華民国から独立した満洲国には適用がない。したがって、満洲への旅行においては、中華民国時代から引き続き、日本人はパスポートが不要のままだった。もっとも、外国であることには違いないから、隣接する朝鮮と満洲との国境を越える際に国境駅や列車内で税関検査を受ける必要があることは、83ページに挙げた『旅程と費用概算』の記述の通りである。同書のどの年度の改訂版でも、朝鮮・満洲・中国旅行の総論部分には「手続きは簡単だから心配無用」という趣旨の一文が載っている。

ソ連出入国の厳しさは戦後と同じ

中華民国や満洲国と同じく、大日本帝国と国境を接していたのがソビエト連邦（現・ロシア）である。樺太では北緯五十度に日本唯一の陸上国境があり、朝鮮でも北部の日本海沿岸で豆満江《とまんこう》を隔てて隣り合う地域がある。満洲北部には日露戦争以前に帝政ロシアが特殊権益としていた東清《とうしん》鉄道（後に東支鉄道、中東鉄道、北満鉄道と呼ばれた。昭和十年〔一九三五年〕に満洲国が買収）が走っていて、東は軍港・ウラジオストク方面への路線と、北はヨーロッパ方面へ通じるシベリア鉄道の支線と、それぞれ満洲の列車との間で連絡運転や直通運転を実施していた。内地からは、敦賀発着の旅客航路が日露戦争前の明治三十四年（一九〇一年）に設定されて以来、船で日本海を渡り、ウラジオストクで列車に乗り換えて満洲北部やその先のヨーロッパへ向かうコースが、旅行ガイドブックなどで推奨されていた。

帝政ロシアやソ連と日本との間では、中華民国との間で成立したようなパスポート免除の合意はなかったから、日本人は海外旅行の原則通り、パスポートがなければソ連の国内には出入りできない。のみならず、ソ連への渡航は第三国への通過目的であっても査証（ビザ）の取得を必要とした。明治四十一年（一九〇八年）に大阪商船が発行した小冊子『浦塩《うらじお》航路案内』の巻頭に挙げられている「浦鹽並に浦鹽以西への旅客に御注意」という注意書きの筆頭項目は「必ず海外渡航旅券を携帯さるゝこと、この旅券には露國領事の裏書を要す」となっている。裏書とは査証のことで、昭和十年版の『旅

図22　東清鉄道（北満鉄道）路線図

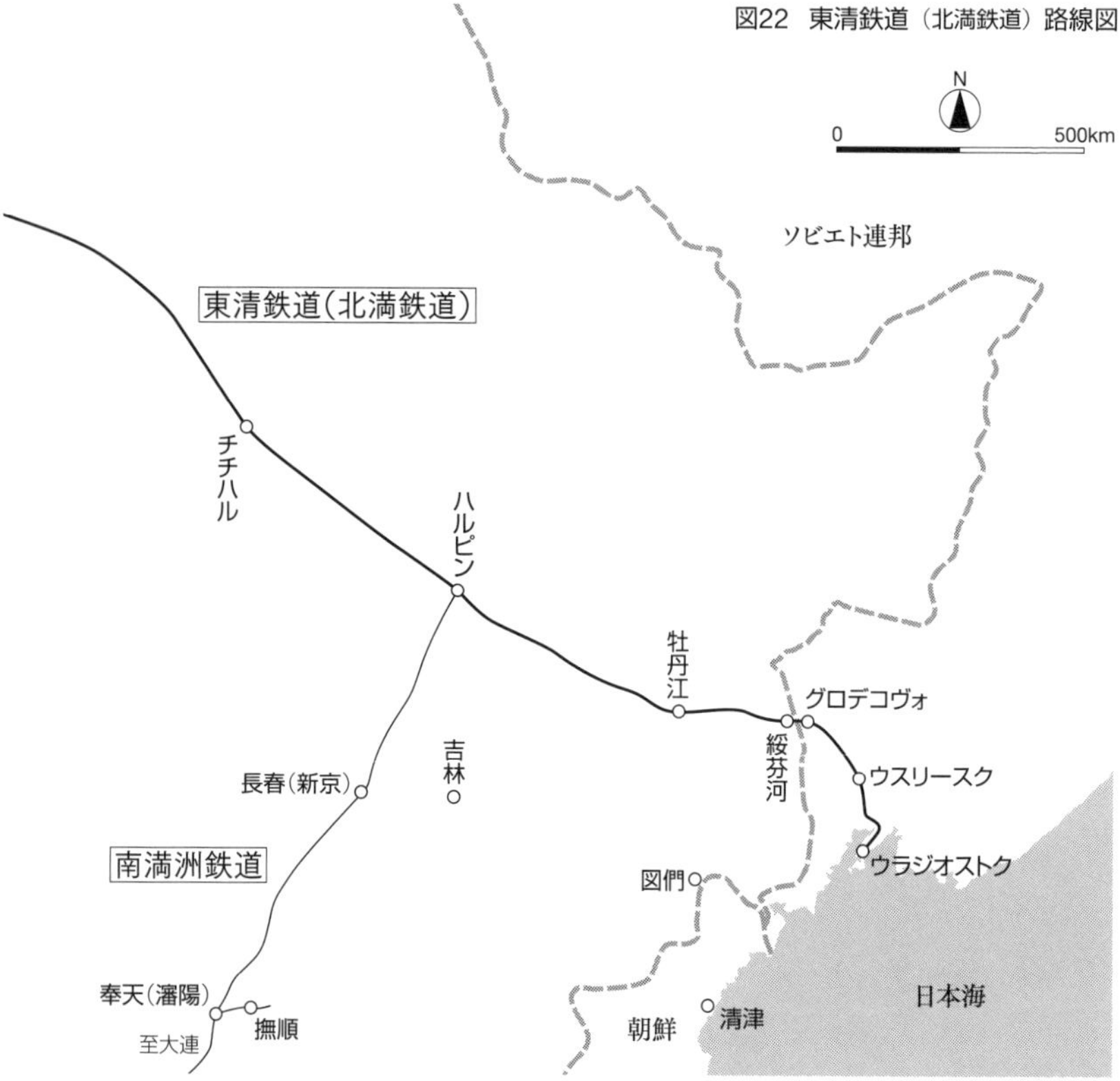

程と費用概算』の「旅行券に就て」にも、74ページに挙げた引用部分の通り、帝政ロシア時代と同じように「旅行者は府縣廳から正式に外國旅行免狀の交付を受け、（更にソヴイエット領事館の裏書を受け）之を携行せねばならぬ」とある。現代の日本人がロシア観光旅行に出かけるときに必要な手続きと基本的な違いはなく、むしろ、原則としてロシア国内の全交通機関と宿泊施設を旅行会社で予約しないと在日ロシア大使館や総領事館で観光ビザが発給

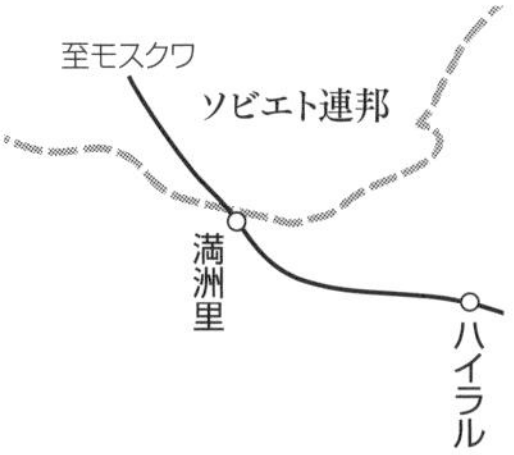

されない現代の方が、旅行者の自由度は低いと言えるかもしれない。

　ロシア革命で日ソ間の国交が途絶すると日露連絡運輸も中断したが、昭和二年（一九二七年）にシベリア鉄道経由の欧亜鉄道連絡ルートが再開すると、旅行ガイドブックにもソ連への出入国に関する情報が記されるようになった。『旅程と費用概算』の昭和六年（一九三一年）版では、わずかに「税關検査に就いて」に「ポグラニチナヤ　浦鹽行及滿洲里行の際とも停車場構内に於て露國及支那税關の検査がある。」とあるだけだが、翌昭和七年（一九三二年）改訂増補版になると同じ項目が次のように詳しくなり、ソ連出入国手続きの厳格さが強調されている。「ポグラニ（ー）チナヤ」とはウラジオストクとハルピンとを結ぶ路線の国境地点の名称で、中国名は綏芬河《すいふんが》という。

「浦鹽斯德《ウラジオストク》、ポグラニーチナヤ　ソヴイエット入國の際は無關税にて携帶し得る品物數量等にいろ〳〵制限があるが、通過旅行の場合には、あまり制限はない。而《しか》し書籍、印刷物竝《ならびに》原稿等は可成《かな》り嚴重な検査がある。尙《なお》寫眞機一個丈《だ》けは携行差支へない。ソヴイエット内に於ては官憲の許可がなければ絶對に撮影は出來ぬ事になつて居る。」

図23　森林の中に置かれている樺太の日露国境碑（上。『日本地理体系第10巻 北海道・樺太篇』より）とその境界碑の両面（下2点。『樺太の鉄道旅行案内』より）。

大陸のソ連国境は以上のような手続きを経て通過できるのに対して、樺太の北緯五十度線に引かれた陸路国境は一般旅行者には開放されていない。国境と言っても現代の朝鮮半島を南北に分ける軍事分界線のように金網や鉄条網で完全に遮断されていたわけではなく、近代以前から樺太に住んでいる先住民族はこの国境を自由に越えて移動する遊牧生活を営んでいたが、一般人の越境は日本側からもソ連側からも認められなかった。昭和十三年（一九三八年）正月には、女優の岡田嘉子が恋人とともにこの樺太の国境を越えてソ連に亡命し、日本中を驚かせる大事件となった。

岡田嘉子たちは亡命の際、国境警備隊の慰問と称して北辺の港町・敷香《しすか》（現・ポロナイスク）から国境近くの集落まで乗合自動車で移動し、そこから雪道を馬ゾリに乗って国境警備隊の駐在地へ赴き、さらに国境の標識を見物しに行くために馬ゾリを走らせている。女優による慰問という名目はやや特殊だが、警備や監視もつけずに国境見物に行けるという状況は決して特別なことではなかった。岡田嘉子たちの亡命直後に発行された『旅程と費用概算』の昭和十三年版には「樺太（東海岸及び國境方面）」という案内ページがあり、「國境線と森林美」という項目に「敷香—氣頓《けとん》七六粁、バス三時間五〇分（一日三回）氣頓—國境二七粁、バス一時間半（一日一回）敷香—國境　貸切往復五〇圓、バス片道七圓」（ルビは引用者）という交通案内が載っている。国境を越えることはできないが、国境を近くで見物することはバスに乗れば誰でもできたのである。

広域の割引切符制度が充実していた

中国大陸への渡航にパスポートが不要だったことを示す『旅程と費用概算』の引用部分（73ページ参照）は、「朝鮮各地及滿鐵、滿洲國內各鐵道沿線は勿論日中周遊經路による中國鐵道沿線並開港地點等の視察旅行には旅券の必要はないが」というただし書きで始まっている。

この「日中周遊經路」とは、日本と中国の間を結ぶ周遊ルートを指す。現代の海外旅行は航空機利用が圧倒的多数のため、移動の中間過程がなく出発地から目的地までは単純往復するケースが多いが、移動の行程も旅の一部となる陸路や海路の旅が大掛かりになると、目的地までの遠い道のりを単純に往復するより、往復の経路にも趣向や工夫を凝らした周遊型旅行の方が、帰着ギリギリまで旅行全体を楽しむことができる。そのため、内地から朝鮮や中国大陸への旅行者が増えてくると、単なる往復割引きっぷとは別に周遊旅行型割引乗車券が販売されるようになり、外地への観光旅行需要を喚起させていた。

たとえば、大正八年（一九一九年）刊の『朝鮮満洲支那案内』には、「東京北京間」の往復割引乗車券（百十日間有効）が一等・二等・三等の等級別に販売されているとの案内に続けて、「日支周遊券」という周遊型割引切符が紹介されている。

「【日支周遊券】日本内地より鮮滿乃至支那主要鐵路の沿線各地を一周し、其の往返孰《いず》れか一路を海上汽船便に托して出發地に復歸せむとする環狀周遊旅行者の便に資せらるゝものにして、切符の有效期間を四箇月とし、左記二様の經路に對して鐵道賃三割引、汽船賃二割半引の低減賃金を以て發賣せらる。

【二様の經路】（1）前掲日支連絡經路表中の日本出發地より矢先の方向に從ひ、鮮滿を經て北京に至り、夫《そ》れより京漢《けいかん》線に由《よっ》て漢口に出で、日清汽船にて揚子江を下り、上海より日本郵船便に頼り一路出發地に歸著するもの―或は其の反路。
（2）日本出發地より北京までは（1）と同經路とし、其處より天津に引返し津浦線に由て浦口、南京に至り、滬寧《こねい》鐵路經由上海に出で、以下又（1）經路の如くして出發地に復歸するもの―或はその反路。
但し右二經路とも南京上海間に於ては（一、二等に限り）鐵道、汽船の孰れに乘行するも任意とす。」

地図がなく文章だけで説明されており、あらかじめ中国大陸の地図や鉄道路線図が頭に入っていないと理解しにくいので、この二つのコースを102〜103ページに図示してみた（図24）。この説明文に続いて例示されている東京発着の同周遊券の価格は、経路（1）が一等・二百五十四円六十一銭、二等・百八十九円九十三銭、三等・百二円四十八銭。経路（2）は一等・百九十二円六十七銭、二等・百二十二円八十六銭、三等・八十九円五十六銭となっている。

それから十二年後の昭和六年（一九三一年）に出た『旅程と費用概算』では、「二様」だった経路が十二種類に増えていて、この周遊券を利用した「三週間 支那周遊旅程」というモデルコースと費用概算が掲載されている。このモデルコースは、大正八年の『朝鮮満洲支那案内』に出ている日支周遊券の経路（1）を採用しているので、図24で示したルートによる旅行をより具体化したものと言える。

この昭和六年の「三週間　支那周遊旅程」によれば、東京から下関まで特急「富士」に乗り、関釜連絡船で朝鮮半島へ渡って北上。途中、京城（現・ソウル）見物をしてから鴨緑江を越えて満洲へ入り、五日目に奉天（現・瀋陽）到着。奉天見物をしてから夜行列車で天津に向かい、一泊した後に北平（現・北京）へ移動して三泊する。北平からは二泊三日で走る夜行列車に揺られて漢口へ。漢口からは九江、南京を経由して上海まで揚子江を下っていくが、日支周遊券の所持者は追加料金なしで南京から列車に乗り換えることもできる。上海では三泊して杭州への日帰りトリップなども楽しみ、最後は上海港から日本郵船の船で長崎を経由して神戸から上陸し、夜行列車で東京に戻るのは東京出発から二十一日目となっている。費用概算は一等利用で五百四十七円二十二銭、二等でも四百二円七十一銭で、日支周遊券で交通機関の運賃が割引になっているとはいえ、旅行規模が大きいため、62～63ページの表15に挙げた他のモデルコースと比較しても高額になっていて、この旅行を実際に体験できる人はある程度の高所得者層に限られていたと思われる。

もっとも、では金さえあればいつでもここに書かれているように各地の名所旧跡を丹念に巡りながら悠々と観光旅行を楽しめたかというと、そうとも思えない注意書きが旅程表の後にひっそりと添えられている。当時の中国は一九二八年（昭和三年）に蔣介石率いる国民党が全国統一を果たして首都の南京に国民政

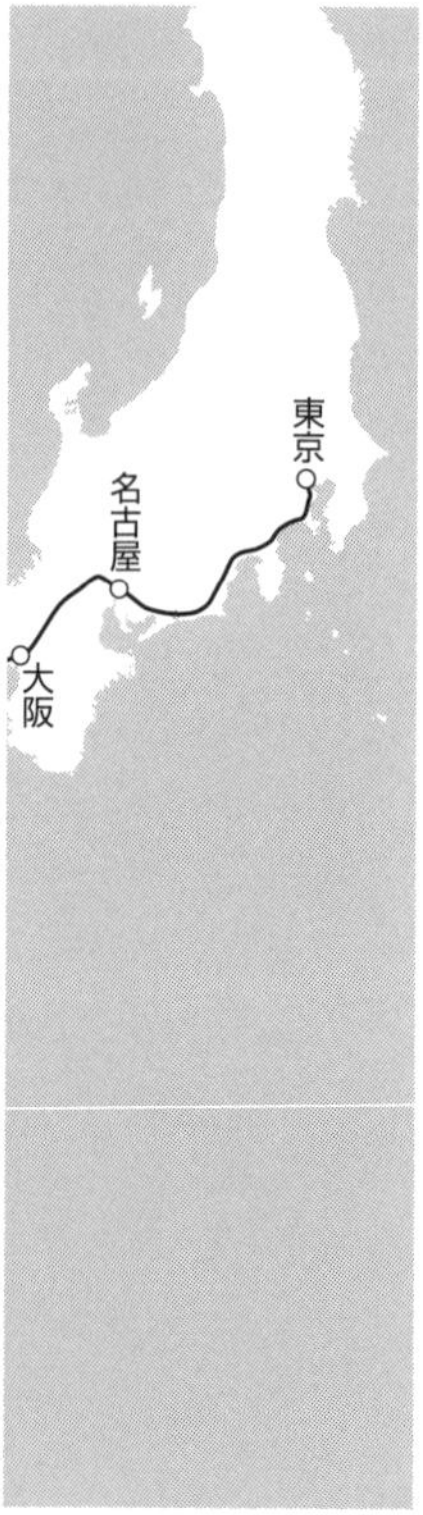

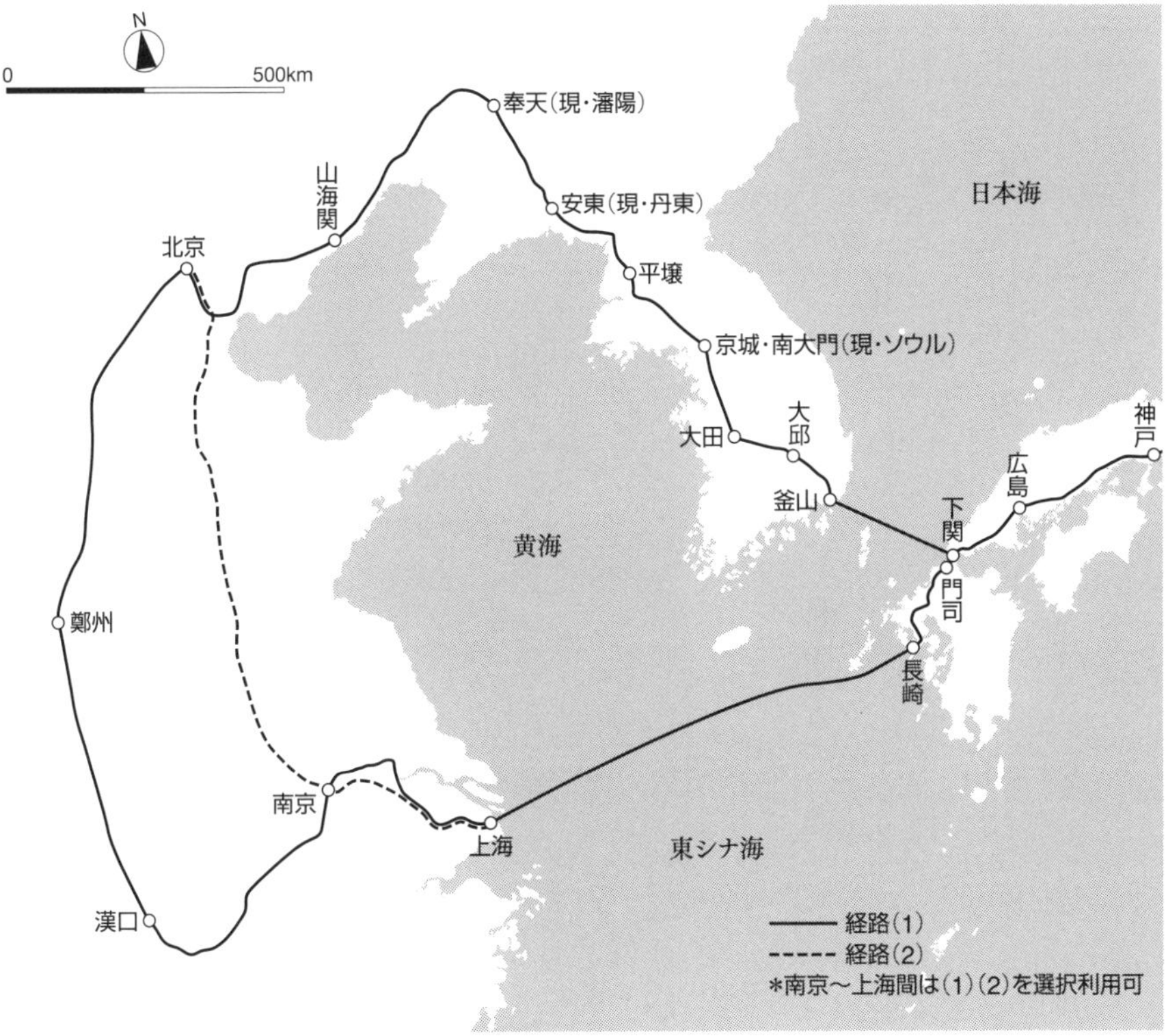

図24 『朝鮮満洲支那案内』による日支周遊券のルート。

府を置いたが、その後も毛沢東率いる共産党軍と各地で武力衝突を続けていて、国共内戦のさなかにあった。

「日支周遊券又は日支連絡券は支那内地騒亂の爲時々發賣中止さるゝ事ある故《ゆえ》出發前よく確かめるを要す」

「支那方面に於ける鐵道發著時刻も亦支那內亂のため時々變更があり、また列車運轉不規則となる事あり、爲めに日程に思はざる狂ひを生ずる事があるから此の點亦注意するを要す」

同じ昭和六年の『旅程と費用概算』では、この日支周遊券とは別に、「日鮮満周遊券」という名の周遊券も紹介されている。大正八年の『朝鮮満洲支那案内』には載っていないが、同書を編集した鉄道院は明治四十二年（一九〇九年）に、内地から当時の大韓帝国や満洲を周遊する旅行者を対象として、内地、韓国、満洲の各鉄道運賃と大阪商船の乗船運賃が三割引になる「満韓巡遊券」という周遊型の割引乗車券を発売していた。さらに、内地発着だけでなく朝鮮発着、満洲発着の旅行者もこの割引サービスが受けられるようにした「日鮮満巡遊券」（図25）が、大正三年（一九一四年）から発売されていた。『旅程と費用概算』が取り上げている日鮮満周遊券は、こうした朝鮮、満洲方面の広域周遊割引乗車券の系譜を受け継ぐものである。

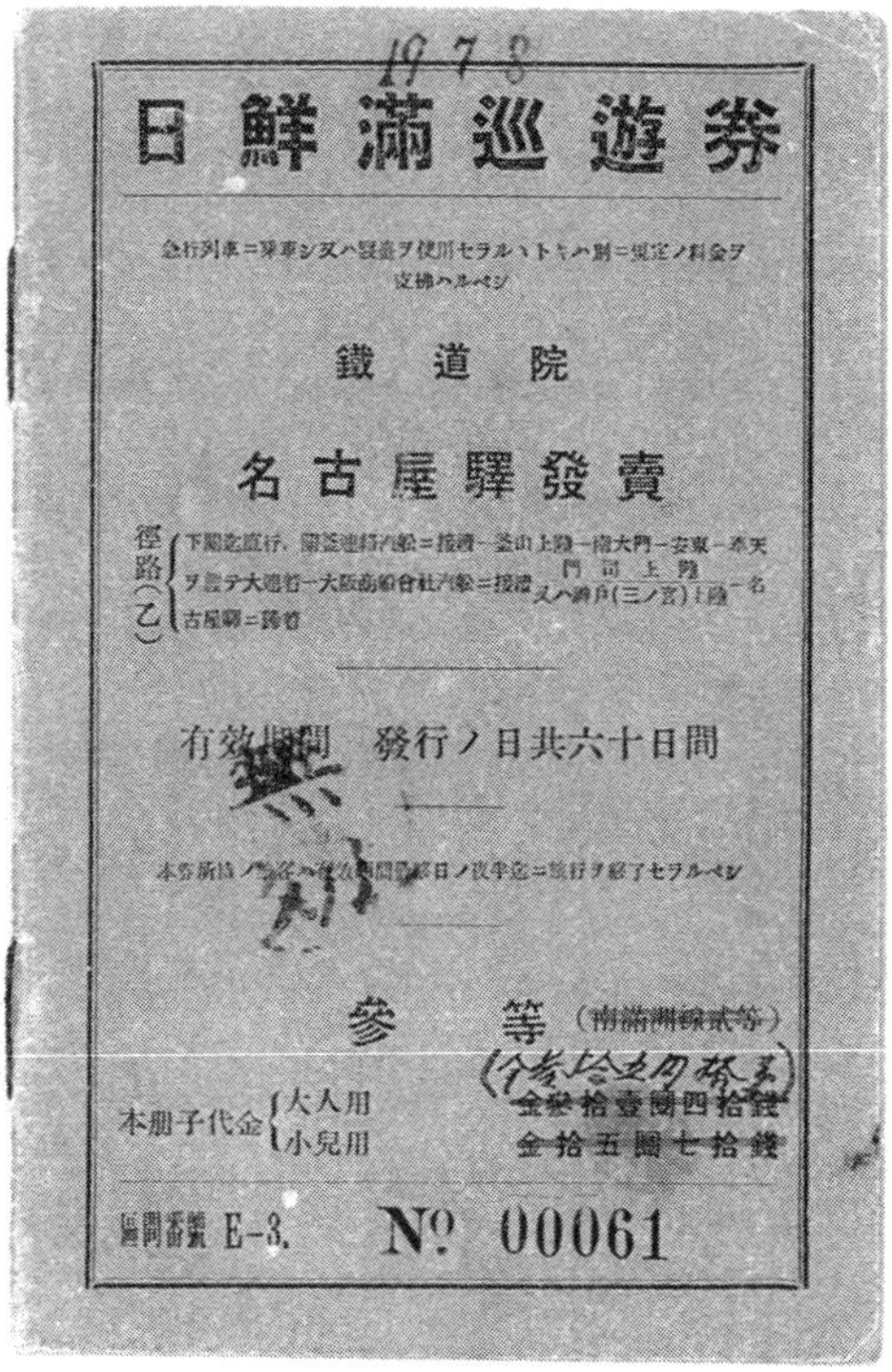

図25 大正8年に鉄道院が発行した名古屋発着の日鮮満巡遊券（所蔵：池田和政）。

この日鮮満周遊券はその後、内鮮満周遊券と名を変えて、「内地から朝鮮を經由して満洲を一巡し大連から汽船で始發驛へ歸るのと、この反對經路を一巡する極めて便利で格安な切符」（『旅程と費用概算』昭和十四年版）として、十三種類あるコースの概略図やそのコースごとの主要出発駅からの料金一覧が載っている専用の折込みページで大きく紹介されるようになった。切符の有効期間は二ヵ月と日支周遊券の半分だったが、周遊のメインルートから外れた観光地や温泉地へのオプショナル区間も多数設定され、多彩な旅が楽しめた。他の外地向け割引乗車券に比べて圧倒的に情報が詳しく、当時の朝鮮、満洲方面を旅するための代表的な周遊券だったと言ってよいだろう。

もっとも、この内鮮満周遊券とは別に、旅行者の行動範囲をさらにスケールアップさせる切符が、昭和六年に登場している。その名は「東亜遊覧券」。内鮮満周遊券が朝鮮と満洲を対象地域とし、日支周遊券が朝鮮半島経由も認めつつ主として万里の長城以南の中華民国を対象地域としていたが、この東亜周遊券はその両乗車券の対象地域を一緒にしてしまったような、文字通り東アジア全体を包含する壮大な周遊乗車券だ。有効期間は内鮮満周遊券より一ヵ月長い三ヵ月で、発売開始翌年の昭和七年（一九三二年）改訂増補版『旅程と費用概算』では巻末の附録ページにその詳細が記されている（なお、この年度から日支周遊券が「日中周遊券」と表記を改めている）。その一部を抜粋してみよう。

「東亞遊覽券とは本邦と中華民國諸港（含大連港）とに跨《また》り遊覽旅行をなす旅客の便利のために發賣されるものである。但其經路が日鮮滿周遊券及往復割引乘車券の經路と同一なものに對しては發行する事が出來ぬ。」

「【遊覧券の發行條件】東亞遊覽券は左の三つの條件を具備する事を要するものである。
一、省線區間を包含すること。
二、中華民國所在の港を包含すること。
三、初發の驛港と同一の運輸機關に屬する指定驛港に歸着すること。」

後者の第一条件にある「省線」とは内地の鉄道省運営路線、つまり現在のJR線なので、現代風に言えば「中国大陸と日本列島とを周遊する区間のどこかでJR線を利用すること」という意味になる。第二条件の「中華民國所在の港」とは、発売当初は満洲国がまだ存在しなかったので、満洲も全て含む中国大陸全土の港という意味で用いられており、後年の『旅程と費用概算』では「滿洲又は中國諸港」に改められている。また、台湾も周遊コースに含めることができたが、当時の台湾は純然たる日本の領土だったので、台湾の港は「中華民國所在の港」の条件を満たさない。第三条件の「同一の運輸機關に屬する指定驛港に歸着」とは、出発地となる駅や港と同一地点に戻ることが必須というわけではなく、日本内地から出発した場合は日本内地へ、朝鮮発の場合は朝鮮へ、満洲発の場合は満洲へ、台湾発の場合は台湾へ、中華民国発の場合は中華民国へ戻ればよいという、現代のJRグループのフリー切符の概念を覆しかねないほどの大らかな要件である。

同書に列挙されている「指定驛港」は表26の通りで、通用範囲の広さが窺える。そして、内鮮満周遊券と同じく日本内地を起終点とする場合に限られないので、たとえば、上海に住む金持ちの中国人

表26 「東亜遊覧券」指定発着駅港（昭和７年改訂増補版『旅程と費用概算』より）。

運輸機関	指定発着駅港
鉄道省線	札幌、函館、古間木、松島、仙台、大館、西那須野、日光、渋川、軽井沢、田口、松本、大月、東京、横浜、桜木町、国府津、小田原、熱海、御殿場、沼津、名古屋、山田、奈良、京都、天橋立、大阪、三ノ宮、神戸、姫路、岡山、高松、屋島、広島、厳島町、下関、門司、別府、西大分、鹿児島、熊本、博多、長崎、長崎港、釜山営業所の各駅。
朝鮮総督府鉄道局線ならびにその連絡鉄道及び自動車	釜山、京城、安東の各駅、及び下記１～３の回遊。 １．京城―(局線)―鉄原―(金剛山電鉄線)―内金剛往復 ２．京城―(局線)―荳白(高城自動車)―温井里往復 ３．京城―(局線)―鉄原(金剛山電鉄線)―内金剛(徒歩)―温井里（高城自動車)―荳白(局線)―京城
南満洲鉄道会社線	安東、撫順、奉天、長春、営口、大連、旅順の各駅間。
台湾総督府交通局線	基隆、台北、外車埕、高雄、潮州の各駅間。
日本郵船会社線	横浜～上海線、神戸～門司～上海線、神戸～長崎～上海線、神戸～青島線、南米西岸線、豪州線、欧州線、北米桑港（サンフランシスコ）及びシアトル線、ボンベイ線の各航路の横浜、神戸、門司、長崎、上海、青島、香港の各港間。
近海郵船会社線	神戸～基隆線、神戸～天津線、横浜～牛荘線の神戸、門司、長崎、基隆、天津（または塘沽)、大連の各港間。
大阪商船会社線	大阪～別府線、神戸～基隆線、神戸～天津線、神戸～大連線、神戸～青島線、アフリカ線、南米線、南洋線、基隆～香港線、高雄～広東線、基隆～福州～厦門（アモイ）線、高雄～天津線、台湾沿岸線の横浜、神戸、門司、大阪、高松、今治、高浜、別府、西大分、基隆、高雄、芝罘、天津（または塘沽)、大連、青島、香港、厦門（アモイ)、汕頭、広東、福州の各港間。
大連汽船会社線	大連～天津線、大連～青島～上海線、天津～青島～上海線の大連、天津（または塘沽)、青島、上海の各港間。
日清汽船会社線	上海～漢口線、上海～広東線、上海～天津線の上海、南京、漢口、香港、広東、青島、天津（または塘沽)、大連の各港間。
原田汽船会社線	神戸～青島線の神戸、門司、青島の各港間。

がパスポート不要の特権を利用して船で来日し、九州あたりで温泉三昧して、帰りは朝鮮経由で満洲をぐるっと回って北京見物などもして帰る、というようなときにも使えた。

あらかじめ決められている周遊コースから自由に選択して利用するレディーメイド・スタイルの内鮮満周遊券と異なり、東亜周遊券は前記の三条件さえ満たせば、コースの選択に制限がない完全オーダーメイドの割引乗車券である。そのため、『旅程と費用概算』には具体的な料金が明示されていない（明示しようがない）。鉄道と鉄道省航路は普通運賃の二割引、鉄道省以外の会社が運営する船舶は一割引という割引率のみが示されていて、あとは旅行者が切符を買うときに、申込みのコースで具体的にいくらかかるのかを試算するしかない。『旅程と費用概算』には内鮮満周遊券の主要コース別料金一覧が掲載されているので、この切符を使って旅行しようとする旅客は、ここから料金の目安を理解したうえで、旅行会社に実際のルートを示して正確な見積額を試算してもらったのではないだろうか。

このオーダーメイドの東亜周遊券、レディーメイドの内鮮満周遊券という二本立ての関係は、戦後の国鉄の周遊券制度にも受け継がれた。昭和三十年代に登場した国鉄の周遊券は、全国に指定された著名観光地を訪れればコースは自由に選択できるオーダーメイド型の一般周遊券と、特定地域の路線を乗り放題にしたレディーメイド型のワイド周遊券・ミニ周遊券に大別され、JR化後の平成十年（一九九八年）まで存続した。レディーメイド型はさらに周遊きっぷと名を変えて、平成二十五年（二〇一三年）まで発売されていた。

このほか、内鮮満周遊券・東亜周遊券ともカバーしていない地域として、日本海を渡ってソ連のウラジオストク経由で満洲北部へ入るコースを周遊ルートに含めた日満周遊券という割引切符も存在した。ウラジオストクとハルピンとを結ぶかつての東清鉄道（後の東支鉄道、中東鉄道、北満鉄道）が利用区間に含まれていて、ソ連を通過するためパスポートを携帯しなければならない。満洲国建国直前の昭和六年版『旅程と費用概算』には「運賃割引、通用九〇日」としか紹介されていないが、昭和十年（一九三五年）版になると「本邦の主要驛を發し朝鮮、滿洲及蘇國沿海州を周遊する切符で、運賃割引は前記日滿往復券と同一で、通用期間九〇日である。經路は左の四經路であるが、何《いず》れも蘇國鐵道乗車の爲め、正式の外國旅行券が必要である」という簡潔な紹介文が付されている。「四經路」とは、片道を朝鮮半島経由とするか大連航路経由とするかの違いで、ハルピン〜ウラジオストク間の列車を利用する点は共通。その二コースを逆回りにも利用できるので四コースとなっている。

ただし、日満周遊券はその後の同書の改訂版からは姿を消してしまう。昭和十三年（一九三八年）版の同書を開くと、昭和十年版に載っていた日満周遊券に関する記述はなく、周遊券ではなく単純往復の割引乗車券である「日満往復券」は「内地満洲往復券」と名を変え、コースもウラジオストク経由から朝鮮北部の清津経由となっている。パスポートを要するウラジオストク経由の旅行の手間が敬遠されたこともあるだろうが、旧東清鉄道（北満鉄道）が昭和十年にソ連から満洲国へ売却され、満洲国内の区間は他の満洲国内路線と直通運転ができるように、昭和十二年（一九三七年）までにソ連標準の広軌（一五二〇ミリ）から国際標準軌（一四三五ミリ）に改軌されたため、ウラジオストク〜ハルピン間の直通運転ができなくなったことも要因と思われる。ほぼ同時期に、満洲北部への新しいアクセスルートとして朝鮮北部の清津港から満洲国の首都・新京までの直通国際列車がクローズアップされるようになり、ウラジオストク経由のメリットが薄れて周遊券も消滅したのであろう。

なお、これらの周遊券の所持者が享受できた別のメリットとして、船や列車の乗換え時に荷物の無料積替えサービスが受けられるという特典があった。戦前に外地を旅する旅行者の荷物は現代よりずっと多いのが一般的で、しかも一定以上の富裕層に属する人たちの中には、荷物を自分で運ぶことをよしとしない人もいる時代であった。主要鉄道駅には赤帽と呼ばれる有料の荷物運び（ポーター）が何人も配置され、その利用者も多かったことからすると、この周遊券所持者への無料積替えサービスは、空港にある無料のカートや動く歩道やエレベーター、エスカレーターなどを当たり前のように利用している現代の日本人旅行者が想像する以上に大きなメリットだったのではないだろうか。

大陸旅行は豪華列車と優雅な船旅で

では、それらの周遊券を手に外地へ渡った日本人旅行者が実際に乗ったのは、どんな列車であり、船だったのだろうか。

戦前の外地を走っていた鉄道の全体像については、平成二十七年（二〇一五年）に刊行した拙著『大日本帝国の海外鉄道』（東京堂出版）ですでに詳述しているので、本書で同じ内容を繰り返すことは避

図27　内地より軌間が広いため車体が大きく乗り心地がよいとされた朝鮮の展望客車（『日本地理風俗大系 第16巻 朝鮮篇（上）』より）。

けたい。そこでここでは、本書の趣意である「旅行ガイドブックの記述を読み解く」という原点に徹して外地の交通機関利用に関する記述を読み比べることで、日本人観光客がどのような先入観を抱いて外地の列車や船に乗り込んだのかを想像してみたい。

日本の統治下ないし強い影響下にあった外地のうち、台湾と樺太の官営鉄道は内地の鉄道省線と軌間が同じ（一〇六七ミリ。現代のJR在来線と同じ）なのに対し、朝鮮や満洲の主要鉄道はそれより広い一四三五ミリの国際標準軌（JR新幹線と同じ）であった。そのため、朝鮮や満洲、中国大陸の旅客車両は内地の鉄道車両より規格が大きく、ゆったりしていた。大正八年（一九一九年）の『朝鮮満洲支那案内』では、「釜山京城間」の「京釜《けいふ》線」について次のように記して、内地の狭軌鉄道に慣れている日本人旅行者にとって朝鮮半島の幹線鉄道の旅は車内設備も充実していて快適だし、運行ダイヤも利便性が高いことを謳っている。なお、シベリア急行に接続する特急が「目下休止中」なのは、第一次世界大戦やロシア革命の影響で、シベリア鉄道経由のヨーロッパ連絡運輸が途絶していた影響と思われる。

「【京釜本線】釜山より京城に至る鐵道（南大門驛迄二八〇哩六、急行列車にて八時間乃至十時間、賃金一等一九圓六八、二等九圓八四）は韓半島の主要部分を縦貫し、其の經過する所地勢概ね平坦にして、隧道《ずいどう》さへ稀《まれ》なれば到る處《ところ》展望を恣《ほしいまま》にするを得べく、加ふるに鐵道は廣軌なるを以て、車室及座席も寛濶《かんかつ》にして乗心地好《よ》し」

「【列車設備】朝夕二回《かい》の急行列車は關釜連絡汽船に接續し、釜山安東間を直通運行し、安東に於て即時乗換に依り安東奉天間直行列車に接續す。右列車には滿鐵直營の食堂車を連結し、又夜間には一、二等寢臺（一等三圓、二等二圓）の設けあり。此《こ》の他《ほか》毎週一回西伯利亞《シベリア》急行に接續すべき特別急行列車（目下休止中）ありて釜山長春間を直通運行す。是は一、二等寢臺車と食堂車のみなるを以て、普通賃金の外《ほか》左記の急行座席料を徴收せらる。（以下略）」

他の路線の案内部分では列車本数や運賃が簡潔に紹介されているだけなのと比較すると、列車の乗り心地や車窓展望、車内設備について詳述しているこの京釜本線の急行列車の旅は、大正八年当時の朝鮮の汽車旅におけるトップクラスの快適さを売りにしていたことが窺える。

中国大陸の路線では、南京～上海間の滬寧《こねい》鉄道（現・中国国鉄京滬線《チンフー》）の評価が高い。滬寧鉄道はイギリスからの借款によって一九〇八年（明治四十一年）に開通した幹線鉄道で、左に記載されている急行や準急の他にも三・四等の直通列車や区間列車が設定されていた。

「【列車便】南京上海間―急行列車晝夜《ちゅうや》二回（所要時間六時間半乃至八時間）、準急行毎日二回（所要時間七時間乃至七時間半）、以上兩種の列車には食堂車、寢臺車（夜行に限り）の連結ありて、設備萬端中分なく、支那鐵道中最優秀の營業振《ぶり》を發揮せるものとして嘖々《さくさく》せらる。（以下略）」

鉄道と並んで中国大陸の重要な公共交通機関だった河川の航行船についても、この頃はすでに大型の旅客船が就航していて、主要区間では快適な船旅ができたようだ。以下は、揚子江を六十時間から八十時間かけて航行する上海～漢口間の定期旅客船に関する同書の記述である。「頗《すこぶ》る乘心地佳《よ》し」と評価されている日清汽船は、日清戦争で揚子江の航行権を獲得した日本が設立した汽船会社で、当時は中国系、英国系、そしてこのような日系の船会社が中国内陸部の大型河川に旅客航路を開いていた。

「【定期船便】本航路に從事せる定期汽船は日清汽船八隻（毎週五、六回兩端發航）、太古 C.N. 汽船六隻（毎週四回）、怡和《いわ》 I.C.S.N. 汽船五隻（毎週四回）、招商局汽船六隻（毎週四回）其の他一、

図28　上海～漢口間の揚子江を航行する日清汽船の洛陽丸（昭和4年〔1929年〕上海江南造船所製）。総トン数4879トンで、当時の青函連絡船や関釜連絡船より大型の旅客船だった（『日本地理大系 別巻第4 海外発展地篇（下）』より）。

図29　台湾航路（神戸～門司～基隆）を往来した大阪商船の扶桑丸（明治41年〔1908年〕英国グラスゴー製）。総トン数8188トンで、のちに大連航路へ転じ、第2次世界大戦末期にアメリカ軍潜水艦の攻撃を受けてフィリピンで沈没した（『日本地理風俗大系 第15巻 台湾篇』より）。

二の小會社船等にして、就中《なかんずく》日清汽船の鳳陽丸以下五姉妹船（皆陽號を稱せるもの）は三千噸乃至《トンないし》四千噸級の優良なる特殊汽船なれば船室食堂等の設備他の航洋汽船に讓らず、頗《すこぶ》る乘心地佳《よ》し」

大陸内部の河川航行時だけでなく、そもそも日本内地と外地との往来時に、ほとんどの旅客は船を利用した。そのため、外洋を航行するそれらの旅客船も快適な船旅を演出するだけの施設やサービスが充実していた。『旅程と費用概算』の昭和六年（一九三一年）版を開くと、台湾への旅客航路について次のような記述が見られる。

「内地臺灣間航路には神戸門司基隆航路と横濱高雄航路とがあるが、神戸門司基隆航路が最捷經路であり亦最も設備が完備してゐる。同航路は一箇月一三回乃至一四回の定期往復航路であって就航船は一萬噸級の優秀船で歐米航路の汽船に劣らぬ設備を有してゐる。（中略）各船とも善美をつくした浮宮《フローチングパレス》である」（ルビは原文の通り）

『旅程と費用概算』に掲載されているモデルコース案の備考欄を年ごとに比較すると、同一区間の所要時間が徐々に短縮され、時には看板列車の名が挙げられ、新たに鉄道が利用できる区間が増えるなど、汽車旅の質が年々充実していく様子が読み取れる。

その変遷の一例を、朝鮮の金剛山探勝日程案について昭和六年版と昭和十四年（一九三九年）版と

図30　釜山～京城間を走る鮮鉄自慢の特急「あかつき」最後尾の１等展望車の豪華な車内（パンフレット『満洲へは朝鮮経由で』より）。

で比較してみる。金剛山は「世界の名山之と奇絶を争ふものなく、其の豪宕《ごうとう》、崇高なること百の耶馬溪を以てしても尚金剛山のそれを説明する事が出來ぬ」（『旅程と費用概算』昭和七年改訂増補版）などと絶賛される名山である。

前者では「釜山―京城一〇時間」とあるだけだが、八年後の後者では「釜山・京城間急行（あかつき）列車デ六時間四十五分」となっており、鮮鉄自慢の急行「あかつき」が大幅なスピードアップを実現している。京城から金剛山へ向かう行程では、前者では金剛山電気鉄道の終点が金剛口駅になっているが、前者の刊行直後である昭和六年七月に同鉄道がその先の内金剛《うちこんごう》まで延伸したため、後者のモデルコースも内金剛駅まで延伸している。山を越えて日本海側に出た後の帰路も、昭和六年当時は温泉旅館がある温井里《おんせいり》から乗合バスで四時間かけて歙谷《きゆうこく》まで

図31　外金剛にあった鮮鉄直営の洋式ホテル温井里ホテル（『日本地理大系 第12巻 朝鮮篇』より）。温泉施設も備えていて行楽客の好評を博した。

北上し、そこから元山《げんざん》行きのローカル列車で安辺《あんぺん》へ出てさらに京城行き夜行列車に乗り換える、という手間をかけていたが、昭和十四年になると温井里付近の外金剛《そとこんごう》駅まで鮮鉄東海北部線が開通しているので、外金剛から安辺まで直通列車で行けるようになっていてバス利用がなくなり、温井里の滞在時間も長くなってスケジュールに余裕が生まれている。温井里には鮮鉄直営の洋式ホテルが営業していて、登山客に利用されていた。

満洲では、昭和九年（一九三四年）にデビューした満鉄の超特急「あじあ」の特別扱いが『旅程と費用概算』の紙上にも表れている。昭和十三年（一九三八年）版の同書には快走する「あじあ」の写真が挿入されるとともに、満洲で「あじあ」のみに適用される特別急行料金や、他の急行列車と異なる乗車券の販売方法が

図32　流線型SLパシナが先頭に立つあじあ号（『満洲概観』より）。

紹介されている。さらに、大連港では神戸・門司からの旅客船から「あじあ」に乗り継ぐ旅客のために、専用の無料連絡バスが埠頭から駅まで運行されていると案内している。

特急「あじあ」の名は、昭和十二年（一九三七年）秋から小学五年生用の国定国語教科書に掲載された「『あじあ』に乗りて」という作品を通して、日本中の子供たちにまで知れわたっていた。昭和初期にして全客車が冷房完備、ロシア人ウェイトレスが給仕を担当するエキゾチックな雰囲気の食堂車、最後尾を飾る展望一等車、流線型と呼ばれる独特のスタイルをしたSL、そして最高時速百十キロで大陸の荒野を疾走する世界有数の高速特急は、列車自体が満洲の名物だったのだ。

図33　あじあ号最後尾の展望１等車（当時の絵はがきより）。

図34　あじあ号最後尾の展望１等車内（当時の絵はがきより）。

外地を驚異的に近くした空の旅

かように外地旅行の交通手段の主役は鉄道と船であったが、昭和初期には新しい公共交通機関として旅客用の定期航空路線が登場したことにも触れておきたい。

昭和三年（一九二八年）に設立された日本航空輸送（昭和十三年〔一九三八年〕以降は「大日本航空」）は、東京から大阪、福岡を経由して朝鮮や関東州の大連へと至る定期旅客便を飛ばしていた。市販の『汽車時間表』昭和五年（一九三〇年）十月号にはすでにその運航ダイヤが掲載されている。『旅程と費用概算』の昭和六年（一九三一年）版では「滿鮮周遊旅程」の東京から大連までのモデルコースは神戸〜大連間の旅客船についてのみ記述されているが、翌昭和七年（一九三二年）改訂増補版になると、「參考」という注釈扱いではあるが、次のような文章が三行にわたって挿入されている。東京から京城まで十時間弱で同日中に到達できるのは、鉄道と関釜連絡船を利用した場合に二泊三日を要することと比べれば驚異的だが、百五円という片道運賃は、鉄道と船で乗り継いだ場合の三等運賃の約五倍に相当する。

「（參考）日本航空輸送會社飛行便（一週六回、日曜休航）第一日東京發京城止リ（所要九時間五〇分、一、四七五粁、一〇五圓）、第二日京城發大連着（所要三時間二〇分、六三三粁、四〇圓）、料金東京大連一四五圓、大阪大連一一五圓、福岡大連八〇圓。

図35　台湾を飛ぶ日本航空輸送の旅客機
（『Taiwan：a unique colonial record』より）。

（航空券ハ各地所在ノツーリスト・ビューロー案内所ニテモ發賣シテ居ル）。」

その後、徐々に航空路線網が拡大していくと、『旅程と費用概算』でも船や鉄道と同列の選択肢として公共交通機関の欄に記述されるようになる。昭和十四年（一九三九年）版の同書では、「臺灣への交通」で各コースの航路が紹介された後に「航空便（日本航空輸送會社）」という項目が設けられ、福岡から那覇経由台北行きの「内臺連絡線」と、台北から台湾島内各地に飛ぶ「島内線」の運賃並びに所要時間が列挙されている。

大陸方面では「鮮滿への旅行經路」に「海路大連經由」「朝鮮經由」と並んで「航空機に依る場合」が挙げられ、前記の東京から朝鮮経由大連行きの日本航空輸送の定期便のほか、「滿洲各地には滿洲航空會社の定期便がある」との一文も添えられている。満洲航空は昭和六年に日本航空輸送の

図36　大連・周水子飛行場での旅客機搭乗の様子（『満洲概観』より）。

満洲代表部によって前身会社が設立され、満洲国建国後にその名に改められた。奉天、新京など同書が取り上げる満洲の主要都市の紹介ページの冒頭には、他の都市からのアクセス手段としてまず列車での所要時間と運賃が挙げられ、次いで満洲航空の定期便による所要時間と運賃が示されている。

最後の刊行となった昭和十五年（一九四〇年）版の同書で旅行案内地域として初めて登場した「中支」へのアクセスは、内地からの交通手段として航路よりも先に空路が挙げられている。「北支から」の欄では、中華航空という航空会社が定期航空路線網を充実させていることが窺える。

なお、この中華航空とは、一九三七年（昭和十二年）に北京で成立した中華民国臨時政府、翌年に南京で成立した中華民国維新政府、さらに大日本航空なども出資して設立された日中合弁の航空会社で、「中華民国」と言っても蔣介石が率いていた武漢国民政府とは関係ない。もちろん、戦後の台湾で設立され、今も運航している中華航空（チャイナエアライン）とも無関係である。

「一、日本内地から

（1）空路（大日本航空會社の定期旅客機が、東京から大阪・福岡を經由して上海まで毎日運航してゐる）。

運賃及び所要時間

東京・上海間　百五十圓　九時間（途中着陸時間を含む）

大阪・上海間　百十五圓　八時間（同）

福岡・上海間　八十五圓　三時間半

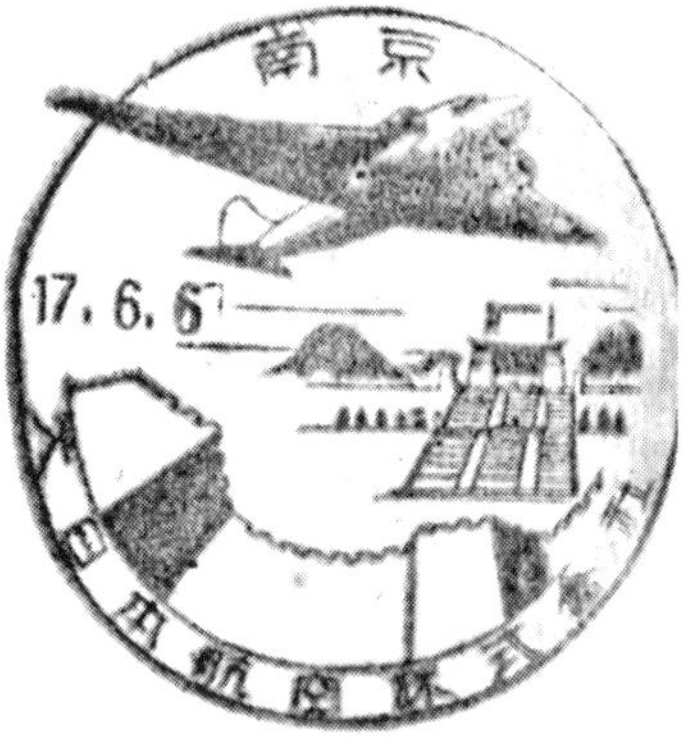

図37　大日本航空が設置した南京の記念スタンプ。

使用機は何れも大型ダグラスの新鋭機で、機上に於ては明朗なエアーガールが行き届いたサーヴイスをしてゐる。」

「三、北支から

（中略）

（３）空路

北京・上海間に中華航空會社の定期旅客機が毎日運航してゐる。全線の所要時間（途中に於ける着陸時間を含む）は五時間半、運賃は百七十圓であるが、各發着地相互間の運賃及び所要時間は次の通りである。

北京・天津間　三十分、十五圓。天津・濟南間　一時間、四十五圓。濟南・徐州間　一時間、四十圓。徐州・南京間　一時間、四十五圓。南京・上海間　一時間、二十五圓。」

日本語で旅する新領土

日本内地に勝るとも劣らない設備やスピードを誇る公共交通機関が整備されていった外地で、では日本人旅行者が内地とまったく同じ旅行ができたかと言えば、そうはならない。今も昔も、日本人旅行者の多くにとって海外旅行時の不安要素の筆頭格と言えるのが、言葉の違いである。いくら日本が国家として統治権を行使し、あるいは特殊権益を持っていたとしても、そこに暮らす地元の人々の母語までがいきなり日本語に切り替わるはずがない。その一方で、日本が統治したり租借したりしている地域では、現地で広く通用するかどうかは別として、統治権者である日本の国語が特別扱いを受けることも事実であった。とすると、単なる物見遊山の日本人観光客にとって、当時の外地での言葉の違いはどの程度の問題となっていたのだろうか。

大正八年（一九一九年）の『朝鮮満洲支那案内』は、「旅客須知事項」の一つとして「言語」という項目を立てて、当時の朝鮮及び中国大陸の言語事情を詳述している。朝鮮は日韓併合からまだ十年も経過しておらず、中国大陸では辛亥革命によって清王朝が倒れて中華民国政府が成立したものの、中国全土を統一するには至らず各地に軍閥が群雄割拠していた時期である。

「朝鮮―鮮人相互間には勿論朝鮮語の使用せらるるを否《いな》むべからずと雖《いえど》も、合邦以來內地人の移住者漸次《ぜんじ》多きを加ふると共に、今や母國語の普及殆《ほとん》ど全土に遍《あまね》きを以て、邦人旅行者は到處《いたるところ》言語不通の虞《おそれ》なかるべし。」

ただし、実際には当時の朝鮮で同書がこのように豪語するほど日本語の普及が進んでいたわけではない。昭和十九年（一九四四年）に帝国議会が作成した「昭和十八年末現在に於ける朝鮮人国語普及

図38　鮮鉄・西浦駅ホーム。駅名標に漢字、ひらがな、ハングル、日本語読みのローマ字表記の４種類が見える。

状況」（『朝鮮総督府帝国議会説明資料 第10巻』（不二出版、平成六年）によれば、『朝鮮満洲支那案内』出版の前年にあたる大正七年（一九一八年）の時点で日本語を解する朝鮮人の割合は全人口の二パーセント弱だったという調査結果が残っており、「今や母國語の普及殆ど全土に遍き」とは言えないのが実態だったと思われる。

とはいえ、鮮鉄をはじめとする鉄道の現場では、大正中期頃は駅員や車掌など旅客と接する現業職員に日本人が多く、日本人旅行者は朝鮮での鉄道利用時にはほぼ日本語で用が足りたと考えられる。当時の朝鮮の鉄道駅では、駅名標には漢字、（漢字を日本語読みした）ひらがな、（漢字を朝鮮語読みした）ハングル、（漢字を日本語読みした）ローマ字の四種類が併記されていた（図38参照）。漢字が日本人と朝鮮人の共通文字であり、それを日本人はひらがな、朝鮮人はハングルの読み方で、それぞれに理解する習慣があったのだ。漢字の地名は原則として音読みで、固有の地名の前に東西南北や上中下の文字をつけるときはその文字の部分だけは訓読みをした（例・西平壌《にしへいじょう》、上三峰《かみさんぼう》など）。ローマ字が日本語読みなのは、主権が日本にあったことの証左であろう。この駅名表記方式は、現代の中華人民共和国吉林省にある延辺朝鮮族自治州内の鉄道駅で駅名表示に簡体字、ハングル及び漢字を中国語読みしたローマ字の三種類を併記しているやり方にも受け継がれている。なお、鮮鉄の職員は昭和に入ると朝鮮人が徐々に増えていくが、これは、日韓併合から年月が経ち、日本語を業務遂行レベルで操れる朝鮮人が増えていったことの表れであり、旅客が駅や列車内で旅客サービスを受けるうえで日本語が支障なく通じたことには変わりがない。

それでも、前掲帝国議会資料によれば、日韓併合から三十年以上経過した昭和十八年（一九四三年）末の時点でも、十歳以上の朝鮮人で日本語を解したのは三人に一人程度という状態だったから、主要幹線鉄道から外れた観光地を訪れようとする日本人旅行者は、朝鮮語を多少なりとも知っておいた方が便利だったのは言うまでもない。昭和九年（一九三四年）に鮮鉄が発行した『朝鮮旅行案内記』には、「此頃は國語が相當に普及し、大概の所、國語の通用しないところはない位であるが」と前置きしつつ、「内地人旅行者の爲に一寸《ちよつと》した單語を左に擧げて置く」として、日本語の単語とそれに対応する朝鮮語のカタカナ発音を並べ、現代の海外旅行用会話集のようなコーナーを設けている（図39）。

朝鮮と同じく明治以降に日本の領土となった台湾では、島民の約九割を占める本島人（福建族と広東族から成る漢民族）が、日本統治の開始後も福建語や広東語、そして漢文を長く使い続けた。漢字を書けば最低限の意思疎通ができることもあってか、台湾総督府も大正中期頃までは台湾での日本語教育にはさほど熱心ではなかったらしい。台湾で日本語の使用が社会的に強く奨励されるようになるのは、戦時色が強くなり始めた昭和十年代になってからである。

また、朝鮮と異なるのは、山岳部に高砂族と総称される少数民族が七種族いて、それぞれに異なる

信ぜらるゝに至り、墓地關心が何よりも大なるものとされて居るのである。

人生が不可思議なる鬼神《くしん》の影響支配に由ると信ずれば、生活の大部分が宿命的に定められ、將た他律的に規制せられて居ると云ふ、運命信仰の域から離脱することの出來ないのは當然なことであらう。是に於てか朝鮮の民衆が人事の百般を占卜に依頼し、將來の趨勢を豫言に聽く風の盛なることも亦未だ免れ得ないことであらう。

鮮語

此頃は國語が相當に普及し、大概の所、國語の通用しないところはない位であるが、朝鮮及び朝鮮人をよく了解する者にとつて、鮮語を解することの必要なるは云はずもがな、單語の二つか三つを覺えて居た丈けでも非常な親しみを以て對することが出來るであらう。そこで內地人旅行者の爲に一寸した單語を左に擧げて置く。

國語	鮮語
もし／＼	ヨボシヨ
さよなら	カムニダ
こちらへ	イリオシオ
おいで	オシオ
行け	カ
靜かに	カマイッソ
お掛け お座り なさい	アンジユシオ
召しあがれ	チヤプスシオ
戴きます	モッケッソ
ありがたう	コーマプソ
有る	イッソ
無い	ウオプソ
あなた	タンシン

概說（風習）　一〇九

図39『朝鮮旅行案内記』（昭和9年）に掲載されている日本語と朝鮮語の単語対訳一覧表の一部。

言語を持っているため、平地の漢民族や日本人を含む他の民族との間の共通語を要するという事情があり、日本語がその役割を果たすようになった。『台湾鉄道旅行案内』の昭和十五年（一九四〇年）版には、「かくて今日国語《（ママ）》を解するもの著しく増加し簡単な日常の用を弁じ得る程度に話せるもの三〇、五四一人に達し、即ち全人口に對する国《（ママ）》語解率は三割二分である」と記されており、昭和十五年の時点で高砂族の三人に一人は日本語を解するようになっていた状況が読み取れる。

ただし、旅行ガイドブックを開くと、台湾ではこれ以外に言語関係の注意喚起は見当たらない。『旅程と費用概算』の台湾のページにおける「旅行上の注意其他」の項目に言語関係の項目はないし、『台湾鉄道旅行案内』でも前記の高砂族への日本語普及状況の説明を除いては、平地の漢民族との意思疎通に関する案内は記されていない。

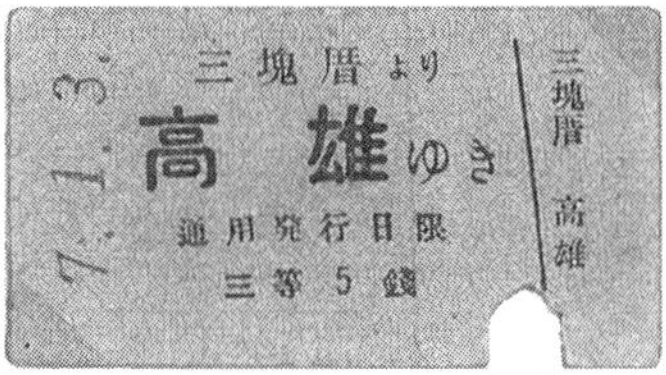

図40　昭和7年（1932年）に台湾総督府交通局が発行した鉄道乗車券。ひらがなが用いられている（所蔵：池田和政）。

台湾島内の主要交通機関である台湾総督府交通局運営の鉄道駅では、駅名は漢字と（漢字を日本語読みした）ひらがなで併記されていた。乗客が買い求める乗車券は漢字かな混じり表記で、かなは「〜より〜ゆき」の「より」と「ゆき」くらいであとは「通用發行日共三日」とか「途中下車一回」など極力漢字が用いられていた（券種によっては「ゆき」も「迄」「〜粁以上」と漢字表記）。内地やジャパン・ツーリスト・ビューロー発行の寝台券や旅行者向け割引乗車券は、漢字を多用した日本語以外に英語が併記されていた。旅客と接する現業鉄道員における日本人職員の割合は昭和元年（一九二六年）からの四年間の統計で七〜八割と高く、少数の台湾人職員にも職務上必要な日本語教育がなされていたため、朝鮮にもまして、鉄道の旅客は日本語だけで必要なサービスを十分に受けやすい環境にあった。こうした事情によって、台湾方面への旅行ガイドブックの記述で言語に関する特段の注意喚起がなされなかったのかもしれない。

同じことは樺太にも当てはまる。日露戦争後に日本が領有した樺太では、それまで在留していたロシア人の多くが退去して日本人が主要民族となったため、通用言語に関する問題はほとんど生じなかった。『旅程と費用概算』の各年度版も、昭和三年（一九二八年）に樺太庁鉄道事務所が発行した『樺太の鉄道旅行案内』を紐解いても、内地から渡航した者がどの程度日本語で過ごせるかどうか、といった話題自体が記述されていない。

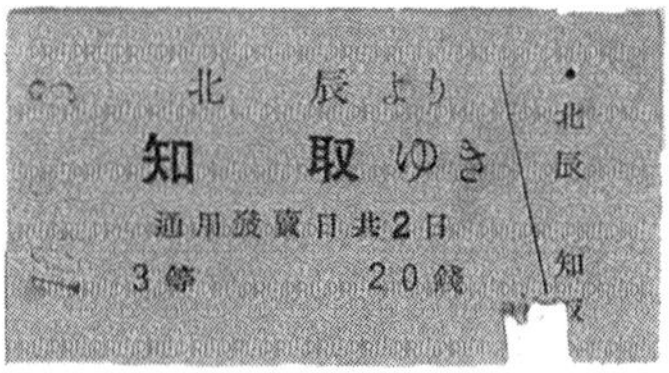

図41　樺太庁鉄道発行の乗車券。内地の切符とほとんど変わりない（所蔵：池田和政）。

図42　満鉄の普通乗車券。「〜ヨリ〜ユキ」と日本語で表記されている。

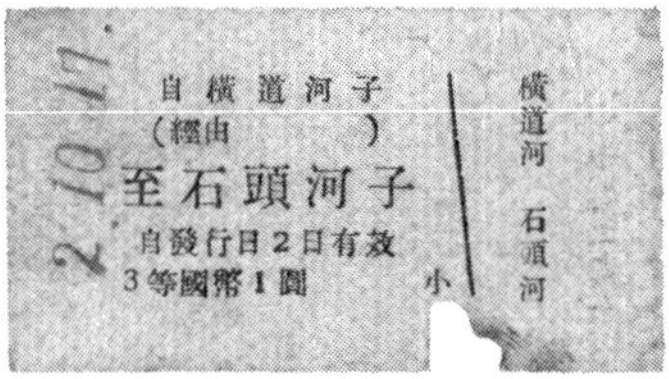

図43　満洲国鉄の乗車券。年号は満洲国暦に、運賃は「国幣」建てになり、漢字のみで表記されている。

樺太と同時に日本が租借権を獲得した遼東半島の先端に位置する関東州では、都市部を中心に日本人居住者が年々増加した。特に大連や旅順市内では、住民の三人に一人は内地人という状況だったので、日本人旅行者にとっては

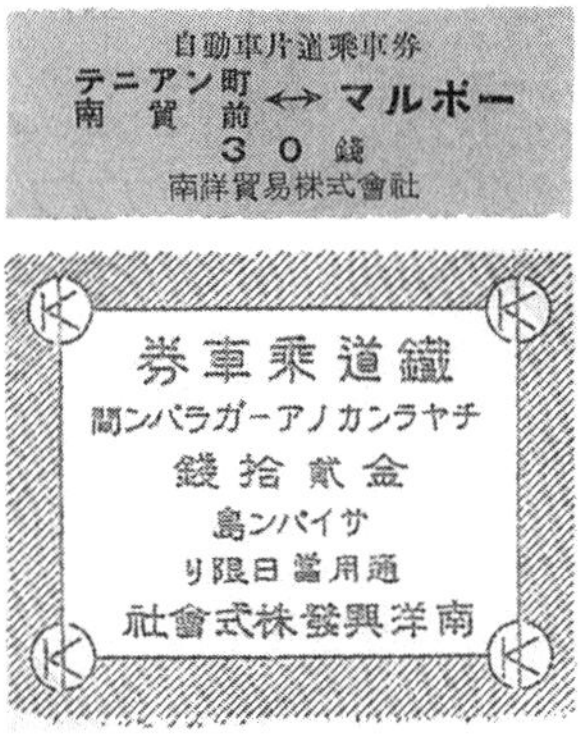

図44　テニアンの乗合バス乗車券（上）とサイパンの産業鉄道乗車券（下）。いずれも日本語表記のみ（所蔵：池田和政）。

中国大陸で最も日本語が通じやすい地域だったといえよう。関東州と共に日本が権益を獲得した満鉄を大連や旅順などで利用する場合は、あらゆる旅客サービスは日本語で受けられた。

ヴェルサイユ条約によって日本が国際連盟から委任統治することになった南洋群島では、それ以前にドイツが三十年以上領有し、さらにその前はスペインが統治していた時代もあったことから、日本統治時代にはドイツ語やスペイン語を解したり、ローマ字を読み書きできる島民が少数ながら健在だったものの、太平洋に点在する離島ごと、また部族ごとに言語が異なり、土着の共通語は存在しなかった。そこで日本は統治開始直後から各地に学校を建設して島民への日本語普及を進めた。その結果、昭和十三年（一九三八年）刊行の『南洋群島移住案内』に、「我が占領以來各主要地に學校を設置し、離島にても邦人の在住する地に於ては寺子屋式の學校を設けて、鋭意國語（邦語）の普及に盡力され居る結果、邦語を解する者次第に多きを加へ、今日全群島の大部分は邦語を以つて少なくも日用の些事を語り得る様なりつゝある狀態である」との記述が見られる。しかも同書によれば、昭和十二年（一九三七年）四月時点での南洋群島の人口は「島民五〇、七四一名、邦人五八、九八〇名、外人一二六名、合計十萬九千八百四十七名」とあり、チャモロ族やカナカ族から成る島民より日本人の方が多い。以上の事情からは、観光旅行者そのものは朝鮮や満洲よりずっと少なかったものの、昭和以降にパラオやサイパンなどの主要島嶼地を訪れる限りにおいては、旅行者はほぼ日本語だけであらゆる用が足りたと思われる。

旅行会話事情が示す国際情勢

朝鮮や台湾、樺太、委任統治領の南洋群島と異なり、満洲は満洲国建国以前はもとより、満洲国が成立した後も日本が直接統治権を行使していたわけではない。だが、満洲の大動脈である満鉄は日本の鉄道会社が運営する日本の鉄道そのものであったことから、日本人の鉄道旅客は明治末期の満鉄創業期から、内地の列車利用時とほぼ同じ言語空間で旅行することができた。

満鉄は、帝国主義全盛の時代に運営されていた植民地の鉄道としては珍しく、幹部だけでなく駅員や乗務員に至るまで日本人職員が多数を占めていた。駅で警備にあたる巡査や沿線の監視兵に至るまで日本人であった。このため、満鉄の利用時に日本語が通用しないという事態はほとんどあり得なかったのだ。満鉄の看板特急「あじあ」（117ページ以下参照）では、ロシア革命前後にロシア（ソ連）から脱出してきた白系ロシア人の若い女性が、昭和十年（一九三五年）から食堂車のウェイトレスとして乗務しており、旅客にエキゾチシズムを感じさせる「あじあ」乗車時の名物サービスとなっていたが、彼女たちは満鉄直営のヤマトホテルその他で接客サービスとともに日本語の訓練もきちんと受けていた。昭和十二年（一九三七年）に「あじあ」の食堂車を利用して彼女たちの接客サービスに接

図45　あじあ号の食堂車。中央がロシア人のウェイトレス（当時の絵はがきより）。

した作家の室生犀星は、「なりも高く縹緻《きりょう》も美しく言葉はございます調子の日本語も却々《なかなか》うまいものであった」（『駱駝行』竹村書房、昭和十二年）との感想を残している。

ただし、鴨緑江を挟んで線路が直結している朝鮮と異なり、満鉄では明治末期の満鉄開業から昭和十四年（一九三九年）まで、日本人が命名した日本式の地名など一部の例外を除き、駅名の正式呼称は漢字の中国語読みが原則だった。満鉄は日本の権益鉄道だが、鉄道駅名が示す都市そのものに対してまで日本が主権を有しているわけではない。都市名が中国語読みである以上、日本人旅客や駅員、乗務員が慣習として駅名を日本語読みで発音するのは当然としても、非漢字圏の外国人も対象にした発音記号としての役割を持つ駅名標のローマ字表記が日本語読みでは、都市名との齟齬が生じてしまい、簡単に採用するわけにはいかな

図46　漢字と中国語読みの英語が併記されている満鉄・奉天駅の案内表示
（『南満洲鉄道株式会社三十年略史』より。所蔵：霞山会）。

かったのだろう。日本が地域全体の租借権を持って統治した関東州では、大連や旅順などの著名駅が例外的に早期から日本語読みを正式駅名としていたが、それとは事情が異なる。

それに、日本人が主体となって運営していたとはいえ、沿線に住む大多数の中国人も旅客となるのだから、台湾と同じように、駅や乗車券面の表示が漢字によって共通理解されるようになっていた。旅行用パンフレットは日本語版と並んで中国語版も作られたし、満洲北部では白系ロシア人も多かったことから、特急「あじあ」のロシア語パンフレットなども作られていた。そういう意味では、満鉄は日本語だけが飛び交う内地とまったく同じ空間ではなく、日本語、中国語、それにロシア語を母語とする民族が日常的に駅や車内に混在するエキゾチックな乗り物であった。

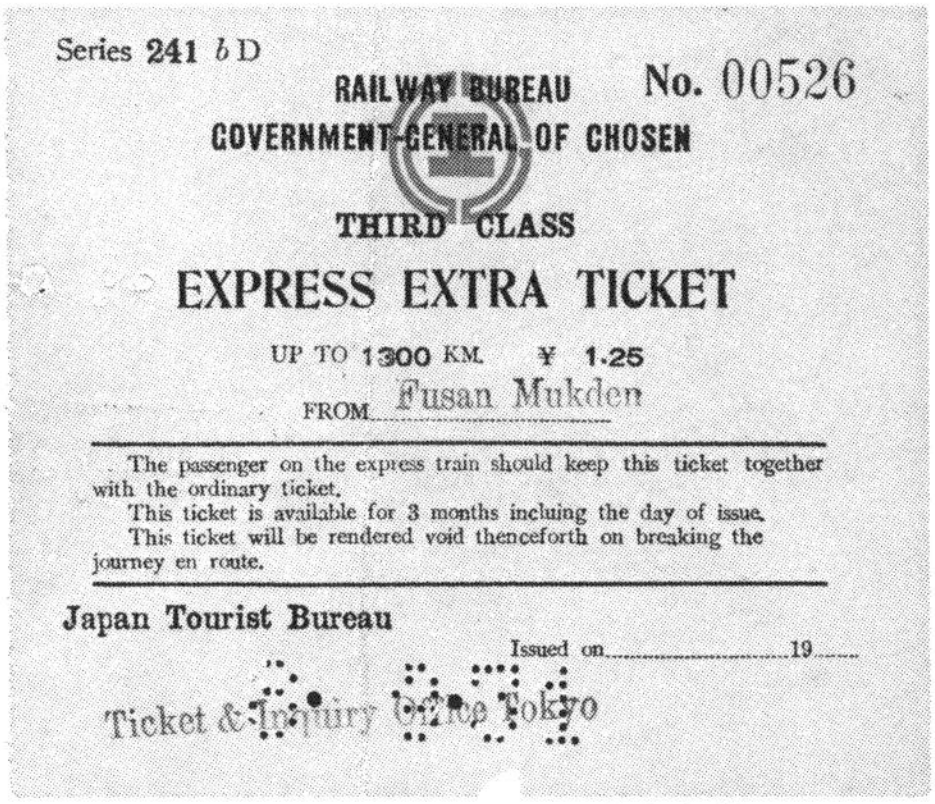

図48　昭和6年に鮮鉄が発行した3等急行券（釜山→奉天）の裏面。「奉天」の英語名が「Mukden」となっている。

図47　満洲国時代のハルピン市内のバス乗車券。漢字とロシア語が併記されている（所蔵：池田和政）。

もう一つの例外として、奉天は現代の中国の標準語（普通話）では「フェンティエン」（Fengtian）と発音するが、特に満洲国成立後は、ムクデン（Mukden）というローマ字表記が目立つようになった。ムクデンは満洲語による奉天の旧称である。他にも、沿線の鉄道施設関連表示に満洲文字が併記されるケースも見られるようになった。

このような満鉄の列車から降りた日本人が駅を出た後は、言葉の問題にどう対処したのか。満鉄開業から十三年後の大正八年（一九一九年）に刊行された『朝鮮満洲支那案内』では、満洲の「旅客須知事項」における「言語及案内業者」の中で、こんな紹介をしている。

「【言語】滿洲―滿蒙土俗の間には各其の方言交《こも》ゝ《ごも》行はるべきや勿論なれども、最近鐵道に依て開發せられたる現在の滿洲は各其勢力圏に從て言語の分布を異にせり。即ち之を概観するに北滿鐵道沿線は露語と支那語、南滿鐵道沿線は日語及支那語の竝《なら》び行はるゝ處とす。

隨《したがい》て長春以南滿鐵沿線の邦人旅客は旅館に、店舗に、將《は》た街頭徂來《そらい》の行客中には隨處其の親みある母國語の迎接に會するを得べく、唯《ただ》長春以北には邦語の效用漸《ようや》く薄らぎ、露語之に代るの觀あれども哈爾賓《ハルピン》には向ほ邦人經營の旅館、商舗等多くして、且《かつ》其れ等の使用人たる支那人中には多少邦語を解する者も尠《すくな》からざれば大抵の場合に不自由なかるべし。但し滿鐵沿線と雖《いえど》も鐵道地界外の側路に入込む場合には各其の地方土語を解する者の先導に賴るか、又は相當の案內者を伴ふを可とす。」

「【案內業者】鮮滿―釜山、京城、奉天、大連、旅順、長春、哈爾賓等の各地には Japan《ジャパン》 Tourist《ツーリスト》 Bureau《ビューロー》 の支部若《もし》くは案內所ありて、旅行上に必要なる諸種の材料を提供し、又旅客の商議に應じて周遊計畫の立案、案內者の周旋、其の他諸般の便宜を計りつゝあり。

此の他鮮滿各地所在の主なる旅館には專業案內者の外、其の使用人（手代又はボーイ等、其の多くは支那人）にして邦語及支那語を解するもの尠からざれば相當條件の下に適宜雇用するを得べし。但し案內料は一定し難きも一日分一圓乃至二圓見當なるべし」

要するに、滿鉄の運営路線である長春以南の沿線主要都市のうち「鐵道地界外の側路」に出ない限り、つまり満鉄附属地内では日本語と中国語が通じやすく、帝政ロシアが運営する「北満鐵道」、つまり東清鉄道沿線ではロシア語と中国語が通じやすいが、東清鉄道区間に属する都市でもハルピンの場合は日本人経営の旅館や商店などが多く、簡単な日本語を解する中国人も少なくないから旅行者にとって特に不都合はない、というのが大正八年当時の満洲の通用言語事情といえる。

それから二十年近く後の昭和十三年（一九三八年）になると、満洲国が成立し、長春以北の東清鉄道は満洲国に買収されてソ連は撤退し、満洲の鉄道網はかつて中華民国所属だった路線が満洲国鉄となって満鉄の運営下に置かれたことで、都市部を中心に日本語の通用範囲が急速に拡大していった。満鉄附属地は前年（昭和十二年）に日本から満洲国へ自主的に返還されて消滅したが、満洲国では日本語が中国語と並んで公用語の一つとなったことから、かつての満鉄附属地の内外を問わず「日本語話せます」との掲示を出す商店が市街地に増えたり、中華民国の国鉄として運営されていた地方鉄道の中国人駅長がたどたどしい日本語で旅客案内をする、といったケースも見られるようになった。同年版の『旅程と費用概算』には、そうした現地の言語事情を簡潔に記した説明が見られる。

「【言語】位置の關係上、北平・山東訛が流用されてゐる。近來日本語熱があらゆる階級を通じて澎湃《ほうはい》として漲《みなぎ》り、全滿に百數十の公私立の日語學校が經營されてゐる。
北京官話を主とせる滿洲語と蒙古語とは公用語となつてゐる。」

一方、満洲から万里の長城を越えた北支と呼ばれる地域を旅行する際の言語事情はどうだったか。この点についても、『朝鮮満洲支那案内』の記述から、大正八年当時の状況を推察することができる。中国各地の方言の違いは「均《ひと》しく同一文字にて表現せらるゝ名稱、語句と雖《いえども》口頭發音には著しき相異あり」と言える状況なので、中流階級以上の中国人の間では、比較的広範囲で共通する「官話」(Mandarin Dialect)が北京官話と南京官話に大別される形で用いられている、とのこと。そのような言語空間で日本人旅行者はどのように旅行手続きをこなし、旅行情報を得るのかについて、同書は次のように語っている。

「【旅客當用の支那語】支那に於ける言語の狀態前述の如くなるを以て、純然たる支那内地の旅行には旅客自身少くも官話の一斑に通ずるか、或は案内者の同伴を要すべきも、北京、天津、漢口、南京、上海等の如き大都市、其の他主なる開港地には夫々《それぞれ》相當の在留邦人あり、且《かつ》本邦領事館、郵便局、邦人旅館、商舗等もあれば支那語を解せざる旅客と雖《いえども》此等在留同胞より相當の便宜を受くるの方便なきにあらず。但し後段の場合に在ては上陸埠頭、又は鐵道車站《しやたん》到著の際成るべく旅館なり、知人なりの出迎を得る樣、豫め手筈《てはず》を爲し置くを可とす。

蓋《けだ》し旅客の到著埠頭、又は車站より旅館其の他の目指す處に至る間は舢舨《さんぱん》、車馬、轎《きよう》等の孰《いず》れかに乘行せざるべからずして、此等を雇傭するには支那語を以てするの外あらず。隨《したがい》て出迎者あれば其れ等の應對を其の人に託し得べきも、若し之なき場合には旅客自ら其の行先を指示せざる

図49 「舢舨」と呼ばれる小舟（『上海事情（在上海帝国総領事館調査）』より）。

図50 中国式のかごとして利用された「轎」。さまざまなタイプの形態があった（『南方の拠点・台湾写真報道』より）。

べからず—本書篇末の旅行用支那語表は簡短ながら斯かる場合に對し幾分の效用あるべし」

「【案内業者】 支那—北京、青島、濟南、上海及香港の各地には日本國際觀光局《ジャパンツーリストビューロー》 Japan Tourist Bureau の案内所若《もしく》は其の代理店ありて、前記鮮滿所在の案内所と同樣、内外旅客に對して旅行上諸般の便宜を與《あた》へつゝある外、尚ほ北京、上海、香港の各地には通濟隆 Thomas Cook & Son 並に萬國寢臺車公司 The Inter-

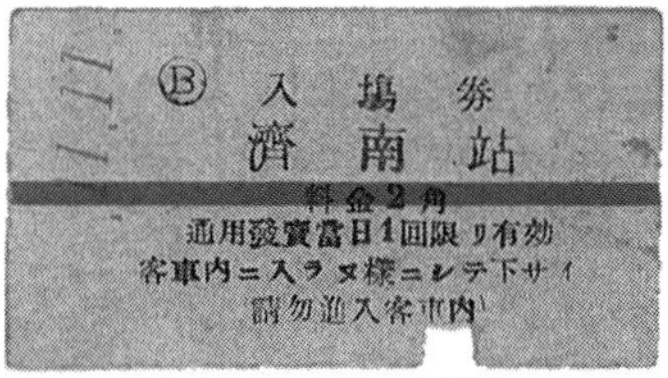

図51　華北交通済南駅の入場券。日本語と中国語が併記されている（所蔵：池田和政）。

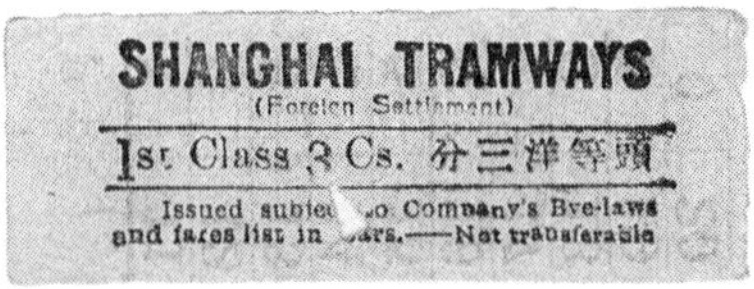

図52　上海の路面電車の乗車券。中国語と英語が併記されている（所蔵：池田和政）。

national Sleeping Car Co. の支店又は代理店ありて是れ亦内外旅行者の爲に汽船又は鐵道切符の代理販賣、其の他旅行上に必要なる業務を代辨す。

英語及支那語の通譯者は前記通濟隆、其の他重《おも》なる歐風旅館を介して得らるべきも、邦語及支那語の案内者は日本國際觀光局の各案内所又は支那各地所在の邦人旅館に就て之を得るの易《やす》きに若《し》かざるべし。而《しか》も這種の案内者は之を專業とする者稀なるを以て、いづれは在留邦人の有志家、又は旅館、商舗の手代、ボーイ等の中より隨時之を藉《か》り來るの外なし。隨て其の報酬亦定率なけれど概ね前記鮮滿項下末段の例に照らさば大過なかるべし」

開港地、つまり日本租界が設置されている地域ではある程度日本語だけで何とかなるが、それ以外の地域では移動に際しても中国語の理解がないと困難を伴うので、現地旅行案内所などで通訳を雇うか本書巻末の「旅行用支那語表」を活用せよ、というのは、現代の中国旅行ガイドブックにも書かれているような内容といえよう。本書の巻末には「當用支那語」というページがあり、旅行中の各場面でよく用いる単語や短い会話の日本語と、それに対応する中国語の漢字表記、その漢字の中国語読みをカタカナで示したルビ、そしてその発音のローマ字表記が並んでいる。『朝鮮満洲支那案内』は大きめのポケットに収まりそうな小型のガイドブックだが、これを片手に持ちながら、現代の『旅の指さし会話帳』のごとく、現地で中国人との意思疎通を試みた日本人旅行者が果たしてどのくらいいたのだろうか。

満洲国成立後は日本円が基軸通貨だった

言語の違いと並んで、海外旅行者の頭を悩ますのが通貨の問題、すなわち両替事情である。

前提として、日本領土内においては日本円が通用した（自国領であることと、そこで自国の中央銀行の発行通貨が日常の貨幣として流通することは論理必然の関係ではない。現代の香港やマカオで中国の人民元が日常通貨となっていないのはその好例である）。したがって、日本が明治以降に新しく領土とした台湾、樺太、朝鮮、及び租借地とした関東州、委任統治領となった南洋群島では、日本銀行券がそのまま通用した。

そのうえで、さらに台湾には台湾銀行が発行する台湾銀行券、朝鮮半島には朝鮮銀行券という独自通貨があった。これらは日本銀行券と等価だが、台湾銀行券や朝鮮銀行券は内地では通用しない。日本銀行券は外地でも内地でも使えるから、完全に対等の関係ではなかった。このため、内地から台湾や朝鮮へ渡った旅行者が手元に残していた現地貨幣を日本銀行券に再両替するため、内地との往来船の発着港、内地へ戻る旅客船内、あるいは下関など内地の旅客船発着港などに、朝鮮銀行支店や台湾銀行出張所が開かれていた。

日本の租借地であった関東州では、独自の現地通貨は発行されず、満洲国成立以前から日本銀行券と朝鮮銀行券が流通していた。特に朝鮮銀行券が主流だったようで、『旅程と費用概算』の昭和十年（一九三五年）版で大連の観光案内ページを開くと、「關東州内では汎《あまね》く日本貨幣、特に朝鮮銀行券が廣く用ひられてゐる」と記されている。大連埠頭には朝鮮銀行の出張所があり、大連航路で内地へ戻る旅行者はここで日本円への再両替をしていた。

日本の強い影響下にあった満洲国成立後の満洲でも、『旅程と費用概算』昭和十三年（一九三八年）版の「通貨に就て」を開くと、冒頭で「左記の如く通貨は大低《(ママ)》日本貨で充分事足りるから携帯には日本貨を以てし、萬一必要の場合は行く先々で當座の入用だけ両替するがよい。（正金銀行信用狀又はJTB小切手を携行するのが便利である。）」と言い切っており、両替レートを気にせず旅ができる便利さを謳っている（カッコ内の「正金銀行」とは横浜正金《しょうきん》銀行のことで、外貨に強いとされた戦後の東京銀行、現在の三菱UFJ銀行の前身にあたる。信用状については151ページ以下参照）。これに続けて「通貨流通の種類は、日本貨幣・朝鮮銀行紙幣・滿洲國幣の三種である。滿洲國幣・邦貨は何《いず》れも等價に使用出來るから、両替の必要はない」と記されている通り、「国幣」と呼ばれる満洲国独自の通貨（満洲中央銀行券）はあるものの日本円と等価であるため、日本円と朝鮮銀行券は満洲では両替せずにそのまま現地通貨と同じように使えたのだ。満洲全域に広がりつつあった満鉄の運賃についても、「鐵道の運賃は、邦貨・國幣の區別なく等價に收受されてゐるから兩替の必要はなく、何れで支拂ふも差支へない」と明記されていることから、日本人旅行者は内地で使っている日本円をそのまま現地で支払用の貨幣として利用し、お釣りとしてときどき満洲中央銀行券や朝鮮銀行券が混じっている、というような買い物をしていた様子が窺える。

図53　満洲中央銀行の10円紙幣。裏面（下段）の左側に満洲文字が見える。

　日本円の通用範囲の広がりは、一時、北支方面にも及んだ。同書の「通貨に就て」は「北支方面」の両替事情について、「事變後天津・北京共に日本銀行券・朝鮮銀行券及び滿洲中央銀行券が自由に流通し、旅館宿泊料・車馬賃は勿論外人商店の中にも從來の弗建商品値段を金建に直して居る所が多くなつて來たから、特に兩替の必要はない」と説明している。これに続けて「唯《ただ》現在北支には中國・交通・中央・河北銀行券及び冀東《きとう》銀行券が流通して居り、金銀のレートには多少の差をつけて賣買して居る店舗もあるから換算の必要のある場合もある」という但し書きがあるが、そもそも外国なのに日本円が「特に兩替の必要はない」と断言できるほど通用している点が特筆に値する。日本銀行券が広範な東アジア全域の基軸通貨として機能していたため、内地に住む日本人旅行者は、満洲全域に加えて中華民国内でもよほどの辺境地へ行かない限り、両替手続きをまったくしないまま外地旅行ができたことになる。

さすがにこのような状態は中華民国としての通貨主権を損ねていると言わざるを得ず、中華民国内の通貨制度の整備が進むと、旅行情報としても変化が見られた。中華民国では一九三五年（昭和十年）に蔣介石率いる国民政府が法幣と呼ばれる新しい統一通貨を発行したが、昭和十二年（一九三七年）の盧溝橋事件以降の日中軍事衝突によって同政権が北支から退却すると、北支では法幣が通用しなくなった。そこで昭和十五年（一九四〇年）版の同書では、「北支に於ける通貨は中國聯合準備銀行發行の紙幣に統一せらた《（ママ）》」として、北支入国の際は「聯銀券」と呼ばれる中華民国臨時政府が設立した銀行が発行する通貨への両替を要する旨の案内をしている。

このように、日本円が北支でそのまま通用する異常な便利さは旅行ガイドブックの記述からは姿を消したが、国境では米ドルなどを別に用意しなくても日本円が聯銀券へ直接交換できるわけだから、日本人にとっては十分便利だったと言ってよいだろう。

世界一複雑だった満洲国以前の中国貨幣事情

ところが、このような中国大陸における両替事情の良さは、同書刊行のわずか六年前の満洲国成立以前ではまったく考えられなかった。満洲国が建国されたのは昭和七年（一九三二年）三月。その一ヵ月後の同年四月時点の情報をもとに編纂された『旅程と費用概算』の昭和七年改訂増補版で「通貨に就いて」のページを開くと、「北満哈爾賓《ハルピン》方面及支那へ旅行して第一に不便を感ずるのは、言語の不通や土地の不案内と云ふよりも寧《むし》ろ一般通貨の甚《はなは》だ複雑な事である」と解説している。言葉が通じないことよりも、通貨事情が複雑すぎることの方が旅行者にとっての難題だというのだ。

満洲国が成立したからといってそうした事情が瞬時に解決するわけもなく、昭和十年（一九三五年）版の同書でも「元來滿洲國は銀本位國であるから邦貨との換算が面到《ママ》である」とか、「中國は世界中で一番通貨の複雑な國と云はれて居る通り、各地方により全然流通貨を異にして居る所がある」などと記述されている。「朝鮮・滿洲等日本の經營する鐵道沿線には日本貨幣及朝鮮銀行の兌換券が流通して居るから旅行上些《いささか》の不便はない」という一文とは真逆である。ちなみに、満洲でも「日本の經營する鐵道沿線」では日本円が通用するから通貨事情は良いというのは、満鉄附属地（89ページ参照）内では中華民国の施政権が及ばなかった結果、通貨さえも日本円が一定範囲でそのまま通用していたからである。

昭和初期の中国の通貨事情が世界一複雑だった原因は、「元來滿洲國は銀本位國である」という記述が端的に示している。中国大陸では清朝末期から中華民国時代の一九三五年まで銀本位制が採用されており、通貨は銀と交換できた。しかも、近代的な統一国家の経済主権ともいうべき通貨高権（自国の通貨を独占発行できる政府の権限）が成立していなかったため、中国では各省ごとに貨幣が鋳造され続けてきた。すると、同じ額面の貨幣でも発行元の省によって品質の高低が生じるので、ある省で発行された貨幣が別の省へ行くと額面から一部割り引かれて扱われたり、遠隔地で発行された貨幣はそもそも通貨として受け取ってもらえないということまで起こり得る。たとえて言えば、日本国内で日本銀行とは別に各都道府県が独自に硬貨や紙幣を鋳造・印刷して発行する権限を持っているが、北海道庁発行の一万円札は沖縄県では遠すぎて正確な相場がわからないから県内で使えないとか、東京都内では関東地方以外で発行された日本円は額面の七割の価値しか認められない、という状況と同じことである。

こうなると、通貨に対する信用は中央政府に対する経済的信用度の高低と無関係になり、「実際に適量の銀と交換できるかどうか」が重要になる。したがって、地域経済に密着した存在であり日々の両替業務によって銀との交換能力を実際に有している民間の両替商の方が、中央銀行よりも大きな力を持っていたのだ。「貨幣の種類によつては單に一地方の外適用せぬものもある」という昭和七年改訂増補版『旅程と費用概算』の記述は決して誇張ではなく、少なくとも通貨面に関する限り、昭和初期の中華民国は近代的な統一国家としての体を成していなかった。

同書には、満洲の地域ごとに通用する貨幣や使用場面ごとの違いが挙げられているので、それを図

表54　満洲旅行時の通貨に関する注意（昭和７年改訂増補版『旅程と費用概算』における「青島及鮮満旅行」の「旅行上ノ諸注意」より）。

	路線・都市	通貨の種類
乗車券類の購求	満鉄線	金円建て（日本円または朝鮮銀行券）
	中東線（東清鉄道）	金ルーブル建て（哈爾濱大洋で購入）
	その他の路線	現大洋
各都市の通貨	奉天、新京	日本円。城内は現大洋、奉天洋
	洮南	現大洋、奉天洋
	チチハル（斉斉哈爾）	現大洋、哈爾濱大洋（貨幣価値はハルピンにおける哈爾濱大洋の約半額）、黒龍江省官帖
	ハルピン（哈爾濱）	哈爾濱大洋
	吉林、敦化	現大洋、吉林大洋、哈爾濱大洋、吉林官帖、奉天洋
	錦県	現大洋

〔参考〕大洋銀（香港ドル、メキシコ銀を含む）の４月中における１ドルの相場は邦貨約 70 銭前後である。

表化してみた（表54）。この情報は昭和六年（一九三一年）九月の満洲事変以降の最新事情らしく、

「鐵道乗車券、寝臺券購求ノ場合ヲ除キ満洲事變後ハ奥地ヲ除キ各地共通シテ旅行ニハ概ネ日本貨幣ニテ充分デアル。寧ロ支那人間ニハ高低常ナイ支那通貨ヨリハ日貨ヲ迎フル傾向ガアルカラ旅客トシテ最モ不便デアッタ換貨ノ煩ヨリ稍《やや》救ハレタ形デアルガ、各地共商品等ノ賣値ハ其地ノ通貨ヲ以テ建トナシ居ル故其日ノ換算率ヲ知ッテ日貨ノ支拂ニ不當ノ利ヲ占メラレナイ様注意スル事ガ肝要デアル」

との注釈が付されている。満洲事変による現地の経済事情の変化の進行状況を窺い知れる一文である。

ここに列挙されている多様な貨幣について、『旅程と費用概算』では旅行情報としての通用事情に絞って

表55 「北満哈爾賓方面及支那」で「一般に流通しをる通貨の種類」
（昭和７年改訂増補版『旅程と費用概算』における「鮮・満・中国旅行」の「通貨に就いて」より）。

通貨の種類	券種・通用範囲・交換価値など
圓銀（または大洋銀）	北洋銀、湖北銀、広東銀、メキシコドル、香港ドル、日本円銀などの種類がある。そのうちメキシコ銀（墨銀）が最も流通範囲が広く、次いで香港ドルが南支一帯、北平及び天津方面に流通している。 通用価値は１元（１ドル）が日本円で約70銭くらいに相当する。
小銀貨（または小洋銀）	１角、２角の２種類がある。１角は日本円で約10銭に相当する。 現今支那全国の法貨ともいうべく到る所で通用するものの、その交換率は大洋銀１元（１ドル）に対し11～12角くらいで、それも市場在貨の多少により常に変動がある。
銅元（または銅子兒）	２分（２セント）、１分（１セント）の２種類がある。その交換率は小洋銀10角（100セント）に対して１分貨270個内外が普通。 １分は日本円で約１銭に相当する。
票子	内外銀行が発行する円銀の兌換券で１ドル、５ドル、10ドル、50ドル、100ドル及び10セント、20セントの種類がある。

説明しているが、中には補足をしないと現代では理解しにくい点がいくつかある。短期観光旅行のためだけにどこまでこの複雑な貨幣制度を頭に入れなければならないのかは人それぞれの判断だが、ここではひとまず、月刊誌『旅』の大正十三年（一九二四年）九月号に掲載されている特集記事「支那旅行とその通貨の話」（荒尾榮次）の記述と、昭和七年改訂増補版『旅程と費用概算』における「通貨に就いて」に列挙されている「今一般に流通しをる通貨の種類」（表55）をもとに解説してみたい。

まず、「最も流通範圍廣く」とされる「墨銀」とはメキシコドルのこと。香港ドル（香港弗）はともかく、メキシコドルが大正から昭和初期の中国大陸で最も流通していたのは、当時は欧米からアジアの広い範囲で貿易上の通貨としてメキシコドルが流通していたことによる。対外貿易が盛んになった清朝末期頃から中国大陸に流入して、そのまま国内通貨同様の価値を持つに至ったのだ。ここに挙がっている「日本圓銀」も、明治初期から大正時代まで日本で鋳造された対外貿易専用銀貨である。

これらの外国通貨は現代のコインと同じく円形をしていて、それまで中国大陸で流通していた銀錠などの秤量貨幣《しょうりょうかへい》（重さや品質を量って交換価値を決める貨幣）がさまざまな形をしていたのに比べると取扱いが便利だというので、やがて中国各省で円型の銀貨が鋳造されるようになった。「円」という単位の名称はここから来ており、正字である「圓」の字画が多いため中国語で同音（yuan〔ユェン〕）の「元」が代用されて定着するに至った。こうしてできた銀貨を洋銭という。「洋」は中国語で外国の意味である。

洋銭には大洋銭と小洋銭の二種類がある。大洋銭は銀元とか洋銀とも呼ばれ、一元（一円）を基本貨幣とする。ただし、各省で随意に鋳造されていて品質に差異があるので、「直隷省鑄造のものは、廣東省に流通しないとか、東三省のものが、支那本邦邊《あた》りに行くと、兩換して貰ふに割引せねばならぬと云つた狀態」（前掲「支那旅行とその通貨の話」）であることは注意しないといけない。

小洋銭は大洋銭の補助通貨で、単位は角。額面上は十進法に基づき十角で一元となるはずだが、実際の買い物では表55の説明の通り「交換率は大洋銀一元（一弗）に對し一一角乃至一二角位、それも市場在貨の多少に依り、常に變動がある」。たとえば、大洋銭一円で小洋銭一角の品物を買うと、お釣りは小洋銭九角ではなく十角か、ときには十一角となる。何だかもうかったと思うかもしれないが、これは小洋銭の品質が大洋銭より劣るために発生する現象である。しかも、大洋銭の価値は常に一定ではなく差異があるから、差し出した大洋銭の発行元や買い物をする地域によっては、額面より低い金額とみなされてお釣りの小洋銭はさらに目減りすることもある。

これらの銀貨に加えて、さらに銅元（銅子兒《トンズル》）と呼ばれる銅貨が存在する。これまたさまざまな種類が存在するが、「支那旅行とその通貨の話」によれば、「表面に光緒之寶、大清當制、開國紀念幣と鑄出したものなどがあるか《（ママ）》、其の中で開國紀念幣（民國々旗の紋章のあるもの）及び各種の二錢銅貨は品質粗惡其の他の關係上、往々交換を拒む事がある」とのこと。現政権である中華民国の発行貨幣より、清王朝時代に発行された硬貨の方が市中で通用しやすいというのだから、中央銀行発行硬貨に対する国民の信用度がいかに低いかが察せられる。

最後に「票子」とは、中国語で紙幣を指す。これまた多様な種類の紙幣が発行されていたが、建前上は硬貨と等価でも、実際には紙幣の方が硬貨より価値が低いことが多かった。「大洋票、小洋票、帖子（官帖私帖）などの各種類があるが發行地以外、圓滿な流通を見づ、眞に額面の硬貨と同一に通用するものは少く、發行者の信用、威令《いれい》の如何に依つて夫々《それぞれ》異なつて居る。最近發行の中國、交通兩銀行の兌換券其の他一二を除いては、何れも額面より安價で、其の甚だしいのになると地方的《（ママ）》の紙幣は、其の地を距《へだ》る程、價格が低下し、少しく遠く離れると、無價値になるやうなものさえあるから注意を要する」（前掲「支那旅行とその通貨の話」）という状況だから、とにかく紙幣を受け取ったらその地域で使い切るのが旅行者の唯一の対策であった。

かくも複雑な通貨事情を短期滞在の観光旅行者が正確に理解して、現地で適切な対応をするのはほとんど不可能に近い。そのため、昭和七年改訂増補版の『旅程と費用概算』では、「旅行者は横濱正金銀行、臺灣銀行發行の圓銀の兌換券、小銀貨、銅元等携行するのもよいが却つて信用ある日本の貨幣を携帯して、行く先々で入用な額丈《だけ》兩替するか、又は正金銀行の信用狀を携帯して各地の同銀行支店にて所要額丈兩替する方が便利である」とアドバイスしている。

ここでいう信用状とは、旅行者が銀行にあらかじめ払い込んだ一定金額の範囲で、当該銀行宛てに振り出された手形をその旅行者から買い取るよう各地銀行宛てに依頼する保証状を指す。旅行者は信用状と本人証明のための筆跡証明書を提出して現金を受け取り、銀行はその都度、その金額を信用状の裏面に記載する。機能としてはトラベラーズチェック（平成二十六年〔二〇一四年〕三月で日本国内では販売終了）と似ているが、指定された銀行でないと使用できず、しかも休日は銀行が閉まっているため現金を引き出せないなどの難点がある。戦前に限らず、戦後の日本でも海外旅行ガイドブックで紹介されていた（221ページ参照）。

このような状況は、まず満洲国成立後の満洲地方で改善が進んでいった。昭和十年版の『旅程と費用概算』では、建国三年目を迎えた満洲国の通貨事情を次のように記している。

「滿鐵沿線と日本人間には日本圓貨（朝鮮紙幣を含む）が使用されて居り、一般に滿洲人に對しても圓貨で通用するが、滿洲國有鐵道の運賃料金は國幣建てであり、滿洲人商店は一般に商品の正札を滿洲國幣で表示してゐるから、當日の換算率も知つて置く事が必要であり、國幣を用意すると便利である。主要都市には到る所兩替店がある」

満洲国有鉄道とは満鉄とは別の、もともと中華民国所属だった鉄道路線で、満洲国成立によって満洲国の国鉄となった路線のこと。日本の鉄道会社である満鉄はもともと日本円で運賃計算されていたが、満洲国鉄の運賃体系は当然ながら満洲国の通貨を基準にしている。日本円と満洲国幣は、当初は等価ではなかったのだ。したがって、日本円と満洲国幣の交換率は旅行者にとって気になるところだが、これは通常の海外旅行と同じことである。

しかも、この『旅程と費用概算』が発行された昭和十年に満洲国は銀本位制を停止し、日本円と満洲国幣を等価とする措置を採った。万里の長城以南の中華民国でも、同年に銀本位制を停止して管理通貨制度が導入され、銀と交換できない不換紙幣の流通が始まった。これによって、満洲では日本円さえあれば両替無しで、北支でも重い銀貨をジャラジャラと抱え持ったり地方ごとにそれらを全部両替することなく、中華民国所定の銀行が発行する紙幣との両替によって全土を旅行できる昭和十三年（一九三八年）版同書のような便利な通貨環境が成立したのである。

日本軍票が通用した中支と大正期の山東鉄道

以上は満洲及び北支における旅行者の両替事情を旅行ガイドブックや旅行雑誌から読み解いた内容だが、では、これらの地域に比べると旅行情報自体が少ない中支（現在の華中）以南の通貨事情はどのような状況だったのか。

前記表55（148ページ）の通り、昭和七年（一九三二年）改訂増補版の『旅程と費用概算』では、メキシコドルが最も流通範囲が広く、これに次いで香港ドルが「南支一帯」に流通しているとある。大正八年（一九一九年）の『朝鮮満洲支那案内』、及び昭和十年（一九三五年）版の『旅程と費用概算』にもほぼ同様の記述があるので、盧溝橋事件を契機に日中間の軍事衝突が勃発する前は、中支以南の通貨事情はほぼこの状態で安定していたとみられる。

その後、『旅程と費用概算』からは中支以南の両替情報がいったん消える。そして、最後の発行となった昭和十五年（一九四〇年）版に最初で最後の記述となった中支の旅行案内ページが加わり、そこで両替事情にも触れられている。当時は盧溝橋事件から三年が経過した時期で、現地の治安については「武漢占領以來皇軍の威は中國の邊境にまでも及び、上海より南京、杭州に至る鐵道沿線治安は殆ど確立せられ、列車妨害等殆ど皆無とも稱すべき狀態となり、發着は正確を保ちつゝある」と解説している。「觀光地の回復」という項目にも、「觀光地の首位を占むる杭州は支那事變には何等の被害を受けず、單に手入れ不完全により幾分荒廢をみたが今は殆ど回復をみた。蘇州も多少被害はあつたが之亦自治委員會の手によつて回復され、殆ど舊態に歸りつゝあり、其他各地の觀光地も漸次復舊されつゝある」と記されていて、観光旅行先として支障はないことを強調している。

図56　昭和16年に発行された『華中鉄道沿線案内』。

だが、「通貨」の旅行情報を読む限り、日本軍が発行する軍票が主要通貨の一部を成しており、現地情勢が平時と同様とは言い難い。昭和十六年（一九四一年）二月に華中鉄道が上海で発行した『華中鉄道沿線案内』には、「中支占領區内の通貨は全部軍票を使用することになつてゐるので出港の前日又は當日携帶してゐる金は、全部軍票と引換へて置かねばならぬ」と記されていて、蒋介石政権（国民政府）が発行する旧法幣はもとより、日本寄りの立場だった北京の臨時政府が発行する聯銀券もそのままでは使えなかったことがわかる。

日本の軍票が通用したという点では、中支ではなく北支の山東省を走る山東《さんとう》鉄道でも同様の時期があったので、ここで触れておく。

山東鉄道はドイツ帝国が清朝から獲得した山東省に関する特殊権益として一九〇四年（明治三十七年）に開通した青島《チンタオ》〜済南《チーナン》間三百九十四キロの路線である。第一次世界大戦で戦勝国となった日本は、ヴェルサイユ条約によってこの鉄道を含むドイツの権益を譲り受けた。その後、日中間の合意に

図57　山東鉄道路線図

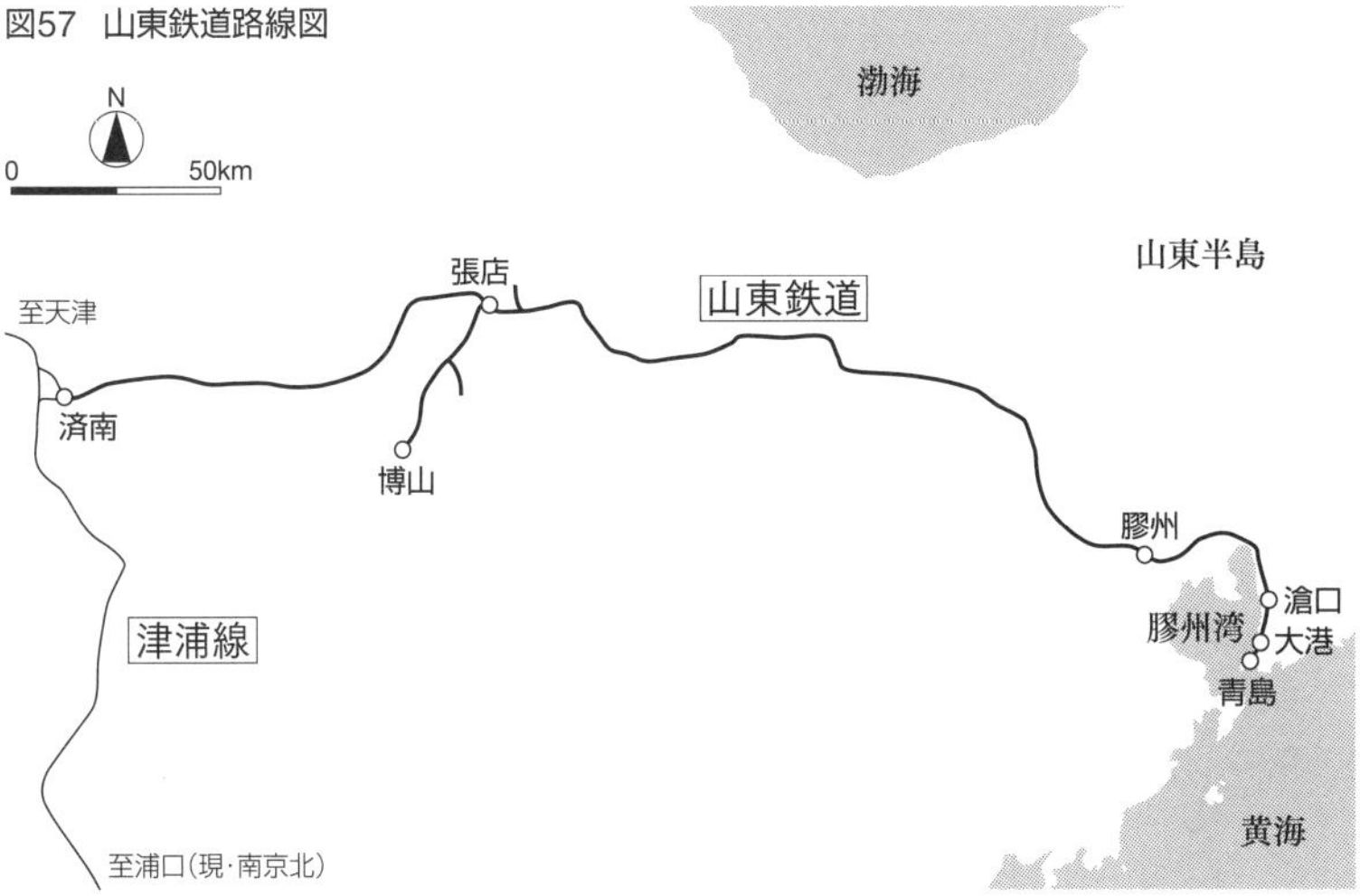

よって大正十二年（一九二三年）に中華民国へ返還されるまで、大正中期の八年余りの短期間ではあるが、山東鉄道は日本の鉄道として運営されていた。

本書で頻繁に引用する『旅程と費用概算』では、外地旅行のモデルコースに北京や上海と並んで青島がしばしば登場する。現代の日本人観光客にとっては、北京や上海に比べると青島の観光旅行地としての知名度は低いので、戦前の外地旅行ガイドブックにおける青島の頻出ぶりがとりたてて目立つが、それは青島がこのように日本の特殊権益地だった時期があり、内地との結びつきが特に強かったという経緯のためである。

この山東鉄道の旅行情報を詳細に記した旅行ガイドブック『山東鉄道旅行案内』が、山東鉄道を運営していた日本の青島守備軍民政部鉄道部から大正九年（一九二〇年）に刊行されている。これによれば、「山東鐵道の諸賃金は總《すべ》て銀建で、軍票、日本圓銀、横濱正金銀行青島鈔票《しょうひょう》の三種に限って受領する、但し日本貨幣は其の日の軍司令部の公定相場に依り銀に換算して収入する」という。ヴェルサイユ条約がすでに締結されて対ドイツ戦争は正式に終結しているにもかかわらず、実際に受け取る貨幣として軍票が筆頭に挙がっているのは、この鉄道沿線が関東州のような安定した地域に未だなり得ていなかったことを示しているのではないだろうか。結局、同ガイドブックの刊行から約二年半後に、山東鉄道は中華民国へ返還されている。

図58　山東鉄道を走る急行列車（上）と寝台車内の様子（下）（『山東鉄道旅行案内』より）。

分単位の時差が設定されていた

言語や通貨の違いほど深刻ではないが、海外旅行者が時代を超えて必然的に直面する現象の一つが時差である。本来、時差は時代や統治権者が変化しても国土の位置が変わらないのだか

図59　大正9年に発行された『山東鉄道旅行案内』。写真が豊富に挿入され、携帯しやすいコンパクトなサイズになっている。

ら不変のはずなのだが、第二次世界大戦以前の外地では、現代と異なる日本内地との時差があちこちに設定され、時期によってその差が微妙に変化していたことが、旅行ガイドブックの記述の変遷に現れている。

現代の世界各国における標準時は、ごくまれに三十分単位の時差が設けられることもあるが、多くの場合は一時間単位で設定されている。ところが、かつてはそうではなかった。

明治時代には、朝鮮半島を統治する大韓帝国が日本内地と三十二分差の標準時（京城標準時）を採用していた。日韓併合直前の一九〇八年（明治四十一年）に三十分差に改められ、日韓併合後の明治四十五年（一九一二年）からは朝鮮半島の標準時が内地と同じになっている。

満鉄が大正六年（一九一七年）に発行した『南満洲鉄道旅行案内』には、満鉄が採用する標準時のみならず、日本内地や朝鮮、それにシベリア鉄道を介したロシアやその先のヨーロッパとの時差を羅列した次のような一覧表が載っている。

「當社標準時　正午十二時
京奉線　正午十二時
日本內地及朝鮮　午後一時
哈爾賓　午後十二時二十三分
彼得倶羅土　午後《（ママ）》六時一分
伯林　午前五時
巴里　午前四時四分
倫敦　午前四時」

この一覧表から、日本内地と朝鮮との間には時差がなく、満鉄標準時と日本内地及び朝鮮との間には一時間の時差があることがわかる。そこまでは特に目新しくないのだが、ハルピン（哈爾賓）の標準時が満鉄より二十三分遅いこと、パリ（巴里）とロンドン（倫敦）との間には四分の時差があるとしている点が目を引く。なお、帝政ロシアの首都ペトログラード（彼得倶羅土。現・サンクトペテルブルク）は満鉄標準時より六時間一分早い「午後六時一分」となっているが、満洲より西にあるロシアの首都の標準時が極東の満洲の標準時より早いはずはなく、同列に並ぶベルリン（伯林）やパリ、ロンドンと比較しても、これは「午前六時一分」の誤植であろうと思われる。いずれにせよ、時差が分単位になっている点が特徴といえる。

中でも、満洲北部にあるハルピンの標準時が満鉄標準時と二十三分差であるというのは、長春で満鉄から東清鉄道に乗り換えてハルピンを目指す内地からの旅行者を困惑させやすかった。同じ駅のホームなのに、一方に停車している満鉄の列車と向かいに停車しているハルピン行きの東清鉄道の列車が二十三分異なる標準時で運行されているのだから、乗換え客は自分の時計がどちらの標準時を刻んでいたとしても、もう一方の列車の発着時刻は手元の時計より二十三分ずれていることを頭に入れている必要があったのだ。

しかも、このハルピン時間は大正末期になると二十六分差に拡大される。鉄道省編纂の『汽車時間表』昭和五年（一九三〇年）十月号の巻頭には「歐亞聯絡旅客運賃及標準時間」というページ（図60）があり、ここでは東欧時間が日本内地より七時間遅れ、中欧時間は八時間遅れ、西欧時間は九時間遅れとなっていて欧亜間での分単位の時差は消滅しているが、ハルピン時間だけは内地より三十四分遅く、分単位の時差が残ったままになっている。

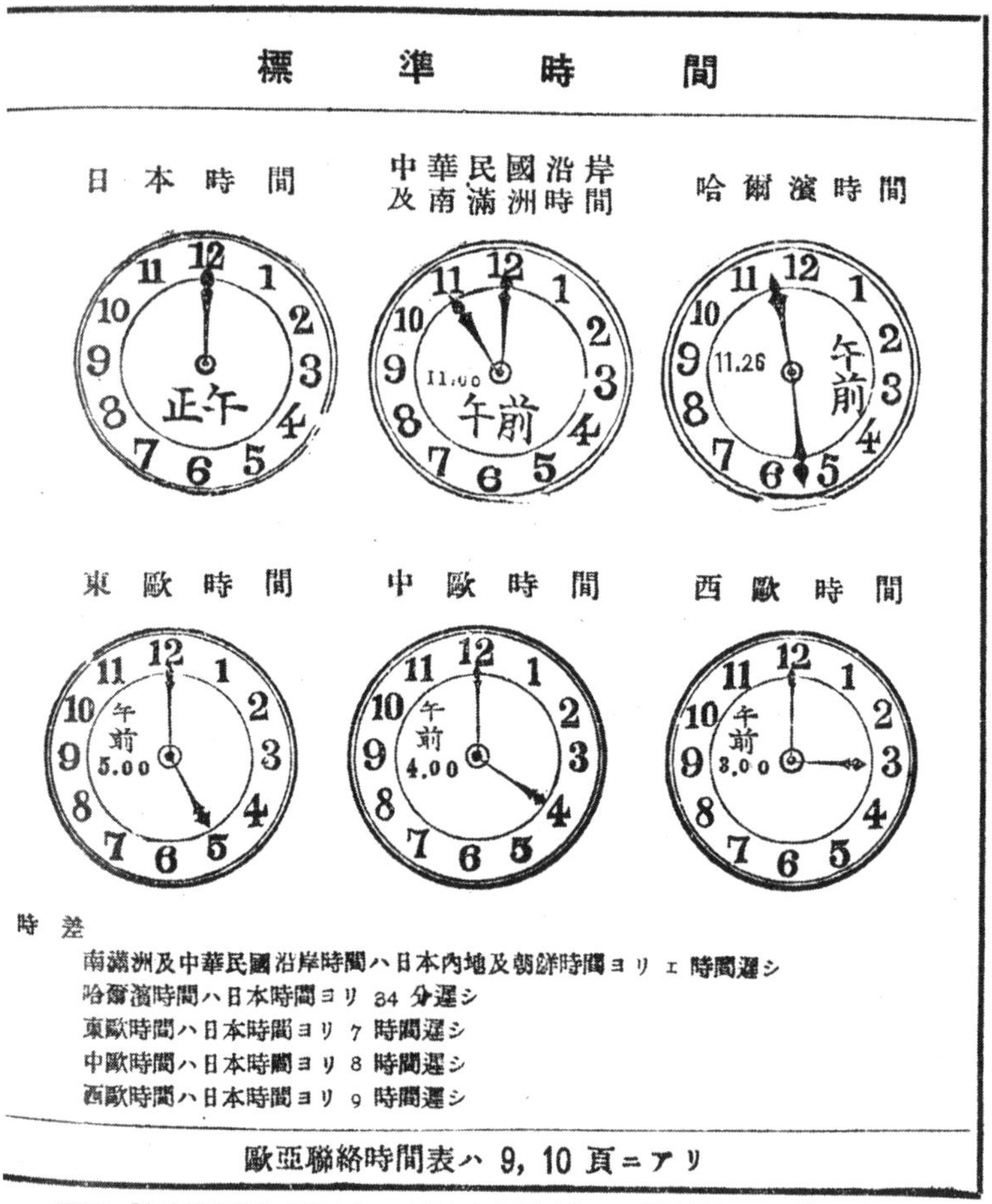

標　準　時　間

日本時間

正午

中華民國沿岸
及南滿洲時間

11.00
午前

哈爾濱時間

11.26
午前

東歐時間

午前
5.00

中歐時間

午前
4.00

西歐時間

午前
3.00

時差

南滿洲及中華民國沿岸時間ハ日本內地及朝鮮時間ヨリ 1 時間遲シ
哈爾濱時間ハ日本時間ヨリ 34 分遲シ
東歐時間ハ日本時間ヨリ 7 時間遲シ
中歐時間ハ日本時間ヨリ 8 時間遲シ
西歐時間ハ日本時間ヨリ 9 時間遲シ

歐亞聯絡時間表ハ 9, 10 頁ニアリ

図60 『汽車時間表』（昭和5年10月号）に掲載されている時差を示す「標準時間」。
ハルビン時間が日本時間より34分遅いことが図示されている。

このハルピン時間は、ハルピンを中心とする東清鉄道沿線はもとより、日本海に面したソ連の港湾都市・ウラジオストクでも使用されていた。満洲北部が東清鉄道を中心にロシア、及び後継国であるソ連の強い影響下にあったことの証左と言える。ところが、その東清鉄道沿線に位置する黒龍江省の省都チチハルでは、ハルピン時間をさらに三十分進めたチチハル時間が採用されていたというからややこしい。

かくして満洲では、内地と一時間差の満洲時間、それから二十六分差のハルピン時間、五十六分差のチチハル時間が混在し、旅行者は訪れた都市や利用する交通機関によって手元の時計を合わせ直さなければならなかった。この状態が解消されたのは満洲国成立後のことで、昭和十年(一九三五年)版の『旅程と費用概算』には、「從來使用されてゐた哈爾濱時間は廢止され、滿洲時刻に統制されたから、旅客は滿洲內では時差による心配がなくなつた譯である」と記されている。しかも、昭和十二年(一九三七年)一月からは、満洲の標準時自体も内地の標準時に合わせられたため、内地と満洲の時差もなくなった。

昭和十二年にはさらに、台湾と澎湖《ほうこ》列島、沖縄の八重山列島と宮古列島に適用されていた西部標準時(内地より一時間遅れ)も解消された。西部標準時は日清戦争後の明治二十九年(一八九六年)から台湾で使用されていたが、この廃止によって、千島列島最東端から樺太、満洲、朝鮮、台湾に至るまでの広範な地域が、全て兵庫県明石市を通る東経百三十五度の時刻で統一されることになった。唯一の例外は南洋群島で、委任統治の開始以来、太平洋に広がる島嶼地域を三分割して、南洋庁が置かれたパラオやヤップは内地と同じ標準時（南洋群島西部標準時）、サイパンやトラック（現・ミクロネシア連邦のチューク）はそれより一時間早い南洋群島中部標準時、ヤルート（現・マーシャル諸島共和国のジャルート）やポナペ（現・ミクロネシア連邦のポンペイ）は内地より二時間早い南洋群島東部標準時が設定されていた。

もっとも、この三分割の時差は昭和十三年（一九三八年）一月から二分割に変更され、サイパンはパラオやヤップと同じ南洋群島西部標準時間帯に取り込まれた。それより一時間早い同中部標準時は同東部標準時の全域に拡大されて二時間の時差は廃止され、内地の標準時より一時間早い時間帯が新しい南洋群島東部標準時となった。さらに、昭和十六年（一九四一年）四月には南洋群島全域に内地の中央標準時が適用されたことで、ついに南洋群島でも内地との時差はなくなり、日本の統治地域及び権益地では全て同じ標準時が用いられるに至っている。

日本人観光客による外地の楽しみ方

外地で楽しむアウトドア・アクティビティ

ここまで、戦前の旅行ガイドブックや旅行雑誌、パンフレット、時刻表などに記された旅行情報をもとに、当時の日本人旅行者が外地を旅行するための前提となる環境について、社会情勢、経済事情、渡航手続き、交通手段、旅行者向けサービスなどさまざまな視点から分析してきた。そうした諸条件をクリアした戦前の日本人旅行者は、いったいどんな旅の楽しみを求めてそれらのガイドブックを片手に海を渡ったのだろうか。

観光旅行に大義名分を求めるうえでも、日清・日露戦争の戦跡巡りが団体旅行を中心に盛んに行われたのは22ページ以下に記した通りである。昭和に入ると、満洲事変など最新の日中軍事衝突の戦跡や記念碑などもその対象に加わる。『旅程と費用概算』の昭和十五年（一九四〇年）版では、「最近中支方面に視察、慰問旅行する者が増加したので中支軍司令部より次の通り旅行者心得が公布せられた」として、次のような十一項目に及ぶ「旅行者心得」が掲載されている。一部の項目の内容が異なるが、似たような注意事項が昭和十六年（一九四一年）の『華中鉄道沿線案内』の巻頭にも載っている。このような通知が軍司令部から発表されて各ガイドブックに掲載されているということは、それだけ、この心得に合致しない呑気な日本人旅行者が昭和十五年頃の中支方面に増えていたことを窺わせる。

「一、幾萬の生靈の鎮まれる聖地を旅行するの態度を失はざること。
二、半面的皮相の觀察をなさゞること。
三、大國民たるの態度を失ひ一般支那人に對し誤りたる優越觀を以て臨まざること。
四、現地の軍隊に迷惑をかけ、又不快の念を與《あた》ふるが如き慰問視察をなさざること。
五、說明書記載以外の行爲をなさゞること。
六、慰問視察に名を藉《か》り營業的行爲をなさゞること。
七、宿泊、乘物の不自由を忍ぶこと。
八、油斷して不慮の危禍に陥らざること。
九、病疫に警戒すること。
十、見聞せる軍の秘密を放言せざること。
十一、記載事項を發行者の許可なく訂正せざること。」

図61　戦前は日本最高峰として知られた標高3950mの新高山。
現在の玉山（『日本地理大系 第11巻 台湾篇』より）。

名所巡り以外では、主として台湾や朝鮮で登山が人気を集めた。台湾には、富士山よりも標高が高い戦前の日本最高峰・新高山《にいたかやま》（現・玉《ユイ》山《シャン》）をはじめとする峻険な山岳地帯が登山客の注目を集めており、昭和十年（一九三五年）発行の『台湾鉄道旅行案内』では、メインテーマであるはずの鉄道旅行の話より前の巻頭に、七ページにわたって「臺灣に於ける登山の注意」が詳細に綴られている。内地の山岳地に比べるとまだ知られていない登山コースが多く、また入山地域では独自文化を持つ高砂族の生活に間近に接せられることも魅力の一つとされていた。

　朝鮮では、江原《こうげん》道にそびえる金剛山（116ページ参照）の探勝客が昭和以降急速に増加した。大正年間までは健脚の限られた登山者しか訪れることができなかったが、昭和六年（一九

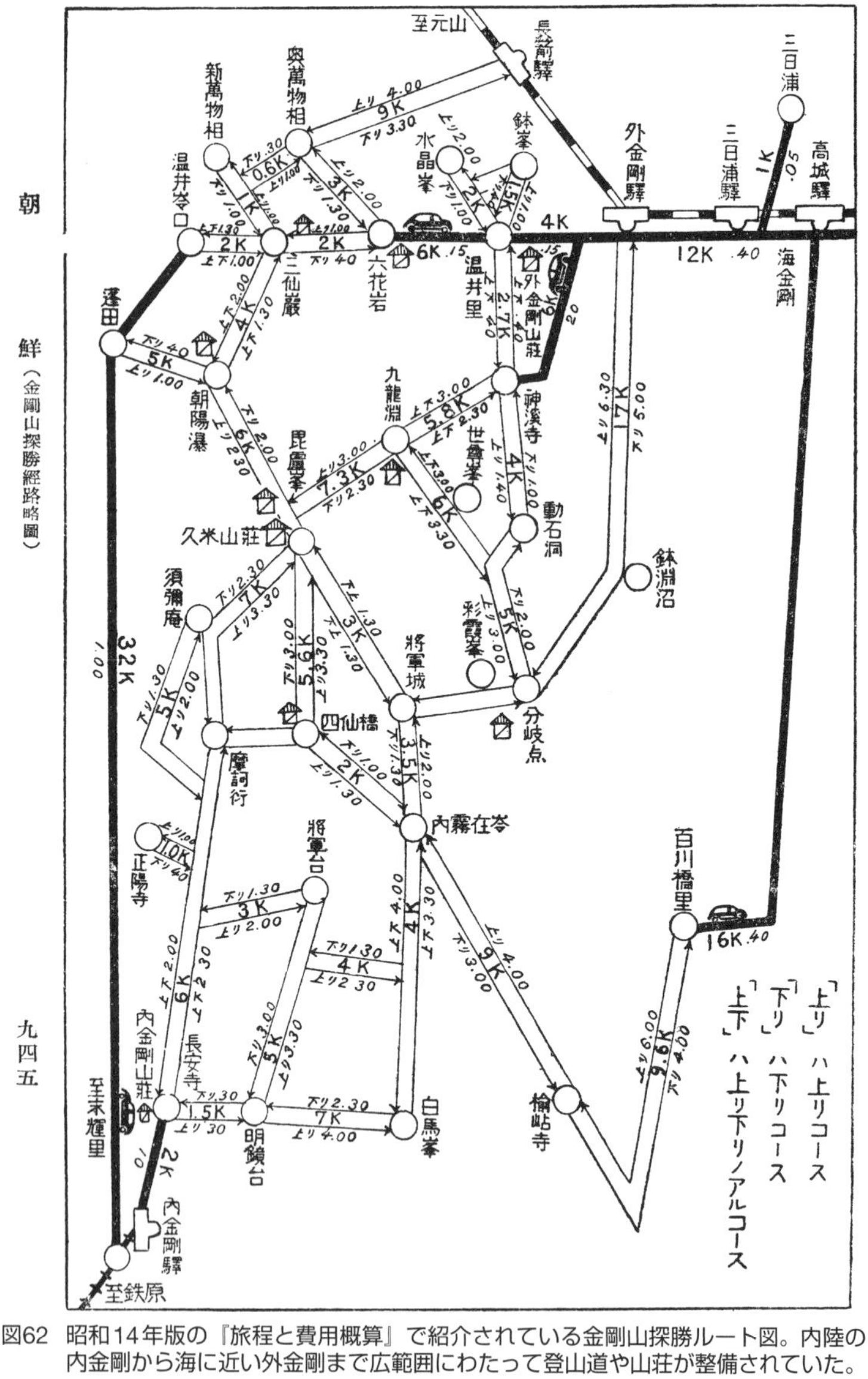

図62　昭和14年版の『旅程と費用概算』で紹介されている金剛山探勝ルート図。内陸の内金剛から海に近い外金剛まで広範囲にわたって登山道や山荘が整備されていた。

図63　峻険な威容を誇る外金剛（『日本地理大系 第12巻 朝鮮篇』より）。アクセスできる鉄道や宿泊設備、登山ルートの整備によって、昭和初期には行楽客が急増した。

三一年）に金剛山電気鉄道が内金剛まで全通したことで、京城から週末を中心に直通夜行列車が運行されるなど劇的にアクセスしやすくなった。『金剛山電気鉄道株式会社廿年史』（昭和十四年）によれば、部分開業の翌年にあたる大正十四年（一九二五年）には金剛山への旅行者はわずか百八十六名だったのが、内金剛までの電車全通から七年後の昭和十三年（一九三八年）には二万五千名近くに上ったという。現地の登山コースも整備されて、「旅装を調《ととの》へると云ふほど大袈裟な準備は必要なく、たゞ山路を歩き廻はられるだけの用意があれば結構である」（『旅程と費用概算』昭和七年改訂増補版）という気軽さも観光客の背中を押したのだろう。『旅程と費用概算』でもモデルコースの中に「朝鮮金剛山探勝」という独立ページが設けられ、現地の探勝ルートの紹介や便利な割引乗車券等に関

図65　日本海に面する港町・元山の松濤園キャンプ場（『朝鮮旅行案内記』より。所蔵：国立国会図書館）。

図64　朝鮮半島唯一のジャンプ台があった三防スキー場（『朝鮮旅行案内記』より。所蔵：国立国会図書館）。

する詳細な情報が紹介されている。『朝鮮旅行案内記』（朝鮮総督府鉄道局、昭和九年）は、この金剛山と京城近郊の道峯山《どうほうさん》を「ロッククライミングの好適地」と紹介している。

この『朝鮮旅行案内記』には、登山のページに続いて「スキーとキャムピング」という項目が登場する。「朝鮮の冬は氣候の關係上中部以北は毎年殆んど河も沼も湖も何れも相當厚く氷結し到《いた》る處《ところ》好適のスケート場が現出し愉快な冬季戸外運動が出來るがスキーのみは積雪の關係上東海岸地方のみに限られてゐる。スキー熱もこゝ數年前から急激に進展を見、適當なるスロープも數多く發見せられ東海岸地方の三防《さんぼう》・外金剛・退潮等の地方は雪の質も積雪の量もスキーに適し逐年隆盛に趣きつゝある」（同書）とのことで、主に朝鮮半島東部から北方に連なる山岳地帯に開設されたスキー場が多数紹介されている。挿入されている写真（図64）には、現在の軍事分界線のやや北朝鮮寄りに位置

図66　三防（現在の北朝鮮・江原道）に湧出する薬泉（『日本地理大系 第12巻 朝鮮篇』より）。写真の説明文には「鉄分を多量に含有した炭酸泉で春より秋にかけ此處に雲集する人々は夥しい數に上り」とある。

する三防峡に開かれたスキー場で、「全鮮唯一」だというジャンプ台から高々と飛行するスキーヤーと、ゲレンデ麓に建つ洒落たヒュッテを見下ろす様子が写っている。なお、同書の範囲外ではあるが、スキー場は満洲や樺太にも開設されており、地元客で賑わったという。

冬がスキーなら夏はキャンプを楽しもう、ということで、同書では朝鮮各地の海水浴場や山間部でテントを張れるキャンプ地をまとめて案内している（図65）。また、朝鮮では古くから天然の冷泉を薬水と称して、春から秋にかけて飲みに出かけるという独特のアウトドア・アクティビティの習慣があり、結果的にそれらの薬水湧出地は夏の避暑地ともなっている（図66）。

どこにでも温泉を開発した日本人

昭和九年（一九三四年）の『朝鮮旅行案内記』では登山、スキー、キャンピングの行楽地と並んで、朝鮮全土に分布する温泉地を列挙している。同書いわく、「由來、朝鮮の人は入浴することを左程《さほど》に好まなかつた關係上、溫泉に對する觀念も從つて冷淡であつてかく多くの溫泉があるにも拘はらず、其の浴場等の設備はお話しにならぬ程の貧弱さであつたが、日韓併合後內地人の移住者頓《とみ》に增加したのと交通機關の發達とによつて近來其等の設備も餘程《よほど》改善せられ、內地に比しても恥しくない良い溫泉場が簇々《ぞくぞく》と出現した」とのこと。風呂好きの日本人が、朝鮮半島の温泉開発を促進したのだ。交通機関の発達も後押しとなって、温泉に入るための小旅行が盛んになった。

たとえば、私鉄の朝鮮京南鉄道（現・韓国鉄道長項《チャンハン》線）は沿線に湧く温陽《おんよう》温泉で西洋式ホテル（神井館。現・温陽《オニャン》観光ホテル。図67・68）を自ら経営して、京城から湯治客向け観光列車を自社線の最寄り駅まで直通運転させたり、京城からの往復割引切符を販売したりした。釜山近郊の海雲台《かいうんだい》温泉や東萊《とうらい》温泉（図69・70）も交通至便で、多くの湯治客を集めた。北部朝鮮の朱乙《しゅおつ》温泉（現・鏡城《キョンソン》温泉）は、湧出量が豊富で砂湯なども体験できる温泉リゾート地として人気を博し、「朝鮮の別府」とも呼ばれた。

朱乙温泉が「朝鮮の別府」なら、台湾北部の台北に近い北投《ほくとう》温泉（図71）は「台湾の別府」と呼ばれた。他にも、昭和五年（一九三〇年）に高松宮夫妻が新婚旅行で訪れた屏東《へいとう》の四重渓《しじゅうけい》温泉、高砂族によって発見された中部山間部の明治温泉（現・谷関《グーグアン》温泉）など、内地からの観光客を多く集める温泉郷が台湾各地に存在した。

内地のような火山帯ではない満洲でも、温泉リゾート地が整備された。満鉄本線（現・中国国鉄瀋《シエン》大《ター》線）の大連～奉天間沿線に湧く熊岳城《ゆうがくじょう》温泉と湯崗子《とうこうし》温泉、それに満鉄安奉《あんぽう》線（現・中国国鉄瀋丹《シエンタン》線）

図67（上）・68（下２点）　温陽温泉にある朝鮮京南鉄道直営の神井館。西洋式ホテルだが、日本旅館のような客室があり、大浴場も日本式になっている（いずれも『京城案内』より）。

図69　日本内地の温泉郷のような東莱温泉のたたずまい（『日本地理風俗大系 第16巻 朝鮮篇（上）』より）。

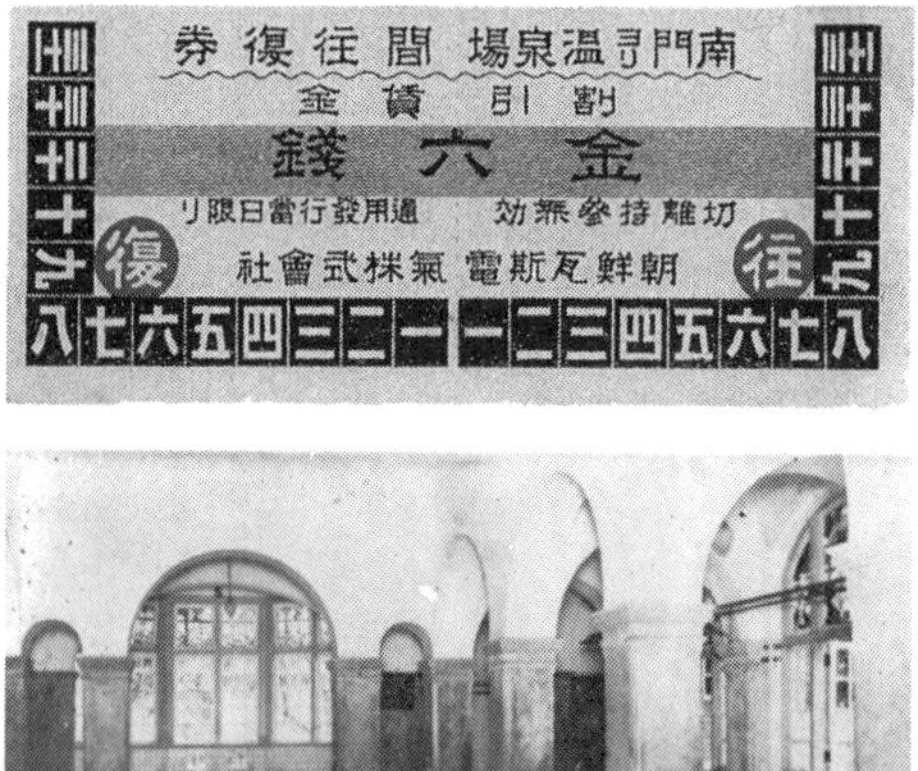

図70　釜山市街から東莱温泉まで走っていた私鉄・朝鮮瓦斯電気の往復乗車券（所蔵：池田和政）。

図71　「台湾の別府」と呼ばれた北投温泉の公共浴場（『日本地理風俗大系 第15巻 台湾篇』より）。

の安東《あんとう》（現・丹東《タントン》）近くに位置する五龍背《ごりゅうはい》温泉は「満洲三大温泉」と称され、満鉄は最寄り駅に急行列車を停車させたり往復割引切符を販売したりした。奉天～北京間の北寧《ほくねい》鉄道（現・中国国鉄瀋山《シエンシャン》線）沿線に湧く興城《こうじょう》温泉、満洲北部のハロン・アルシャン温泉などにも満鉄の鉄道総局直営ホテルがオープンしており、鉄道事業者が温泉地での滞在の便まで図っていた。

ホテルは西洋式、和式、現地式が選べた

満鉄が直営したホテルといえば、ヤマトホテルの名が知られている。大連、星ヶ浦（大連近郊）、旅順、奉天、長春の満鉄沿線主要都市で明治末期に相次いで開業し、特に大連、奉天、長春のヤマトホテルは欧米人旅客に対応するため、最高級の西洋式ホテルとしての格式を備えた。奉天と長春の二ホテルは現代の中国でも営業しており、重厚な欧風建築の外観やエントランスなどのクラシカルな内装は当時の雰囲気をそのまま残している（大連の旧ヤマトホテルは二〇一七年秋より営業休止）。

ヤマトホテル以外にも、外地の中核都市には欧米人向けの豪華な西洋式ホテルがあり、内地から訪れた日本人にも好評を博した。

台北駅前には、台湾総督府鉄道部が直営する台北鉄道ホテルが明治四十一年（一九〇八年）から昭和二十年（一九四五年）五月の米軍による空襲で焼失するまで営業していた。開業当初は台湾唯一の西洋式ホテルで、ルネサンス様式の洋館三階建て、備品や調度品は全てイギリスから調達され、敷地

図72　奉天ヤマトホテル（『南満洲鉄道株式会社三十年略史』より。所蔵：霞山会）。

内にはプールやテニスコートがあり、内地の高級ホテルをしのぐほどの格式の高さを誇ったという。

朝鮮では大正三年（一九一四年）、京城駅近くに西洋式の朝鮮ホテル（現・ウェスティン朝鮮ホテル）がオープン。こちらも鮮鉄の直営で、京城を代表する豪華洋式ホテルとして名を馳せた。朝鮮北部の羅津《らしん》には、満鉄系のヤマトホテル（現・南山《ナムサン》旅館）が満洲国との国境を越えて営業していた。

樺太や南洋群島には特筆される豪華西洋式ホテルはなかった。『旅程と費用概算』の昭和十三年（一九三八年）版で樺太のページを繰ってみると、そもそも洋室を備えているホテルとして掲載されているのが豊原（現・ユジノサハリンスク）の花屋ホテルしかない。しかも、部屋数は和室四十六、洋室三という割合で、洋室は極

図73　京城（現・ソウル）を代表する西洋式ホテル・朝鮮ホテル（当時の絵はがきより）。

めて珍しい存在だったと言える。南洋群島では「ホテル」との英名を併記する施設もあったが、その多くは「邦人旅館」と呼ばれる日本式の旅館だった。南洋庁が置かれていたパラオのコロールでは、南洋ホテルという本格的なホテルが営業していたというが、南洋群島を扱った当時の旅行ガイドブックが少なく、詳細は明らかではない。

　このように外地では日本人旅行者向けに、主として日本人向けの日本式宿泊施設が多く営業しており、中には和室を持つ旅館もあった。昭和十六年（一九四一年）五月、日米開戦の七ヵ月前にジャパン・ツーリスト・ビューロー満洲支部が編纂した『満支旅行年鑑』には、「鮮満支主要日本旅館調」という一覧表が十四ページにわたって掲載されており、満洲と関東州だけで四百二十七軒の日本旅館（ヤマトホテルなどの洋式ホテルも含む）の名と所在地、宿泊料金がずらりと並んでいる。

台湾では、現地の台湾人が経営する旅館を『旅程と費用概算』では「臺灣式」、『台湾鉄道旅行案内』では「本島式」などと呼び、日本人経営の「内地式」旅館との区別があった。

朝鮮旅行時の宿泊事情は、昭和九年（一九三四年）の『朝鮮旅行案内記』に次のような概説が出ている。


「鮮内の旅館は郡廳所在地程度の都邑又は名勝舊蹟地には殆んど内地人經營のものがあるが、片田舎には遺憾ながら無い處が多い。然し朝鮮人の旅館はどんな僻陬《へきすう》の地でもあるから朝鮮旅館に宿ることを慣れた旅客には決して不自由なことはなく料金も（一泊食事なし）四・五十錢位の低廉さである」


朝鮮旅館では床下暖房（オンドル）があったり、食事が朝鮮式で出てきたりするが、前記の『朝鮮旅行案内記』によれば、江原道の三防スキー場近くにある朝鮮旅館のように「スキーヤーには特に内地式の食事を調進して呉れる」ようなケースもある。内地人経営の旅館では畳敷きの和室が設けられているところもあり、食事は和食が供された。

関東州の大連には和室を持つ大型旅館が多くあった。『旅程と費用概算』では和室を持つ旅館について「和室」と明記し、単に「室」あるいは「洋室」の場合と区別しているのだが、昭和十四年（一九三九年）版の同書によれば、大連では遼東ホテル、天満屋ホテル、花屋ホテル、ナニワホテル、東洋ホテルで和室に宿泊できることがわかる。

満洲各地にも日本式旅館が多数存在したが、和室の設備は関東州に比べると大都市でも少ない。日本人旅行者には馴染み深い畳敷きの和室も、満洲では寒い冬でも快適に過ごせるための宿泊施設としては敬遠されたのかもしれない。シベリア鉄道と接続する日ソ国境の満洲里には「露西亜式」ホテルや「ロシア風呂」なる公共浴場があると、昭和十三年（一九三八年）版の『旅程と費用概算』に記されている。

なお、朝鮮と満洲の主要地の旅館では、団体宿泊料という料金体系が存在した。朝鮮旅館協会協定と満洲旅館協会協定の各協定に基づき、小学生団体から青年団、教員及び軍人団、普通団体がどの都市の旅館に泊まるか、食事は三食付きかどうか、などで細かく団体割引料金が設定されていた。満洲の場合は関東州内と関東州外とで料金に差があり、関東州外の方がやや高めである。『旅程と費用概算』にはその宿泊料と食事料金の詳細な一覧表が載っている。

この他、中華民国内で日本租界が設置されていた天津や漢口には、大正時代にはすでに日本旅館が営業していた。大正八年（一九一九年）の『朝鮮満洲支那案内』を開くと、各地の宿泊施設は「歐風旅館」「日本旅館」「支那客棧《きやくさん》」の三種類に分かれていて、たとえば天津の「旅館」については「規模宏大にして設備整頓せる第一流の旅館は外國人の經營に係る歐風旅館にして、日本旅館之に亞《つ》ぎ、支那客棧《コーチアン》は概ね設備不完全にして外人の投宿に適せず」と論評している。もっとも、その直後に列挙する「支那客桟」に関しては「孰《いず》れも客室三十乃至五十を有し比較的設備完全、支那官紳の宿泊所たり」とフォローしている。それから約二十年後の昭和十六年に発行された『華中鉄道沿線案内』では、上海や南京で営業している日本旅館を含む宿泊施設が本文から独立した別表になるほど多数掲載されていて、一定の宿泊需要があったことを窺わせる。

レストランの案内に見る食の楽しみ

ヤマトホテルに代表される外地の高級ホテルは、館内のレストランも高級だった。大連のヤマトホテルには専属の小オーケストラまであり、レストランの昼食や夕食時に生演奏でムードを盛り上げた。宿泊するのは高いが食事だけならそんな特別な時間を楽しみやすい、ということでホテル内のレストランを利用する人は、旅行者にも地元の人にも少なくなかった。奉天で幼少期を過ごした脚本家のジェームス三木氏は「月に1、2度連れてってもらう（奉天）ヤマトホテルでの食事が何よりの楽しみだった」（喜多由浩『満洲文化物語――ユートピアを目指した日本人』集広舎、平成二十九年）という。

ただ、当時の旅行ガイドブックには、街のレストランに関する情報は総じて少ない。たとえば、『旅程と費用概算』には台北を含む全ての掲載都市の項目で食堂、つまり外食に関する情報が掲載されていない。

台湾の現地食は今と変わらず中国料理が基本。『台湾鉄道旅行案内』の各年版には「臺灣料理獻立

図74　大連ヤマトホテル内のレストラン（『南満洲鉄道株式会社三十年略史』より。所蔵：霞山会）。宿泊客以外でも豪華な洋食を楽しむことができた。

の例」という一覧表が巻頭に載っているが、挙がっているのは中国料理の献立名とその読み方のルビ、日本語訳である。外食に関する情報がない『旅程と費用概算』の昭和十三年（一九三八年）版では、その代わり（?）とでも言うべきか、推奨する「旅行の季節」として「眞に南國情緒に浸り鳳梨、龍眼《りうがん》肉・檬果《まんがう》等の本島特有の美果を味はんとするならば夏期休暇を利用すること」と記し、台湾がフルーツ天国であることを示唆している。

　朝鮮の食についても『旅程と費用概算』は淡白で、唯一、京城のページだけ日本料理屋と朝鮮料理屋を複数列挙している。昭和十三年版の同書では「南山町と旭町方面には一流の日本料理屋もある」とのことだが、ただ店名と所在町名が羅列してあるだけで、論評も何もない。『朝鮮旅行案内記』になると京城以外の都市でも料理店や料亭、カフェの名称が列挙され、京城では日本料理と朝鮮料理以外に支那料理店も複数紹介されているが、肝心の朝鮮料理についてこんなコラムを載せている。

「朝鮮料理
　内地から朝鮮見物の爲め來る人は、大抵朝鮮料理を試食したいと云ふ。それで京城や平壤などの有名な料理店に案内しても、どうも何んだか物足らぬと云ふ人が多い。これは漸次朝鮮純粋の調埋《(ママ)》方を等閑《とうかん》にして、西洋食や日本食などを眞似したる生半化のものとなり、殊に材料や手數を省くやうになつたからだと思ふが、昔から傳はつてゐる上流家庭の料理はそれは〳〵手の掛つた美味なものが多い。今日、朝鮮の料理店で味ふ朝鮮料理は、妓生《キーセン》を呼んで幾分でも朝鮮の情緒を味ふに過ぎない處である」

もっとも、現地の観光協会などが発行するパンフレットなどには、朝鮮料理が滞在中の楽しみとなりそうな記述も見られる。以下は、昭和十五年（一九四〇年）に平壌観光協会が発行した小冊子『観光の平壌』における「朝鮮料理」の項目である。

「江岸《こうがん》通りに高層建物軒を並べ國一舘、東一舘、明月舘の如き一流料亭を始め妓生を呼べる朝鮮料理屋が十餘軒もある。料理代は平壌が朝鮮一安いと云はれる程で山海の珍味を集めて一食卓六圓から注文が出來る。一食卓なら大皿十餘皿が並べられ先づ五、六人では完全に處分出來ない程豊富なものである」

満洲のグルメ情報は、朝鮮に比べるといくらかマシになる。鴨緑江を渡って朝鮮から満洲に入った国境街・安東（現・丹東）に関する『旅程と費用概算』の情報には、「旗亭」（中国語で料理店のこと）や支那料理屋とともに、当地の名物であるウナギ料理を出す店を紹介している。奉天でも「主なる料亭」のほか、「最も多く日本人間に利用されてゐるもの」という前提付きで支那料理店を多数紹介している。

変わり種はハルピンで、日本料亭、支那料理以外に「露西亜料理」「コーカサス料理」の店名が並んでいる。コーカサスはカスピ海の西側に位置するアゼルバイジャン、アルメニア、ジョージア（グルジア）等の地方名で、いわゆるグルジアワインはロシア料理ではなく正確にはこちらに含まれる。さらに、「カバレー」（キャバレー）や「ダンスホール」の名も列挙されている。「遊覧順路」の紹介文は、「夕食をグランドホテルか、鐵路倶樂部あたりで濟まして、十一時前後からカバレー見物にでも出かければ、いはゆる異國情緒なるものも大體《だいたい》味ひ儘《つく》せるであらう。その外夜の行樂については旅館のポーター等に尋ねれば適當に案內してくれよう」という文章で締め括られている。グランドホテルと鉄路倶楽部は、ともに「露西亜料理」のレストランの項目にその名が見られる。

中国料理の本場であるはずの中華民国内の各都市に関する記述でも、『旅程と費用概算』は外食に

図75　大連〜新京間を走る急行「はと」の食堂車（『南満洲鉄道株式会社三十年史』より。所蔵：霞山会）。接客の男性は白のジャケットに蝶ネクタイで、洋食・和食の両方が提供されていた。

関する情報が乏しい。一方、大正八年（一九一九年）の『朝鮮満洲支那案内』では「料理店」が主要都市の定例項目になっているため、天津や北京、上海などの対外開放都市では欧風料理店、日本料理店、支那料理店がそれぞれ多数紹介されている。天津では「天津料理、羊肉館（同々料理）、山東料理、寧波料理、廣東料理等の各種料理あり」と紹介したうえで、「以下同地に於て内外人間に著名なる支那料理店左の如し」として地方料理ごとに店名と所在地を挙げている。上海でも「有名なる料理店」として「カールトン・カフェー」や「アウル・グリル・アンド・レストーラント」の二店を紹介している。

　これらの料理店の記述は、いずれも欧風料理→日本料理→支那料理（中国料理）の順番になっている。中国料理の本場の旅行ガイドブックとしては、現代の視点から見るとやや不自然だが、これには二つの背景が考えられる。

　一つは、戦前の日本では洋食の方が和食より格上と捉える感覚があったことだ。都市部でも家庭での食事はほぼ和食で、洋食は休日におめかししてデパートなどで食べる特別なものだった。内地の鉄道では食堂車に洋食堂車と和食堂車の二種類があり、洋食堂車の方が上等とされていた。ジャパン・

ツーリスト・ビューロー満洲支部が毎月発行していた『満洲支那汽車時間表』の昭和十五年（一九四〇年）八月号を開くと、「旅行案内」のページに食堂車連結列車とその車内で提供される食事の種類の一覧表が載っている（184〜185ページの表76参照）が、超特急「あじあ」をはじめ幹線を走る優等列車の食堂車はほとんどが洋食と和食のセットで、洋食の方が値段が高い。これは朝鮮の鉄道でも同じで、ジャパン・ツーリスト・ビューロー朝鮮支部発行の『朝鮮列車時刻表』の昭和十三年（一九三八年）二月号によれば、朝鮮の主要列車では「軽便で新鮮美味な和洋各種料理を調進して」いるが、やはり洋食の方が高い。

そして、ややスピードが落ちる大衆的な列車になると「満食」、つまり満洲の現地料理である中国料理を提供する列車もある。当時の日本人旅行者は、現地食を旅の楽しみとするよりも、普段から食べ慣れている和食を旅行中も好む傾向が強かったのかもしれない。現代でも、海外旅行へ梅干しやふりかけを持っていく日本人旅行者がいることからすれば、特に不思議なことではないが。

もう一つの原因は、本場のヨーロッパとの距離感が、現代の平均的日本人よりはるかに大きかったことにあると思われる。シベリア鉄道経由で日本から十五日、マルセイユ経由の船なら五十日もかかるヨーロッパは、現代のように旅行会社の格安パックツアーや短期の弾丸ツアーが成立するはずもなく、地の果てのごとく遠い別世界だった。

ところが、中国大陸で欧米列強が設置した上海や天津などの租界には本国からの生活文化や雰囲気が持ちこまれていたため、中国大陸にいながらヨーロッパ滞在の疑似体験がしやすかった。そして、

作成）。総じて洋食の方が値段が高い。

	和食			食事種類
夕食	朝食	昼食	夕食	
2円	—	2円	2円	洋式定食、一品式及び和式定食、及び丼
1円50銭	—	1円30銭	1円30銭	
—	60銭	1円30銭	1円30銭	和定食式、丼、洋食一品式
1円50銭	—	—	—	洋定食式及び一品式、和食丼
1円50銭	60銭	1円30銭	1円30銭	洋定食式、一品式、和定食及び丼
1円50銭	60銭	1円30銭	1円30銭	洋定食式及び一品式、和定食及び丼
1円50銭	60銭	—	1円30銭	洋定食、一品式、和定食式及び丼
1円50銭	60銭	1円30銭	1円30銭	洋定食式及び一品、和定食式及び丼
1円50銭	60銭	—	—	洋定食式及び一品式、和定食式、（朝）及び丼
1円50銭	—	—	—	洋定食式及び一品式、和食丼
—	60銭	1円30銭	1円30銭	和定食式丼、満食一品式及び洋食一品式
—	60銭	1円30銭	1円30銭	洋食一品式、和食定食式及び丼、満食一品式及びランチ
1円50銭	60銭	1円30銭	1円30銭	洋定食及び一品式、和定食式及び丼
—	60銭	1円30銭	1円30銭	洋食一品式、和定食式、及び丼、満食一品式
—	60銭	1円30銭	1円30銭	洋・満食一品式、和食定食式及び丼

上海は長崎から一泊二日の航海で行けるほど日本から近く、パスポートもいらず「長崎県上海市」と宛名を書いた手紙が本当に届いてしまうと言われるほど身近な外国だった。日本人はそうした中国の欧州租界へ行けば、はるか遠いヨーロッパの空気を吸えたのだ。当然ながら、著名な欧風料理店では本場と同じ（ような）食事が楽しみやすかったので、洋食をお洒落な外食と捉える当時の日本人には、中国料理より本場に近い欧風料理（ハルピンの場合はロシア料理なども含む）の方が魅力的に思えたのではないだろうか。

　ちなみに、ハルピン同様にかつ

表76　食堂車の定食料金表（『満洲支那汽車時間表』昭和15年8月号をもとに

列車番号	種別「列車名」	運行区間	洋食	
			朝食	昼食
11・12	特急「あじあ」	大連〜ハルピン	—	2円
13・14	急行「はと」	大連〜新京	—	1円50銭
15・16	急行	大連〜ハルピン	—	—
17・18	急行	大連〜ハルピン	90銭	1円50銭
1・2	急行「ひかり」	安東〜新京	90銭	1円50銭
3・4	急行「興亜」	安東〜北京	90銭	1円50銭
7・8	急行「のぞみ」	安東〜新京	90銭	—
9・10	急行「大陸」	安東〜北京	90銭	1円50銭
401・402	急行	奉天〜北京	90銭	1円50銭
201・202	急行「あさひ」	新京〜羅津	90銭	1円50銭
203・204	—	新京〜清津	—	—
301・302	—	ハルピン〜黒河	—	—
701・702	—	ハルピン〜満洲里	90銭	1円50銭
901・902	—	ハルピン〜綏芬河	—	—
103・104	—	羅津〜ジャムス	—	—

てロシアの影響下にあった樺太では、『旅程と費用概算』にはロシア料理の店名は一軒も出てこない。昭和三年（一九二八年）に樺太鉄道庁事務所が刊行した『樺太の鉄道旅行案内』では、大泊（現・コルサコフ）、豊原（現・ユジノサハリンスク）、本斗（現・ネベリスク）、真岡（現・ホルムスク）、野田（現・チェーホフ）、知取（現・マカロフ）に「旗亭」の名がいくつか挙がっているが、いずれも日本料理店と思われる。

駅弁文化は大陸では定着していない

内地では盛んな駅弁の文化は、外地ではさほど定着していない。前記の『満洲支那汽車時間表』昭

図77　山東鉄道の食堂車（『山東鉄道旅行案内』より）。

和十五年（一九四〇年）八月号を見ると、確かに駅弁販売駅のマークが時刻表本文のあちこちに見られるのだが、よく見ると、構内食堂がある駅のマークと並んでいることが多い。これは、構内食堂で作っている食事を列車の発着時についでに弁当として売っていたのであって、弁当としてのオリジナル商品ではなかった可能性がある。同時刻表の巻末には「驛賣辨當」という項目があるが、そこには「辨當」「壽司」「鳥めし（奉天驛）」「サンドウイッチ（新京驛）」「茶」という五品目が並んでいるだけ。つまり、オリジナルの駅弁は奉天駅の鳥めしと新京駅のサンドウィッチだけだったということになる。

大正時代の一時期に日本が運営した山東鉄道では、そもそも沿線で弁当を売っていなかった。『山東鉄道旅行案内』には「山東鐵道は何れの驛でも辨當を賣つて居ないから、豫め用意するか又食堂に依るかの外はない」とある。旅客は駅の売店で缶詰等を購入するか、車内の食堂車（図77）を利用するしかなかった。山東鉄道の食堂車の運営は青島グランドホテルに委託されており（図78参照）、洋食のほか、かつてドイツの権益地だった青島らしくビールもメニューに含まれていた。

これらの事情は、冷えた食事を食べない中国料理圏の旅客向けには、初めから冷めている状態で食べる駅弁という食べ物の販売が商売として成り立たなかったことによると思われる。現代でも日本統治時代に持ち込まれた駅弁が「便當」として定着している台湾では、食堂車の連結列車が少なかったこともあり、『台湾鉄道旅行案内』に各地の駅弁販売駅一覧表が載っているのだが、やはり中国料理圏にあるためか、内地の旅行雑誌に「價は味のおそろしくまづいくせに高い」（鈴木克英「台湾の交通機関さま〴〵」『旅』昭和四年二月号）などと酷評されたりしている。

それに比べると、朝鮮や樺太では、駅弁は一定の需要があったようだ。『朝鮮列車時刻表』の昭和十三年（一九三八年）二月号によると、構内食堂設置駅は京城、大田《たいでん》、大邱《たいきゅう》の三駅だけだが、駅弁の

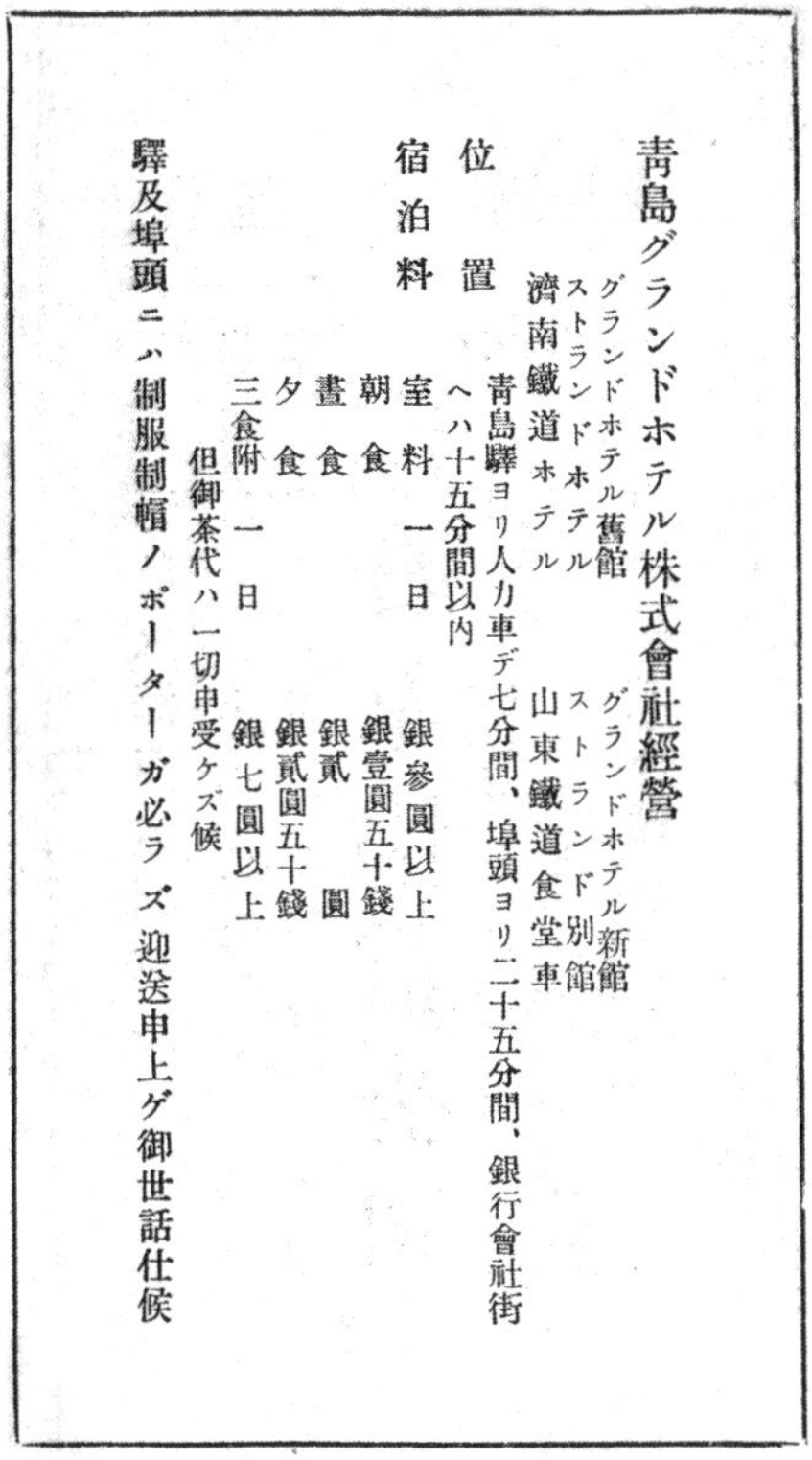

青島グランドホテル株式會社經營
グランドホテル舊館　グランドホテル新館
ストランドホテル　ストランド別館
濟南鐵道ホテル　山東鐵道食堂車
位置　青島驛ヨリ人力車デ七分間、埠頭ヨリ二十五分間、銀行會社街へハ十五分間以内
宿泊料　室料一日　銀參圓以上
朝食　銀壹圓五十錢
晝食　銀貳圓
夕食　銀貳圓五十錢
三食附一日　銀七圓以上
但御茶代ハ一切申受ケズ候
驛及埠頭ニハ制服制帽ノボーターガ必ラズ迎送申上ゲ御世話仕候

図78「山東鉄道食堂車」を経営しているとする青島グランドホテルの広告（『山東鉄道旅行案内』より）。

立売りがいる駅のマークは時刻表の主要駅の大半に付いている。樺太でも、『樺太の鉄道旅行案内』によれば、列車の起終点となるような主要駅だけでなく中間駅にも「立賣《たちうり》」がいて、乗車中でも途中駅で弁当などが買えた。日露戦争以降もロシア本土に戻らなかった残留ロシア人がロシアパンを売り歩く姿も、一部の駅で見られた。

台湾にはアヘンの販売場所があった

内地からの旅行者が簡単に購入できるものではなかったが、台湾では酒やタバコと並ぶ嗜好品としてアヘン（阿片）が専売品とされていて、『台湾鉄道旅行案内』にもその記述があった。

イギリスが清国に持ち込んでその国力を衰退させたアヘンは、台湾にはオランダ統治時代からすでに持ち込まれていて、明治三十三年（一九〇〇年）の時点で島内に約十七万人のアヘン吸飲者がいたという。この状況を改善するため、台湾ではアヘンを総督府の専売品として既存の吸飲者にのみ吸引許可を与えて購入を認め、新規の吸飲許可は一切認めないことで少しずつアヘン吸飲者を減らしていく漸減策が実施されている。この結果、昭和二年（一九二七年）にはアヘン吸飲の許可を受けている者は三千六百人にまで減少し、昭和二十年（一九四五年）の日本統治終了時までにほぼ根絶された。

とはいえ、昭和に入っても吸飲許可を受けている者向けに市中でアヘンが堂々と販売されていたことに違いはない。そのため、昭和十五年（一九四〇年）版の『台湾鉄道旅行案内』には「阿片烟膏《えんこう》の値はチューブ入り五瓦《グラム》六〇銭、一五瓦一円七銭である」との記述があったのだ。もちろん、内地からの旅行者は許可証を持たないため購入できなかった。当時は「ヒロポン」（覚醒剤）が疲労回復や眠気覚ましの薬品として薬局で普通に買えた時代であり（違法薬品になったのは昭和二十六年）、薬物に対する日本人の認識が現代とは大きく異なるが、内地はもとより、その他の外地でもアヘンは当時から違法薬物であり、台湾だけが特殊だった。

遊廓がナイトライフの一部だった

治安が確立した都市では、土地勘のない旅行者でも夜間に外出しやすくなる。そこで、現代でいうナイトライフの楽しみが旅行者を待ち構えるようになった。『旅程と費用概算』ではハルピンの遊覧順路で「カバレー見物」を、ハルピンや新京、チチハルのページではダンスホールの案内を載せていて、都市部の旅行者に満洲ナイトライフの一端を紹介している。

図79　アヘンを吸引する台湾人（『日本地理大系 第11巻 台湾篇』より）。写真の説明文には「金にも名誉にも命にも代へられない快感を与へるものと見える。かくして所謂酔生夢死に終るのである」とある。

図80 『朝鮮旅行案内記』（昭和9年）で紹介されている平壌の妓生。

昭和九年（一九三四年）刊行の『朝鮮旅行案内記』には、各都市の情報として旅館や料理店と並んで「遊廓」という項目がある。京城に二ヵ所、大邱と鎮南浦《ちんなんぽ》に各一ヵ所、遊廓の所在地が示されている。他にも、昭和四年（一九二九年）に鮮鉄が編集した『平壌案内』によれば平壌と兼二浦《けんじほ》（現・松林《ソンリム》）に、『釜山案内』によれば釜山に、それぞれ遊廓の存在が明記されている。内地でも朝鮮でも公娼制度があった時代らしい旅行情報だ。以下は、京城観光協会が昭和十年（一九三五年）に発行した『京城案内　近郊、温泉』に掲載されている「京城の花柳界」というコラムである。

「京城の花柳界

京城の花柳界は南山町と旭町方面に一流の日本料理屋があり新町に遊廓がある。京城には内地の如く待合がない。

内地の藝妓は本券番・東券番を合せて約四百名ほど居る。廣島縣・福岡縣・長崎縣等中國九州方面の女が多い。藝妓の踊りは若柳流を汲み長唄・清元《きよもと》・常盤津《ときわづ》等の名取りも少くない。春秋二季に溫習會がある。

新町遊廓の妓樓《ぎろう》は近代的のホールを施設し美妓が出てサービスして吳れる。新町の望月には朝鮮の女が澤山居る。」

朝鮮では遊廓以外にも、妓生《キーセン》(図80)という朝鮮伝統の芸妓の一部が事実上、売春サービスをしていることがあった。もともとは新羅時代から李氏朝鮮時代にかけて宮中で歌や踊りを披露する女性を妓生と称したが、実際には芸者と娼妓を兼ねている者も少なくなかった。昭和十五年(一九四〇年)九月十一日付け大阪朝日新聞西鮮版の「施政三十年の歩み　十三道お国自慢物語り㉝妓生の本場　遊ぶに難しい名妓」(佐藤特派員)という特集記事によれば、当時の妓生には次のようなランク付けがあった。一牌《イルペ》と称する最上級クラスの妓生以外は実際には売春婦であったことを、この記事は端的に示している。

「最上級は『一牌』これは歌舞を主業とする官妓で次が『二牌《イペ》』隠君子ともいふ、賣笑婦に近いもの次は『三牌《サムペ》』これは純然たる賣笑婦で雜歌くらゐは歌へるもの、最後は蝎甫(カルボ)で三牌よりまだ下の賣女となつてゐる」

前記『京城案内　近郊、温泉』の「夜の京城」というコラムは、この朝日新聞記事が紹介するカルボという売春婦を「獵奇的方面」のナイトライフの選択肢として紹介しており、朝鮮料理屋で歌舞を披露する「一流の妓生」とは区別している。「カルボは朝鮮の賣笑婦で、京城は新町・並木町・彌生町方面に集團して居る」とのこと。新町と弥生町は、いずれも『朝鮮旅行案内記』で遊廓の所在地とされている。

昭和十五年発行の前掲『観光の平壌』という小冊子には、妓生の本場らしく、「妓生の招出方法」

図81　朝日新聞記者による平壌の妓生紹介記事（昭和15年9月11日付『大阪朝日新聞』西鮮版より）。

という項目がある。「券番」とは妓生の在籍事務所のようなもので、箕城券番は平壌で妓生学校を経営し、ハイレベルな正統派芸妓を養成するための教育を実践していたという。平壌には遊廓が別に存在していたことからすると、この紹介文に従って呼び出す妓生は売春サービスを伴わない一牌を想定しているように思われる。

「現在箕城券番の在籍妓生數は四百七十餘名に上るが何れも自宅で通ふ所謂《いわゆる》自前で料理屋を通じて券番から呼ぶことになつてゐる。一時間の芳酬は初めの一時間が一圓五十錢で後はずつと一時間一圓の計算である。妓生を呼ぶ時には成るべく料理屋に任《まか》せずお好みの條件を付けて注文になれば御満足を得ると云ふ趣向である」

遊廓の存在は内地や朝鮮に限ったことではない。『全国遊廓案内』（日本遊覧社、昭和五年）には、内地の至る所にあった遊廓はもとより、台湾、朝鮮、樺太のたいていの主要都市、それに関東州の大連と旅順にある遊廓と、それぞれに在籍する娼妓の出身地方や人数、だいたいの値段までが細かく紹介されているのだが、台湾や樺太の広域型ガイドブックには何も書かれていない。南洋群島でもサイパンに遊廓があったが、旅行情報としては見当たらない。

他方で、『京城案内　近郊、温泉』や『観光の平壌』のように、現地の観光協会などが発行している小冊子やパンフレット類はこの種の盛り場情報をあけっぴろげに書いているケースが多い。たとえば、奉天の市電や市バスを運行する奉天交通が昭和十四年（一九三九年）に作成した『奉天観光案内』によれば、「盛り場」の第一に「花柳街」を挙げて、「柳町に十間房に大東區に數多い藝妓と酌婦が藝と美を競ふてゐる」と記している。その次が「平康里」で、通常の日本人は何のことかと思うが、これは中国語で遊廓を意味する。同書は「奉天でなければ味へない滿人紅燈街」と評しているが、『旅程と費用概算』の昭和十三年（一九三八年）版を開くと、チチハルのページに「夜の齊齊哈爾を代表するカフエー・料亭を初め映畫館ダンスホールや平康里（滿人遊廓）等もこの附近を漫歩すれば、頭を下げて尋ねなくとも五色のネオンが指差してくれる」という記述が見られる。

ロシアの雰囲気が都市全体に溢れるハルピンでは、哈爾濱観光協会が昭和十四年に作成した『哈爾濱ノ観光』に盛り場情報が詳しい。特に、「キヤバレー」を盛り場の筆頭として、次のように紹介している。『旅程と費用概算』で「カバレー」として紹介しているのはこのキャバレーのことだ。現代の日本で想起するキャバレーとはやや趣きを異にする。

「キヤバレーとはロシヤの踊《おど》り場《ば》ですが、ダンスホールとは異《ことな》り、ロシヤ料理《りようり》あり、ステージあり、バンドあり、ロシヤ美人《びじん》の酌《く》む甘酒《あまざけ》に醉《よ》ひ、美人と踊り、合ひ間のステージの催《もよう》し物を眺《なが》め、國際都市の絢爛豪華《けんらんごうくわ》の夜を更《ふか》すのはまた甚だ味なものであります」（ルビは原文ママ）

同書はステージがあるキャバレーの一つに「ファンターヂヤ」という店の名を挙げている。ファン

図82　ロシア語の広告塔や看板が目につくハルピン・キタイスカヤの街並み
（『日本地理大系 満洲及南洋篇』より）。

図83　ハルピンのキャバレーで踊るロシア人ダンサー（『日本地理大系 満洲及南洋篇』より）。写真の説明文には「町々のキャバレーは真夜中十二時から幕を開く。そこは文字通り紅い灯青い灯の渦巻である。ウオツカとシヤンペンだ。キヤスタネツトが太いバスのヴオーカルに変り、引き眉の流し目が客を踊に引き入れる」とある。

タジアは『旅程と費用概算』昭和十三年版でも「ファータージイア」として紹介されている北満ホテル地下のキャバレーで、満鉄が昭和六年（一九三一年）に発行した『哈爾濱案内』によれば、「夜半から未明まで」営業する名物キャバレーとして知られていたという。

ステージがあるキャバレーでの「催し物」とはどんなものなのか、『旅程と費用概算』の昭和十年版には「カバレーは市街に散在する食堂の一方に舞臺を設けそこで純露西亞ダンスを踊るものである」との説明文があり、「秋より春への所謂シーズンには夜を徹して酒盃舞踏に親しむものが多い」と紹介している。ただ、同書の昭和十三年版におけるハルピン紹介文の中に「かの裸踊りのカバレーの歡樂境」という一節があることから、妖艶なステージであったことが推察される。昭和四年にこの北満ホテルのキャバレーでステージを見た俳人の高浜虚子は、昭和七年（一九三二年）一月三日付け東京朝日新聞の「満洲雑詠」で、ハルピンの思い出として「ダンサーの裸の上の裘《かわごろも》」という句を詠んでいる。

東アジア旅行が大らかだった時代

戦前の旅行ガイドブックやパンフレット、時刻表などを読んでいくと、当時の日本人がパスポートなしで渡航したり現地で内地同様に過ごせる地域が明治から昭和初期にかけて徐々に拡大し、国内旅行の感覚で旅行できる範囲が朝鮮半島や台湾、樺太、あるいは満洲や中国大陸にまで及んでいたことがわかる。日本円があれば満洲国でも朝鮮半島でも台湾でも両替は不要、言葉の心配もさほど要らない、煩わしい出入国管理も税関検査もほとんど要らないという事実を客観的に見れば、日本人にとっては、皮肉なことに、むしろ現代よりも東アジア方面への旅行が自由で大らかな時代だった。

もちろん、昭和十年代に入って日本社会全体に戦時色が少しずつ強まっていくと、それまでと同じように金さえあれば自由に旅行できる雰囲気も少しずつ変わっていく。ここまでたびたび引用してきた『旅程と費用概算』の最後の発行となった昭和十五年（一九四〇年）版では、樺太や満洲のページに、検閲によって前年度版の記述が削除され、その部分が不自然な余白になっている箇所が多数見られる。削除されたのは地形や距離、平均気温など気候に関する説明や、国境付近の公共交通に関する情報などだ。昭和十四年（一九三九年）版と比較すれば何が書いてあったかは容易にわかってしまうのだが、旅行ガイドブックの記述まで軍事機密にあたるとしてあちこち削除されていることが視覚的に理解できること自体から、社会情勢の物々しさを感じ取ることができる。

また、北支に関するページの「軍隊慰問に就て」という項目では慰問品をぜひ持参せよと推奨したり、「観光地での注意」の項目で歩哨の誰何《すいか》を受ける前に自分から進んで挨拶せよとか、いかにも戦時らしいアドバイスがいちいち記されている。

だがそれは、逆に言えば、そういう戦時中の国民として求められる儀礼や建前を守っていれば、赤紙で召集された兵士が中国戦線で戦っている時期でも同じ中国で観光旅行が可能だったことの表れでもある。名古屋にあった鉄道案内社という会社は、日米開戦から五ヵ月後の昭和十七年（一九四二年）

昭和十七年四月二十日發行　鐵道案内社々報　第一五一號　(1)

鐵道案内社

社報

(第拾五號)

發行所　名古屋市中區仲ノ町二丁目

鐵道案内社

發行兼編輯人　森　起志郎

(以印刷代謄寫)

海陸七千粁の大旅行

五族協和の盟邦滿洲へ………

滿洲を見ずして東亞を語る資格なく、又順天安民、王道樂土、五族協和の滿洲國は建國茲に十周年、我が友邦滿洲國人はあなた方の來訪を待ち受けてゐます。

我が社はこの重大時局に際して大東亞建設の基地である朝鮮と滿洲の實相を御視察になる大陸旅行を本社獨特のプランを以て第五回目を發表致しました。

人員は時局柄二〇名に極限し、乗物旅館等手配に萬全を期し、鮮滿旅行に經驗のある社員を御伴に安易で家族的な御視察旅行を願ふことに致しました。

視察に商用を兼るも一擧兩得、御老人、御婦人と云はず此の際是非御知人お誘ひ合せの上、この壯擧を御利用になつて各位の御參加を切望致します。

昭和十七年四月

鐵道案内社

友邦 滿洲國建國十周年 慶祝 鮮滿視察團

期日　六月三日(木曜)出發　六月二十四日(木曜)歸着

待遇　全行程・汽車・汽船貳等・旅館一流

會費　金六百九拾圓也(全行程の費用一切を含む自辨絶對なし)

人員　二〇名限り(締切期日　五月十五日　但し滿員次第即時〆切)

御申込方法　御申込の際九拾圓を頂き殘金は壯行會の當日御拂込み下さい御中止の場合は全額拂戻し致しますが五月二十五日以後御申出の場合は現地への電報料等實費を差引き殘金全部を拂戻し致します

壯行會　出發前擧行(期日は追て通知申します)

解散會　大連にて旅行感想を拜聽しながら滿洲料理を試食

特典　金貳千圓也傷害保險付(詳細行程八頁記載)

英靈眠る大建忠靈塔

図84　鉄道案内社の社報に掲載された満洲視察旅行の案内。発行された昭和17年4月は、日本軍が東南アジア戦線で快進撃を続けていた時期だった。

四月の社報で「友邦満洲國建國十周年慶祝鮮満視察團」として二十二日間の朝鮮・満洲団体ツアーを募集している（図84）が、同紙に出ている行程表を見ると、ハルピンで「満洲國開拓特別訓練所」を訪問したり新京で陸軍病院を慰問している以外は、ほぼ物見遊山の行楽旅行と言ってよい。行程表の下に載っている「御旅行上の御注意事項」には「本團は一般旅行とは異り戰時下に於て大陸の第一線氣分を認識し一層銃後の護りに備へむとする有意義なもので又言葉態度等も時局柄皇國民の襟度《きんど》を失なはぬよう《（ママ）》、紳士的に御行動を御願ひいたします」とあるが、行程表の見出しが「渡満の絶好季！新緑の満洲へ」と行楽旅行シーズンであることを謳い文句にしているので、建前感がいっそう強く感じられる。

このように、旅行ガイドブックを紐解く限り、内地の日本人が中国大陸をはじめとする東アジアを自由に観光旅行できなかったのは、近代交通機関が未発達だった明治以前と戦局が悪化した第二次世界大戦後期くらいで、その他の大半の時期は、少なくとも都市部に住む中流階級以上の日本人にとっては国内旅行の延長であり、決して浮世離れした体験ではなかったことが読み取れる。当時の日本人は、現代の私たちよりも国境の意識や小難しい国際情勢に捉われず、のびのびとした発想で東アジアの地図を眺め、異国情緒を満喫していたのかもしれない。

第二章

戦後の日本人による
アジア旅行

図85　昭和34年版の『外国旅行案内』。全世界を対象とする貴重なガイドブックだった。

海外旅行自由化までの外国渡航事情

終戦直後の旅行事情

第二次世界大戦での日本の敗戦によって、日本人のアジア旅行事情も一変した。台湾、南樺太、関東州、朝鮮、南洋群島など日本が明治以来獲得してきた領土や租借地などの統治地域、満鉄に関する特殊権益などを、日本は昭和二十七年（一九五二年）に発効したサンフランシスコ平和条約によって全て放棄した。もとより、事実上の問題として、これらの地域は終戦直後からアメリカやソ連による軍政が敷かれたり、日本とは別の国家として独立したりしており、日本人が日本国内として自由に旅行できる地域ではなくなっていた。こうして、狭くなった日本列島内に引き揚げた者を含めて日本人は、旧外地も含め、またアジアに限らず、日本列島の外に出て外国へ自由に旅行に行くことはできなくなった。もっともそれ以前の問題として、敗戦後の大多数の日本国民は、そもそも物見遊山の観光旅行どころではなかったのだが。

しかも、日本政府は終戦直後から外交権を失い、自国民に対してパスポートを発行することができ

より）。

	一般旅券			公用旅券			計	海外渡航者
	数次往復	一往復・限定	小計	外交	公用	小計		
58	1,686,726	408,971	2,095,697	3,270	17,202	20,472	2,116,169	4,232,246
59	1,857,675	431,944	2,289,619	3,228	18,172	21,400	2,311,019	4,658,833
60	1,945,779	442,925	2,388,704	3,473	18,768	22,241	2,410,945	4,948,366
61	2,208,979	455,694	2,664,673	3,191	19,631	22,822	2,687,495	5,516,193
62	2,802,592	506,326	3,308,918	3,447	21,537	24,984	3,333,902	6,829,338
63	3,410,682	509,354	3,920,036	3,526	23,296	26,822	3,946,858	8,426,867
平成 元年	3,756,942	484,841	4,241,783	3,528	23,578	27,106	4,268,889	9,662,752
2	4,572,019	125,028	4,697,047	3,890	26,180	30,070	4,727,117	10,997,431
3	4,436,580	1,384	4,437,964	3,873	26,647	30,520	4,468,484	10,633,777
4	4,675,900	1,120	4,677,020	3,655	31,038	34,693	4,711,713	11,790,699
5	4,662,243	1,129	4,663,372	3,438	35,455	38,893	4,702,265	11,933,620
6	5,209,666	1,061	5,210,727	3,619	34,601	38,220	5,248,947	13,578,934
7	5,824,368	1,036	5,825,404	3,230	37,277	40,507	5,865,911	15,298,125
8	6,235,335	1,103	6,236,438	3,285	39,147	42,432	6,278,870	16,694,769
9	5,810,593	933	5,811,526	3,419	37,383	40,802	5,852,328	16,802,750
10	5,371,302	970	5,372,272	3,281	37,600	40,881	5,413,153	15,806,218
11	5,610,972	1,007	5,611,979	3,365	38,559	41,924	5,653,903	16,357,572
12	5,856,845	990	5,857,835	3,329	33,695	37,024	5,894,859	17,818,590
13	4,347,846	1,035	4,348,881	3,069	29,452	32,521	4,381,402	16,215,657
14	3,748,099	1,067	3,749,166	2,992	29,666	32,658	3,781,824	16,522,804
15	2,720,176	853	2,721,029	2,907	28,603	31,510	2,752,539	13,296,330
16	3,484,310	1,015	3,485,325	2,615	29,242	31,857	3,517,182	16,831,112
17	3,611,502	971	3,612,473	2,870	27,698	30,568	3,643,041	17,403,565
18	4,301,208	983	4,302,191	2,904	26,553	29,457	4,331,648	17,534,565
19	4,208,225	872	4,209,097	2,904	24,427	27,331	4,236,428	17,294,935
20	3,800,524	861	3,801,385	2,826	25,574	28,400	3,829,785	15,987,250
21	4,014,527	943	4,015,470	2,944	24,606	27,550	4,043,020	15,445,684
22	4,184,092	988	4,185,080	2,702	25,422	28,124	4,213,204	16,637,224
23	3,961,382		3,961,382	2,752	23,774	26,526	3,987,908	16,994,200
24	3,924,008		3,924,008	2,738	24,775	27,513	3,951,521	18,490,657
25	3,296,805		3,296,805	2,748	24,205	26,953	3,323,758	17,472,748
26	3,210,844		3,210,844	2,539	24,863	27,402	3,238,246	16,903,388
27	3,249,593		3,249,593	2,851	26,524	29,375	3,278,968	16,213,789
28	3,738,380		3,738,380	2,738	26,888	29,626	3,768,006	17,116,420
29	3,959,468		3,959,468	2,799	26,872	29,671	3,989,139	17,889,292
30	4,182,207		4,182,207	2,608	25,402	28,010	4,210,217	18,953,996

* 平成 30 年の海外渡航者数は、暫定値（法務省統計）

表86　戦後の旅券発行数（国内）及び海外渡航者数（外務省領事局旅券課「旅券統計（平成30年1月～12月）」

	一般旅券			公用旅券			計	海外渡航者
	数次往復	一往復・限定	小計	外交	公用	小計		
昭和21年	－	－	8	－	－	－	8	－
22	－	－	11	－	1	1	12	－
23	－	－	163	－	－	1	164	－
24	－	－	857	－	－	－	857	－
25	－	－	3,291	－	－	－	3,291	－
26	－	－	8,737	－	－	－	8,737	－
27	－	－	12,283	489	669	1,158	13,441	－
28	－	－	15,769	562	1,070	1,632	17,401	－
29	－	－	17,102	637	1,708	2,345	19,447	－
30	－	－	21,893	668	1,972	2,640	24,533	－
31	－	－	30,996	759	1,938	2,697	33,693	35,803
32	－	－	33,808	845	2,064	2,909	36,717	45,744
33	－	－	33,818	991	1,837	2,828	36,646	49,263
34	－	－	39,380	1,109	2,010	3,119	42,499	57,194
35	－	－	53,710	1,062	2,382	3,444	57,154	76,214
36	－	－	61,509	1,165	3,124	4,289	65,798	86,328
37	1,920	62,032	63,952	1,184	3,272	4,456	68,408	74,822
38	2,566	85,022	87,588	1,238	3,521	4,759	92,347	100,074
39	4,191	114,476	118,667	1,424	4,361	5,785	124,452	127,749
40	8,624	139,114	147,738	1,737	4,772	6,509	154,247	158,827
41	15,171	187,819	202,990	2,056	5,645	7,701	210,691	212,409
42	11,291	244,108	255,399	2,142	6,903	9,045	264,444	267,538
43	14,972	306,702	321,674	2,342	7,201	9,543	331,217	343,542
44	18,524	454,886	473,410	2,369	7,668	10,037	483,447	492,880
45	45,184	599,500	644,684	2,526	8,522	11,048	655,732	663,467
46	410,926	445,685	856,611	2,534	9,420	11,954	868,565	961,135
47	593,228	482,801	1,076,029	2,654	10,014	12,668	1,088,697	1,392,045
48	981,659	565,831	1,547,490	2,449	8,992	11,441	1,558,931	2,288,966
49	916,218	415,382	1,331,600	2,405	9,826	12,231	1,343,831	2,335,530
50	967,320	344,523	1,311,843	2,561	9,313	11,874	1,323,717	2,466,326
51	1,225,672	328,705	1,554,377	2,677	9,858	12,535	1,566,912	2,852,584
52	1,455,508	280,490	1,735,998	2,692	11,480	14,172	1,750,170	3,151,431
53	1,529,252	289,242	1,818,494	3,009	12,708	15,717	1,834,211	3,525,110
54	1,622,237	358,306	1,980,543	3,184	13,900	17,084	1,997,627	4,038,298
55	1,494,115	336,150	1,830,265	3,322	15,237	18,559	1,848,824	3,909,333
56	1,571,186	360,056	1,931,242	2,960	16,358	19,318	1,950,560	4,006,388
57	1,602,278	386,402	1,988,680	3,109	16,546	19,655	2,008,335	4,086,138

なくなった。現在の日本のパスポートにも最初のページに「日本国民である本旅券の所持人を通路故障なく旅行させ、かつ、同人に必要な保護扶助を与えられるよう、関係の諸官に要請する。」という文面が「日本国外務大臣」の名義で日英両語によって記されているのは、日本が独立国家としての外交権を有していることの証だが、終戦直後の日本にはそれがなかったのだ。

そして、日本政府に代わって旅券事務を担った連合国の最高司令官総司令部（GHQ）は、原則として日本人の海外渡航を許可しなかった。外務省が毎年発表している「旅券統計」（表86）によれば、平成三十年（二〇一八年）にパスポートの発給を受けた日本国民は全国で四百二十万人を超えているが、終戦翌年の昭和二十一年（一九四六年）はわずか八人に過ぎなかった。昭和二十二年（一九四七年）には欧米の航空会社として初めてノースウエスト航空（二〇一〇年にデルタ航空と合併して消滅）が日本に定期旅客便を設定したが、同年にパスポートを発給された日本人は、公用旅券の一名を含めてもなお十二人にとどまっていた。

外貨事情によって海外渡航が制限されていた

その後、昭和二十七年（一九五二年）にサンフランシスコ平和条約が結ばれると、日本政府は独立国家としての主権とともに、パスポートの発給権限も完全に回復した。だが、これによって日本国民が自由に海外旅行できるようになったわけではなく、今度は日本政府が日本人の海外渡航を制限するようになった。

日本が主権を回復した昭和二十七年に、日本交通公社が刊行した『外国旅行案内』という海外旅行ガイドブックがある。日本交通公社は、戦前に『旅程と費用概算』を毎年編纂していたジャパン・ツーリスト・ビューローが改組された組織で、略号は同じ「ＪＴＢ」だが、戦後の英語名称は「ジャパン・トラベル・ビューロー」となっている。同社が出したこの『外国旅行案内』は、戦後の日本で全世界を対象とした初めての本格的な旅行ガイドブックとされていて、『旅程と費用概算』と同じように毎年改訂版が出され続けた。途中で『世界旅行案内』と名前を変えて、昭和五十七年（一九八二年）まで三十年間にわたって毎年発行されていた。

その初版にあたる昭和二十七年版の序文には、「外国旅行者の視察先は、戦後は種々の事情から戦前に比しより狭い範囲に限られている」という一節がある。同書が刊行された昭和二十七年五月は未だ朝鮮戦争の真っ最中であり、国交が回復していないソ連はシベリアに大勢の元日本兵を抑留していて、樺太も含めて一般の日本人が入国できる状況ではなかった。そういう意味で、戦前に比べて外国旅行先が地域的に狭まっていたことは間違いない。

だが、外国旅行が戦前よりしにくくなっていたのは、旅行先の事情だけが原因ではない。そのことは、同書の昭和三十四年（一九五九年）版の巻頭に記されている次の一文に示されている。

「商用や視察・研究などのため、外国へ渡航する必要性は年とともに増加し、羽田に横浜に、渡

図87　昭和38年版の『外国旅行案内』。総論と地域別の4分冊になっていた。

航客の往来はだんだんと激しくなつている。しかし、希望するときに、希望する場所へ、思いのまま渡航することは、現在の外貨事情では許されていない。経済振興・文化の向上そのほか日本に有益な結果をもたらす場合か、渡航費が外国から贈与される場合に限られている」

ここでは、日本国民の外国渡航制限の理由として「現在の外貨事情」が挙げられている。同書刊行時はすでに終戦から十年以上、そして主権回復から七年が経過していたが、日本政府は国際取引に用いられる外貨の保有量（準備高）が少なく、国際社会における国家としての経済力がまだ弱かった。そこで、外貨の国外持ち出しを制限するために、国民の外国渡航そのものを制限したのである。

そのため、日本国民が貴重な外貨を使用して外国へ渡航するためには、「経済振興・文化の向上そのほか日本に有益な結果をもたらす」という大義名分が必要だった。ただし、そのような大義名分がない場合でも「渡航費が外国から贈与される場合」、つまり日本国内の外貨に手を付けないのであれば外国へ行ってよいことになっていた。だから、政府が自国民に外国の事情を知らせないようにする独裁閉鎖国家のような海外旅行事情ではないのだが、旅行費用のための外貨を外国にいる知人や団体等から調達できなければ、どんなに日本国内で日本円をたくさん持っている金持ちの日本人でも、それだけでは外国旅行はできなかった。

同書は「旅券の申請」に先立つ手続きとして、国内の外貨を利用して外国渡航する場合、そして外国から渡航費の外貨保証を得て外国渡航する場合について、それぞれ政府から渡航許可を得るための手順を説明している。前者は「『一般外貨』による渡航」と「『特別外貨』による渡航」の二通りに分かれている。

一般外貨による渡航とは、「政府保有の外貨中、渡航費として外貨予算に計上してある中から、外貨の割当を受けて、渡航費にあてるもの」で、海外渡航審査連絡会（渡航審議会）という外務省内の定例会議において「その渡航目的が国家的見地より見て経済や文化の向上などに役立つかどうか厳重に審査する」とのこと。このケースに該当する渡航者の例として、同書は次の四種類を列挙している。

「(a) 経済に益する科学技術の知識修得のための科学技術者。
(b) 製造法研究・製造に関する契約、又は産業経営の調査研究などを目的とする者。
(c) 市場調査・売買契約の締結・取引の設定等の用務を持つ者。
(d) スポーツその他文化関係・私費留学、あるいは国際会議出席者等。」

これを見れば、日本や外国の政府と取引関係を持たない会社で働くサラリーマンや専業主婦、学生などはほぼ該当可能性がないことがわかる。「政府保有の外貨中、渡航費として外貨予算に計上してある中」から渡航費としての外貨を使用するということは、外国へ行くために国家予算を利用するわけだから、「国家的見地より見て」「厳重に審査」されるのは当然であろう。さらに、許可申請に際しては「渡航先からの招聘状」を添えることなども必要とされているから、あらかじめ渡航先の国で受け入れ機関が定まっていることも条件となる。以上より、この手続きによる場合、市井の一個人が物見遊山目的で外国へ行く余地は皆無に等しいと言える。

この一般外貨による渡航の申請手続きは、非常に厳格だったという。昭和三十年代初めに日本交通公社で海外旅行手配業務を担当していた秋山和歩氏によれば、「どの旅行会社の社員にとっても、一般外貨割当を厳重に審査する『渡航審査連絡会』が鬼門であり、心労の種《たね》であった」として、当時の審査の様子を次のように述懐している。なお同氏は、昭和三十二年（一九五七年）から『外国旅行案内』の原稿執筆業務にも携わっており、その改訂版制作のための資料収集や現地視察を渡航目的として、昭和三十三年（一九五八年）に自らこの一般外貨割当の申請によってヨーロッパへ渡航している。

「係員たちは、忠実な番犬のように『外貨申請書』をすみずみまでなめまわすようにチェックし、記載の不備をことこまかに指摘し、ことに最も重要部分とされている申請者の『渡航の目的』については、あたかも旅行業者担当員が極悪犯人に加担しあるいは犯罪を教唆しつつある共犯者でもあるかのように、納得するまでは決して追及をやめない刑事か検事のごとき態度を守っていた。

（中略）申請書の『渡航目的』の項に記される文章は、多くの場合渡航者自身は書いておらず、旅行業者のサービスとして用意されていたのが実態だった。

『私がいま外国へ渡航することが、日本国家のために貴重な外貨を獲得するという目的にいかに適合しまた時宜を得たものであるか』について、申請者本人の名においてあれこれ説得的に作文するのであった」（秋山和歩『戦後日本人海外旅行物語―巨いなる旅の時代の証言』実業之日本社、平成七年）

特別外貨による渡航とは、「商品を輸出した商社、メーカーやあるいはこれらの加入する団体は、輸出して得た外貨の3％を特別外貨として渡航費などにあてる権利を有する」という外貨資金特別割当制度に基づく制度で、輸出商社や輸出商品メーカーの社員などはこの手続きによって外国渡航ができた。輸出貿易を促進する目的で昭和二十四年（一九四九年）から始まったこの制度は、「輸出入」ではなく「輸出」をするところに力点が置かれているのが、いかにも外貨獲得に資する場合のみを想定した制度らしい。この場合は国で確保している外貨そのものではなく商社自身が取引によって獲得した外貨の一部を使うので、現地滞在日数が百二十日以内の渡航申請は渡航審議会の審議を経ることなく、所定の書類を揃えれば日本銀行の許可のみでよいことになっている。

同書には第三の方法として、「第三者のギャランティ（保証）による渡航」、つまり渡航費を外国人または在外邦人に保証してもらう方法での渡航についての案内も記されている。この場合も政府手持外貨の割当を申請する必要はなく、渡航費を保証する旨の保証状があれば渡航が許可される。ただし、保証状は公証役場で公証を受けたものでなければならない。また、費用の保証範囲が現地滞在費のみとなっている場合は日本からの往復交通費について別に渡航許可が必要となるが、渡航審議会が審査した結果、渡航目的によっては許可されないこともある。現代では日本人大学生は自由に海外旅行を楽しめるが、この時期の学生はもともと海外に金持ちの親戚がいるか、あるいは海外の大学や研究機関から渡航費を全部負担してもらう奨学金を得たようなケースがこの第三の方法に該当するとして政府の渡航許可を受けることが、外国へ行くためのほぼ唯一の方策であったと言ってよい。

さらに、一般的とは言えない方法として、「役務契約による渡航」という渡航方法も紹介されている。外国人や外国会社への技術提供、あるいは芸能人の海外興行もこれに含まれる。この場合、外務省の技術者海外渡航審査連絡会という部門が契約書の内容の適否を審査し、その答申を待って日本政府が渡航の許否を判断するというから、物々しいことには変わりがない。

これらの外貨申請手続きが完了しないと、そもそもパスポートの申請もできない。このことだけでも、海外旅行のハードルは、現代はおろか戦前と比較しても相当に高く、大半の日本人にとっては容易にクリアできる条件ではなかったことがわかる。

東京オリンピック直前に海外旅行が自由化

独裁国家が国内の情報統制を目的に国民の外国旅行を制限する場合と異なり、純粋な経済的事情による外国旅行制限は、国としての経済発展が進めば正当性を失う。

日本は独立を回復した昭和二十七年（一九五二年）に、国際通貨基金（ＩＭＦ）に加盟した。同基金協定第八条は加盟国の一般的義務として、「経常的国際取引のための支払及び資金移動に制限を課してはならない」ことを定めている。国内産業の保護を理由とする輸入制限や自国政府の外貨不足などを理由とする為替制限は、自由競争を是とする国際貿易や国際金融秩序において適切なあり方とは言えないからである。

ただし、同協定には経済基盤が弱い発展途上国のための例外規定が第十四条に置かれていて、戦後復興の過渡期にある国などは、経過措置として制限措置を採ることが認められていた。日本も、加盟当初は発展途上国であるとしてこの例外が認められ、第八条の適用を受ける国（八条国）とはなっていなかった。

ところが、日本経済が順調に発展して先進国扱いされるようになると、欧米各国から経済開放を迫られるようになる。昭和三十五年（一九六〇年）には日本政府が貿易・為替自由化計画大綱を発表し、将来の為替自由化の方針が国策として定まった。昭和三十八年（一九六三年）にはＩＭＦから、八条国へ移行するように勧告を受けている。

同年には世界で二十一番目の経済協力開発機構（ＯＥＣＤ）の加盟国にもなっている。ＯＥＣＤへの加盟は国際取引の自由化の観点から、国民の海外旅行を自由化していることが本来の条件であったが、日本政府は一時的な外貨不足を理由に、昭和三十九年（一九六四年）六月まで自由化を延期する申請をして認められていた。とはいえ、ＩＭＦとＯＥＣＤの両国際機関から海外旅行の自由化を要請され、外貨事情を理由とする外国渡航制限を継続することは、もはや日本政府として不可能であった。

こうして、日本政府は昭和三十八年四月にまず、年間総額五百ドル以内の業務渡航についての制限を撤廃した。次いで昭和三十九年四月一日、日本はＩＭＦ八条国へ移行するとともに、外貨事情による国民の外国渡航制限を撤廃し、観光目的での外国渡航者にもパスポートが発給されるようになった。これがいわゆる「海外旅行の自由化」である。東京オリンピック開催の半年前のことであった。

残存していた旅行の「大義名分」要否の議論

もっとも、観光目的の海外渡航には当初、「一人あたり年一回、所持金は年間五百ドルまで」という制限があった。当時は一ドル＝三百六十円の固定相場制なので、米ドルで五百ドルとは日本円で十八万円になる。持ち出し制限の表面上の目的は、外貨の大幅な減少を防ぐため、という経済的理由である。

だがそれだけでなく、戦前、あるいはそれ以前の江戸時代から日本人の観光旅行についてまわった「大義名分」の要否という議論が、海外旅行自由化の実施に少なからず影響していたことは否定できない。「貴重な外貨を物見遊山に使うのはいかがなものか」という反対意見があったのだ。しかも、「いくら金と自由時間をたっぷり持ちあわせていて健康であったとしても、日本庶民がのんびり外国へ観光旅行にでかけてゆくなどということは、とんでもない話」であって、「『ゼイタクは敵だ！』と教え込まれた戦時中の言葉が人びとの記憶にまだこびりついていた」（前掲『戦後日本人海外旅行物語――巨いなる旅の時代の証言』）のが、昭和三十年代という時代であった。

海外旅行自由化から約三年後に刊行された『朝日ジャーナル』の一九六七年（昭和四十二年）一月号では、朝日新聞社会部に所属していた本多勝一記者が「いかなる目的であろうと、極論すれば目的など持たなくとも、日本の青年が地球上にあふれるほど出てゆくこと」に賛成すると主張した。ここでいう「目的」とは社会にとって有益な意義を持つことを指し、単なる観光目的の私的旅行は含まれない。そのような「目的など持たな」い私的な観光旅行で外国へいくことを「極論」と表現するところに、海外旅行自由化直後の日本社会にも「旅行には大義名分が必要」「純然たる遊びの旅行はおおっぴらにするものではない」という江戸時代以来の意識がなお根強かったことが窺える。自由化当初に設けられた「観光旅行は一人あたり年一回」などという、現代の感覚では余計なお世話としか思えない制限が外貨額の制限とともに課された背景には、そうした社会の空気への配慮もあったのではないだろうか。

ともかく、海外旅行自由化と言ってもこうした制限はあったので、旅行者がパスポートを取得するためにはまず外貨割当を受ける手続きが必要であることには変わりなかった。昭和四十三年（一九六八年）版の『外国旅行案内』を開くと、「手続方法は従来とあまり変りはなく、日本銀行、外国為替公認銀行などで許可書を取ってから、旅券申請に移ることになる」とある。手続きの手順は自由化以前とほぼ同じで、ただその審査において観光目的の渡航が承認されることになったというわけだ。

なお、当初「年一回まで」とされた観光旅行の回数制限は、昭和四十一年（一九六六年）に撤廃された。観光旅行時の外貨の持ち出し限度額も五百ドル、七百ドル、千ドル、三千ドルと年を追うごとに緩和され（石油ショックが起こった昭和四十九年〔一九七四年〕から約二年間、千五百ドルに戻されたが）、海外旅行自由化から十四年後の昭和五十三年（一九七八年）に持ち出し制限そのものも撤廃されている。

パスポートは繰り返し使えなかった

海外旅行自由化当初の「観光旅行は年一回まで」という制限を全国民に課すことは、現在の海外旅行時の手続きでは不可能に近い。いったん発給されたパスポートを有効期間内のいつ使うか、何回使うかは名義人の自由だし、渡航目的が異なるケースでも同じパスポートを使うので目的による区別ができないからだ。それが実際に可能だったのは、当時のパスポート取得事情が現代とはさまざまな点で異なっていたことによる。
現在のように一般的な手続きで取得するパスポートが原則として数次旅券（有効期限内であれば何回でも使用できるパスポート）に一本化されたのは平成二年（一九九〇年）四月からで、かつては観光旅行者に対しては一次旅券（一回の海外渡航に限り有効で、帰国と同時に無効となるパスポート）しか発給されなかった。昭和四十三年（一九六八年）版の『外国旅行案内』は、「旅券（Passport）」の取得申請手続きについて次のように説明している。

「旅券には外交旅券、公用旅券、一般旅券の3種類がある。外交旅券は外交官あるいは民間人に委嘱した外交使節にのみ発給され、公用旅券は国家公務員（地方公務員は含まない）の公用出張の際に発給されるもので、それ以外の場合はすべて一般旅券が発給される。一般旅券には、さらに1回渡航用の旅券と、数次往復旅券の2種がある。
数次往復旅券はだれにでも簡単に発給するものではなく、商用で頻繁に渡航しなければならない必要のある場合にのみ特別に発給され、有効期間は2年間である。それ以外の一般旅券や公用旅券は、本人が日本へ帰国すると同時に無効になるが、帰国するまでは10年でも20年でも無限に有効である」

昭和四十六年（一九七一年）版の同書では、以上の記述のうち「商用で頻繁に渡航しなければなら

図88　昭和62年（1987年）発行のパスポートに記載されている「渡航先」の北朝鮮除外注記。

ない必要のある場合にのみ特別に発給」というくだりの「商用で」が削除され、「特別に発給」も「原則として発給」という表現に改められた。「有効期間」も「5年間」になっており、現在まで続く五年有効パスポートの原型が登場したことがガイドブックの記述にも反映されている。

一次旅券はパスポート取得時に申請された渡航目的や渡航先に基づいて発給されるものなので、パスポートの「渡航先」という欄に渡航できる国名が明示される。そのため、たとえば同欄に「シンガポール」とだけ明示されたパスポートを持って現地に行き、急に思い立って国境を越えてマレーシアへ日帰り旅行をしてみる、ということはできない。

この「渡航先」欄については、『外国旅行案内』の「旅券」の記述をほぼ受け継いだ昭和五十二年（一九七七年）の『世界旅行案内』が次のように言及している。

「数次往復旅券は、頻繁に渡航する必要がある場合に原則として発給され、発行後5年間は朝鮮人民民《(マ》主《マ)》主義共和国（北朝鮮）以外の国なら何回でも渡航できる。1回往復旅券は、渡航先国名は指定されるが、発行後6カ月以内に出国すれば、帰国するまでは15年でも20年でも有効である」

昭和時代にパスポートを取得した経験がある日本人であれば、日本の一般数次旅券で最後まで「渡航先」から北朝鮮が除外されていたことを今も覚えているかもしれない。英文で「この旅券は北朝鮮（朝鮮民主主義人民共和国）を除く全ての国と地域に有効である」と明記されたパスポート（図88）は、数次旅券が原則となった後の平成三年（一九九一年）まで発給されていた。かつては北朝鮮に加えて、中国本土（「Mainland China」と表記されていた）、北ベトナム、東ドイツも数次旅券の除外国だった。昭和四十七年（一九七二年）の日中国交正常化を機にまず中国が除外国ではなくなり、その後、東ドイツや北ベトナムの名も消えて、北朝鮮だけが約二十年間、数次旅券の渡航先から除外され続けた。北朝鮮が一般の日本人観光客の受け入れを始めたのは昭和六十二年（一九八七年）だが、その時点ではまだ、北朝鮮がいくら受け入れると言っても、日本人旅行者は北朝鮮を渡航先に指定した一次旅券の発給を受けなければ合法的に渡航できなかったのだ。

所持金の携帯方法の変化

外貨の国外持ち出しが制限されていても、日本円を海外で両替すればいいではないか、というのは二十一世紀の日本人旅行者の発想である。日本円が東アジア各地でそのまま通用することも少なくなかった戦前と異なり、広大な海外領土を失った戦後は、国外で日本円を両替せずに直接使用することはできなくなった。しかも、敗戦で国の経済力が低下した日本の通貨の信用度はそう簡単に回復せず、日本円を国外へ持っていったところで両替できる場所は、海外旅行の自由化当時でも極めて限られていた。つまり、外貨は日本国内であらかじめ日本円から両替しないと現実には入手困難であり、それゆえに外貨持ち出し制限なる条件が課されたのだ。

ではどんな外貨を持っていけばいいのかというと、『外国旅行案内』の「旅費の携帯方法」によれば、海外旅行自由化前の昭和三十五年（一九六〇年）版は「現在海外旅行の旅費として携帯できる外貨は旅行先の国によって異なるが大体米ドル又は英ポンド」とし、自由化直前の昭和三十八年（一九六三年）版になると「旅行先や目的によって多少は違うが、現金の場合は大体米ドル」と言い切っている。イギリスのポンドが日本の海外旅行ガイドブック上における国際基軸通貨の地位（？）を米ドルに明け渡したのは、この頃ということになる。

もっとも、大半のアジア諸国では米ドルをさらに現地通貨に両替しなければならない。『外国旅行案内』の「旅費の携帯方法」では、海外旅行自由化前は「欧州各国では、ドル・ポンドを始め各国の通貨は紙幣であれば殆ど自由にその国の通貨に両替をしてくれる」と記すのみで、アジアなど「欧州各国」以外の両替事情には言及していない。昭和四十三年（一九六八年）版になるとこの一文に続けて、「ソ連、東欧諸国はドル通貨、中共はポンド通貨による携帯が便利である」という情報が追加されている。日本と国交がない中共（中華人民共和国）への渡航に英ポンドが便利というのは、イギリス領だった香港が同国へのほぼ唯一の出入口であったことと関係していると思われる。

ちなみにこの部分は、『世界旅行案内』に改題された後の昭和五十二年（一九七七年）版では「中国はドル・外貨の裏付けのある日本円（自由円という）通貨を携帯すれば便利である」となり、二年後の昭和五十四年（一九七九年）版ではさらにすっきりして「中国はドル、日本円を携帯すれば便利である」となっている。中国でも米ドルが英ポンドより重視されるようになったこと、そして何より、日本円をそのまま中国国内へ持ち込んでも両替できると明言されているところに、外貨持ち出し制限があった時代との隔世感を読み取ることができる。

その後、日本円の東アジアでの通用度はさらに高まっていき、平成に入った頃には、「日本円を日本国内で米ドルなどに両替し、さらに現地で現地通貨へ両替する」という二度手間をかけなくとも、日本円を現地へ持っていって直接現地通貨と両替できるのが当たり前になった。一九九〇年代の各地域向け旅行ガイドブックを開くと、中国、香港、マカオ、台湾、韓国、北朝鮮など日本近隣の東アジア各国はほぼ日本円の直接持ち込みで用が足りるようになっている。「日本円は交換場所が限られ、レートも悪く使い勝手が良くない」として米ドルの持参が推奨されているのは、ソ連崩壊によって経済事情が混迷の中にあった極東ロシアくらいであろうか。

所持金の携帯方法については、『外国旅行案内』は現金以外に旅行小切手（トラベラーズチェック）、旅行信用状、銀行送金為替、そしてクレジットカードの利用を挙げている。このうちトラベラーズチェックと旅行信用状は、戦前の『旅程と費用概算』で紹介されていた内容（151ページ参照）と実態はほぼ変わらない。

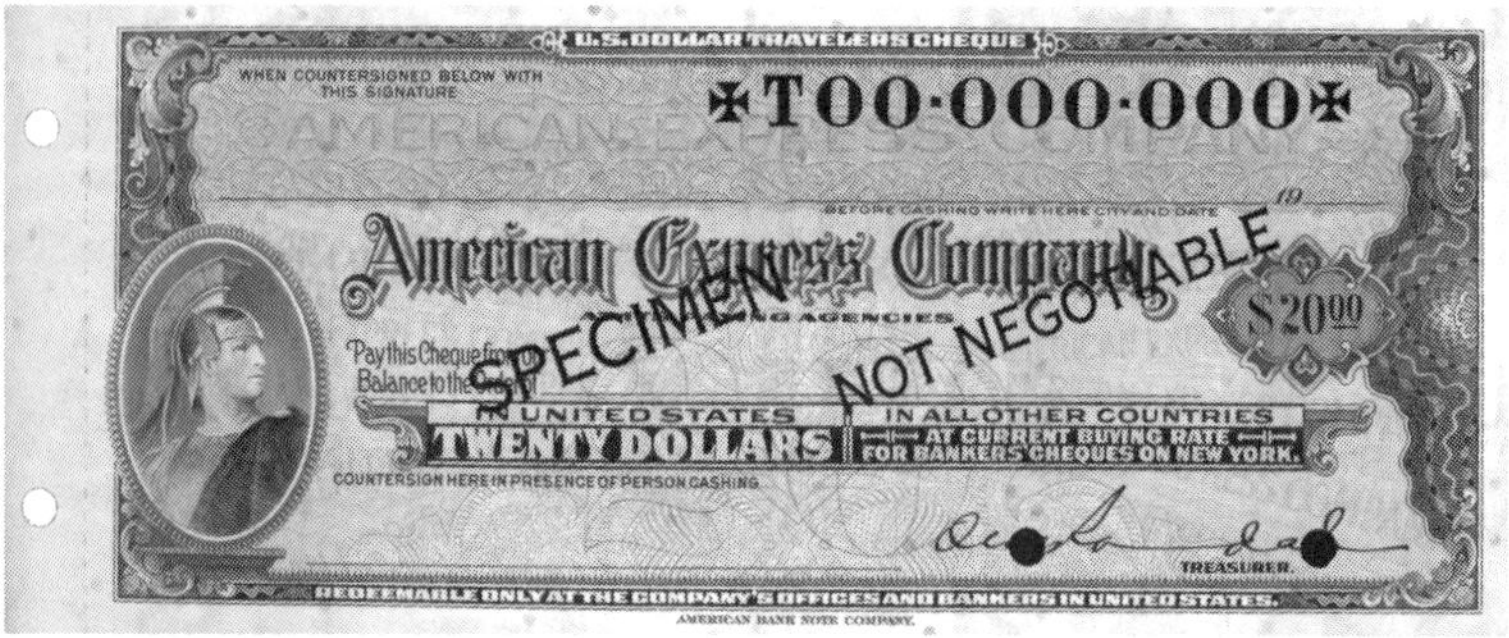

図89　『外国旅行案内』（昭和34年版）の本文中に綴じ込まれていたトラベラーズチェックの見本。

銀行送金為替は、同書いわく「旅行者が渡航先の指定地で受取れるように、あらかじめ為替銀行に払込んで送金為替を受取りこれを指定された銀行に持参して金額を受取るもの」であり、広範囲を周遊する旅行ではなく一ヵ所に長く滞在する旅行をするとき、その滞在地に支店等を持つ銀行がある場合には便利な手法と紹介されている。単なる銀行送金だと、旅行者の手許に送金事実を示す書類が残らないが、送金為替の場合は為替証書がそれにあたるから、送金未着等で支払いが受けられないという事情は発生しない。トラベラーズチェックのように両替時に手数料が発生することもない。ただし、トラベラーズチェックのようにサインをして筆跡照合をするという手順がないので、紛失や盗難の場合に悪用される危険がある。

戦前のガイドブックにはなかった旅費携帯方法で、現代でも広く全世界で普及しているのがクレジットカードだ。『外国旅行案内』の「旅費の携帯方法」では、海外旅行自由化前には記述がない。昭和四十三年版では従来の項目の後に「クレジットカードの利用」という新しい項目が独立に設けられていて、

「お客はカードさえあれば、現金を持たずにツケでホテルに泊まり、貸自動車に乗り、飛行機に乗り、一定期間後に精算するという便利な方法である」と案内されている。「ツケ」という言い方や、レンタカーを「貸自動車」と表現するところなどに、五十年前の日本語の世界を感じさせる。

現代の海外旅行ガイドブックにも引き継がれている旅費携帯方法としてのクレジットカードだが、同書の記述には、現代の海外旅行ガイドブックにはほとんど見られない「国際カード」という表現が見られる。ダイナース・クラブのカードについて、「ここの発行するカードは全国数千軒の加盟店で通用するが、また外国でも通用する国際カードも別に発行している」という具合である。クレジットカードには日本国内のみで通用する国内カードと、外国でも使用できる国際カードの二種類に分かれていたのだ。この「国際カード」「国際クレジットカード」という呼び方は、一九九〇年代半ば頃までは一部の海外旅行ガイドブックに見つけることができる。この呼び方が聞き慣れなくなってしまったのは、現在の日本で発行されるクレジットカードはほぼ全てが海外で通用する国際カードなので、あえて「国際」の語を冠する必要がなくなってしまったからだろう。

また、海外旅行時に外貨持ち出し制限があった当時は、海外旅行時のカードの使い方にも制約があった。再び昭和四十三年版の同書によれば、「海外旅行者は出発前に割当外貨（普通500ドル）の中から一定額をダイナース・クラブに預託し、その範囲の中で海外において消費する」と説明されている。所持人の信用に基づいて発行されれば、預託金などなくとも限度額内で使用できるという現在のクレジットカードの使い方が、まだできなかったのだ。

「将来、自由に使えるようになれば、カードは海外旅行者にとって極めて便利なものとなろう」と予言したこの昭和四十三年版の記述は、『世界旅行案内』と改題された昭和五十二年版になると、「預託金などはもう完全に過去の遺物となった」との宣言とともに、外国為替の枠内なら国内カード所持者は国際カードの発行を簡単に受けられること、及びその具体的な申請手順や決済方法を説明して、その使いやすさを謳っている。国内カードと国際カードが別、という点は解消されていないが、使い勝手の良さは現在のクレジットカード事情に近づきつつある。

ただし、昭和四十三年版も五十二年版も変わらないのは、このクレジットカードが普及していて旅行者が使いやすい地域が主としてアメリカ及び西欧諸国に限られている点である。西欧諸国であるイギリス統治下にあった香港やポルトガル領だったマカオでさえ、昭和五十年（一九七五年）に発行された『ブルーガイド海外版　香港・マカオの旅』の外貨所持に関する記述を見ても、現金とトラベラーズチェックのことしか書いていない。翌年（昭和五十一年）発行の同シリーズ『台湾の旅』も同じである。ショッピングのページを開いても、クレジットカードの通用度などは何も書かれていない。もっとも、これは現地での通用度もさることながら、当時のアジア方面への日本人観光客にとって、海外でクレジットカードを使うという行為自体にあまりなじみがなかったからではないか、という推測も成り立つ。

西欧諸国とは冷戦下で対立関係にあった中国を扱うガイドブックでは、クレジットカードの紹介時期はさらに後になる。個人旅行者を主な対象として昭和五十九年（一九八四年）に初版が発行された

『地球の歩き方』の『中国編』では、平成以降もしばらくは、「中国を旅する技術」の章に記されている旅費携帯方法は現金とトラベラーズチェックのみ。一九九〇年代に入ると学生向けのクレジットカードも徐々に普及し始めていて、たとえば平成六年（一九九四年）発行の同シリーズ『ヨーロッパ編』にはクレジットカードの加入方法や現地での使い勝手、紛失時の緊急対応方法が載っているが、同時期の『中国編』にはそれらの記述はまったくない。この差は明らかに、現地での通用度の差によるものであろう。

二十一世紀に入り、中国が飛躍的な経済成長を果たした現在はさすがにクレジットカードの記述自体が中国旅行ガイドブックに見当たらない、ということはなくなっている。ただ、現在の中国ではクレジットカードよりも、銀聯《ぎんれん》カードという中国独自のデビットカード（預金口座の残高内で即時支払いができるカード。後日払いのクレジットカードと異なり所持人の経済的信用度を審査する必要がなく、預金口座を持っていれば基本的に誰でも作れる）の方が爆発的に普及しており、逆に世界中で銀聯カードの使用可能範囲が拡がっている。したがって、この先、中国旅行時にクレジットカードがより便利になる時代が来る、という予測は難しいだろう。

戦前よりも高嶺の花だった外国旅行

海外旅行自由化によって初めて催行された海外観光旅行ツアーの羽田空港出発時の様子が、当時の朝日新聞（昭和三十九年〔一九六四年〕四月六日付夕刊）で報道されている。この記事によれば、「十七日間の日程でイタリア、スイス、西ドイツ、フランス、イギリス、デンマークの六カ国を回る」ツアーの費用は「七十一万五千円」とのこと。この二日後に出発したハワイ七泊九日の団体ツアーは一人三十六万四千円だった。当時の大卒新入社員の初任給は二万円程度だったと言われているから、現代の大卒初任給をその十倍の二十万円としたら、ハワイ一週間の旅は現在の金銭感覚だと三百六十四万円、ヨーロッパ十七日間のツアー代金は七百十五万円ということになる。夫婦で参加したら千四百万円以上もするのは、もはや「豪華客船で世界一周クルーズ」のレベルと言える。

持ち出し制限の五百ドル（日本円で十八万円）も、同様に換算すると現代では百八十万円くらいの感覚になる。だから、現実問題として、通常の観光旅行で外貨持ち出し制限をされて困るということはほとんど考えられないのだが、その前に相当な富裕層で、しかも半月以上も休暇が取れる立場の人でないと、ヨーロッパはもとよりハワイ旅行でさえ夢のまた夢でしかないというのが当初の海外団体旅行料金だった。

一方でアジア、とりわけ、戦前は日本人旅行者が国内感覚で行けた東アジアへの旅行費用は、確かに欧米よりは安かったが、それでも、現代のように大学生や若い社会人が数日間で気軽に行ける価格設定からは程遠い。昭和四十一年（一九六六年）から刊行が始まった実業之日本社の地域別海外旅行ガイドブックのシリーズ『ブルーガイド海外版』の第一巻にあたる『香港・マカオ・台湾』の初版では、香港二泊、マカオ一泊、台湾三泊の一週間旅行に要する費用について、航空運賃や現地での経費を合計して最低でも約十五万円と見積もっている。「北海道や九州一周旅行でデラックスに行けば7〜8万円はかかる時代だから、考え方によっては香港・台湾の外国旅行の方がむしろ割安といえるくらいであろう」と書かれているが、大卒初任給が二万円の時代だから、現代の所得水準では百万円をゆうに超えることになる。それぞれの時代の所得水準を考慮すると、むしろ昭和初期の大日本帝国時代より日本列島の外へ出にくくなってしまった、と言えるだろう。

ガイドブックが物語る団体旅行主流の時代

ところで、ここで海外旅行自由化後に登場したばかりの『ブルーガイド海外版』を取り上げ、歴史が長い『外国旅行案内』の記述に触れていないのには理由がある。『外国旅行案内』には、実用的な旅行先別のモデル費用が載っていないのだ。海外旅行自由化以前はそもそも観光旅行の団体ツアーという商品自体が存在しないのでその記述がないのは当然だが、四分冊形式になっている昭和四十三年（一九六八年）版の同書の『第1部 総論』を開いても、「旅程と費用」という章に交通費や滞在費の仕組みに関する細かい説明があるだけで、たとえば香港や台湾へ一週間程度旅行する場合にどのくらいかかるか、ということは直ちにはわからないようになっている。『第4部 アフリカ篇・アジア篇・大洋州篇』は地域紹介に徹しているので、国内交通や主要ホテルの値段は出ているが、やはり戦前の『旅程と費用概算』にもあったモデルコースや費用総額は出ていない。

かといって、『外国旅行案内』が現地滞在や観光に必要な実用情報はまんべんなく網羅している、というわけでもない。『第4部 アフリカ篇・アジア篇・大洋州篇』は全三百四十二ページの中にアフリカ八ヵ国、アジア二十七ヵ国、オセアニア五ヵ国の情報が全て収まっていることからわかるように、各国ともあくまで概略の紹介である。本書全体を通して、「旅行者自身がこの本だけを駆使して海外を観光旅行するのに役立つ」ように作られているとは言い難い。

それは、この『外国旅行案内』が戦前の『旅程と費用概算』と同じく、純粋な個人旅行者よりは団体旅行に参加する人、あるいは法人向けに作られていたことの表れと見ることができる。値段も昭和三十八年（一九六三年）版が四冊一組で千五百円、同じく昭和四十三年版が千八百円、昭和四十七年（一九七二年）版になると二千五百円。いずれも「分売不可」なので、アジア篇がある一分冊だけ買うことはできない。昭和四十一年（一九六六年）に出た『ブルーガイド海外版 香港・マカオ・台湾』の初版が三百八十円（昭和四十七年版も同価格）だから、その差は歴然としている。現代なら一万五千円から二万円くらいの感覚であり、少なくとも、費用を安く上げようとする現代のバックパッカーのような旅行者はまったく相手にしていない。

そういう『外国旅行案内』が他のガイドブックとの販売競争に敗れて方針転換したり消滅したかと言えばそんなことはなく、『世界旅行案内』に改題した昭和五十二年（一九七七年）版は四千八百円にまで跳ね上がり、その後もしばらく版を重ね続けた。現地での具体的な鉄道利用方法とか安くて美味しい食堂といった個人旅行者が欲する現地の実用情報はほとんど載っていないこの高額なガイドブックに対する一定の需要が、その頃までは確かにあったのだ。そのことは、少なくとも昭和四十年代までは、日本列島の外へは団体ツアーで行くという戦前以来の伝統的スタイルがなお主流であったことを物語っている。

ジャンボジェット機が登場して船旅が消えた

制度上は自由化されても庶民の経済力では手が届きにくかった海外旅行を身近なものへと引き寄せたきっかけの一つが、ジャンボジェット機の登場である。日本では昭和四十五年（一九七〇年）に初登場したこの大型旅客機は、一機に五百人前後が搭乗できるため大量輸送が可能となったが、同時に航空会社は増えた分の座席数も含めて利用率を上げないと空席が多くなってしまうことになった。そのため、団体旅行に限って航空運賃を大幅に割り引く料金設定がなされ、航空機を利用する海外旅行の団体ツアー料金が急激に安くなったのだ。さらに、一ドル＝三百六十円で固定されていた為替相場が昭和四十六年（一九七一年）から一ドル＝三百八円に切り下げられ、昭和四十八年（一九七三年）からは変動相場制に移行して円高が進み、海外旅行の割高感は徐々に薄れていった。日本国民の所得水準が少しずつ上がっていく時期でもあった。

日本列島の外へ出るのに船か飛行機に乗らなければならない点は、大日本帝国時代と変わりがない。そして戦前の「洋行」手段の主役は船であり、航空機は昭和に入って登場したもののシェアは限

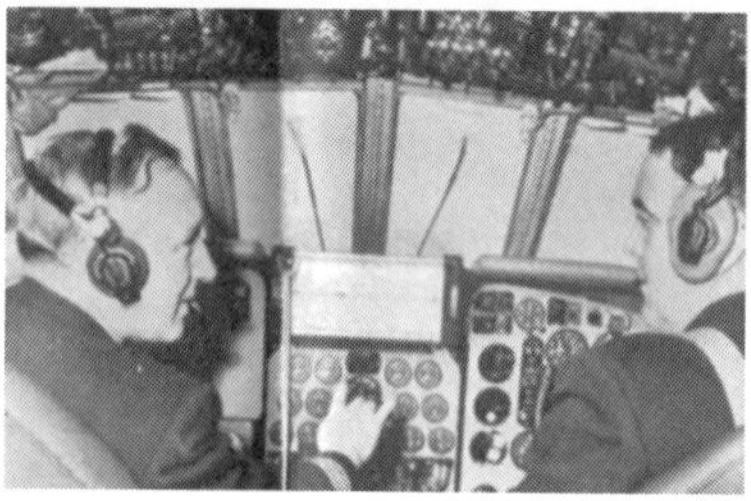

図90　『外国旅行案内』（昭和38年版）で紹介されている飛行機の旅。

定的であったことは、戦前の『旅程と費用概算』で見た通りである。

それが戦後になると、アメリカの航空会社が占領中から日本に旅客便を設定するなど国際航空路が急速に発達した。『外国旅行案内』の昭和三十四年（一九五九年）版では、「日本を中心とする国際交通事情」の章の筆頭に「空路」が挙げられ、東京に定期空路を持つ航空会社として十三社が紹介されている。当時の航空機は航続距離が短かったため、アジア系のみならず欧米系の航空会社でも東京発着便は香港やマニラを経由地としていた。昭和四十三年（一九六八年）版になると紹介対象会社は十九社に増え、ソウルまたは釜山まで直行する大韓航空以外の全ての航空会社が東京から香港、マニラ、台北のいずれかへの便を持っている。

もっともこの頃は、戦前のような外国への定期旅客航路の存在感も小さくなかった。昭和三十四年版の同書では「空路」の次の「海路」が太平洋航路、欧州航路、東洋各地、南米及び南阿航路、豪州・ニュージーランド航路、大西洋航路の六項目に分かれ、その気になれば日本からほぼ全世界へ定期旅客船で行けることが案内されていた。ただ、「日本を中心とした国際航路は、その大部分が貨物に重点が置かれているので、航路・スケジュールなどの点で船客にとって不便が多く、純客船で日本に出入するものは僅かしかない」という船旅の難点も指摘している。

このうち、アジア方面への旅客船利用は、太平洋航路や欧州航路の一部区間によって補われており、戦前の大連航路や台湾航路のような華やかさは見られない。横浜や神戸からハワイ経由でサンフランシスコまで太平洋を横断する旅客船、あるいはインド洋廻りで横浜からマルセイユへ向かう戦前以来の伝統航路が香港とマニラに寄港していた。それらの一部を成す神戸・横浜～シアトル・バンクーバー間には日本郵船が「戦前からの客船氷川丸を改装してこの航路にあたらせている」との記述が見られるが、「日本郵船を除いては各社とも全部貨物船である」とのこと。旅客航路としての斜陽化が始まっていることを窺わせる。ちなみに、国交正常化前の韓国や中国大陸への旅客航路は、同年版の本書には具体的な案内がない。

昭和四十三年版の同書でも「海路」の章と六項目の行先別分類はそのまま踏襲されている。ちょうどその「海路」のページの途中に、カラー刷りの広告ページが挿入されている。表は日本航空、裏は大阪商船三井船舶（現・商船三井）の広告で、後者の広告は海上を航行する大型貨客船を空撮した写真の下部に「海外旅行は日本の客船で　大阪商船三井船舶」というキャッチコピーを、上部には優雅な外国への船旅へと誘う牧歌的な詩を載せている。

「船旅で行こう！
太陽のデッキに　ひろがる憧れ
若さが躍る　潮風のプール
星影のホールは　はてしなき不夜城
夢を結ぶ　月光のセレナーデ」

図91　昭和40年代までは国際航路の旅も一般的だった（『外国旅行案内』昭和38年版より）。

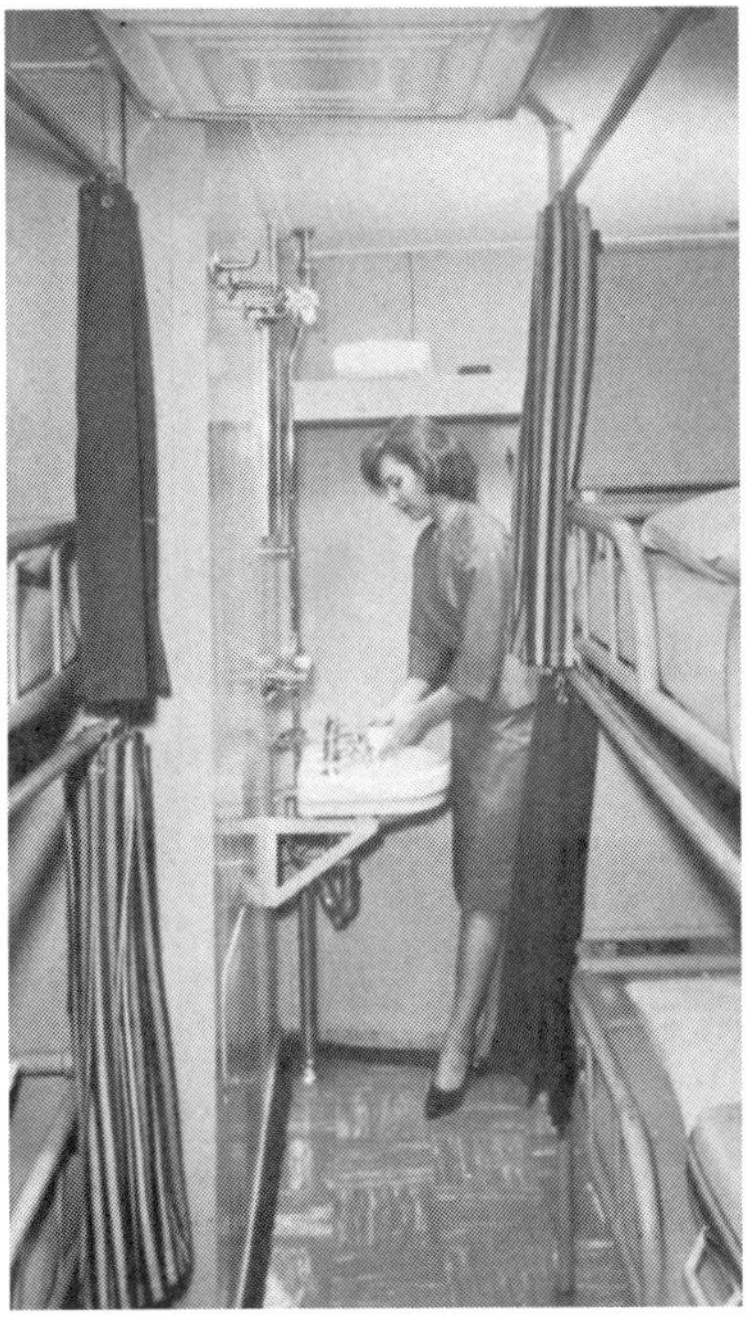

この「海外旅行は日本の客船で」というフレーズは、この時期の大阪商船三井船舶の広告にしばしば見られる。二十一世紀以降の日本では、外国への旅客船は韓国や中国、樺太など一部の隣国への短距離定期航路か、もしくは豪華客船による世界一周クルーズに限られているが、この当時はまだ、海外旅行に船を利用することが一般的な選択肢の一つだったのだ。神戸・横浜からロサンゼルスを経由して南米ブエノスアイレスまで片道五十日をかけて結んでいた最後の南米航路が姿を消し、日本の遠洋定期旅客航路の歴史が幕を閉じたのは、昭和四十八年（一九七三年）のことである。

アジア旅行は不人気だったのか

こうして昭和初期以来久しぶりに、とにかく金と時間さえあれば、日本人が日本列島の外へ自由に旅行できるようになった。だが、かつて大勢の日本人旅行者が訪れた東アジアの旧外地は、昭和四十年代には海外旅行先として目立つ存在ではなかった。

海外旅行自由化直後からシリーズ化された『ブルーガイド海外版』は、日本航空が売り出した日本初の海外旅行団体ツアーのブランドである「ジャルパック」と連動した内容になっており、日本航空が監修していた。したがって、「その出版リストを見てみると、海外旅行自由化後の日本人がどういう国に行きたがっていたのか、だいたいつかめる」（前川健一『異国憧憬—戦後海外旅行外史』ＪＴＢ，平成十五年）という推論が成り立つ。

同シリーズの第一巻は『香港・マカオ・台湾』。それ以降はハワイあるいはヨーロッパ各国版ばかりが続き、アジアを対象とするのは第十二巻の『東南アジアの旅』まで待たなければならない。つまり、海外旅行が自由にできるようになったばかりの頃、日本人旅行者の嗜好は明らかにアジアよりも欧米に向いていた、ということになる。その理由を『異国憧憬―戦後海外旅行外史』では、「日本のアジア侵略という負の歴史に対するわだかまりはあったにせよ、貧しい時代の日本人は、貧しいアジアを旅行しようとはそもそも考えなかったのである。いや、日本人だけの話ではない。貧しい国の人間は、貧しい国を観光しようとは思わないものだ。だから、貧しい日本人はヨーロッパ旅行のおまけとしてアジアを旅したのである。欧米では味わえなかった優越感に浸りながら、日本の若者がアジアを旅行するようになるのは、日本が豊かになってからのことである」と分析している。

ところが、外務省が毎年公表している『外交青書』（昭和61年以前は『わが外交の近況』）の「邦人の海外渡航」という項目を年ごとに見てみると、観光目的での一般旅券発給者の渡航先は自由化初年度の昭和三十九年（一九六四年）はアジアが四四パーセントでトップ、次いで北米二八パーセント、欧州二一パーセントとなっており、アジアへの観光客が最も多い。アジア渡航者の割合は、この統計が「アジア」とひとくくりにせず台湾、韓国、中国、香港、シンガポールのように国・地域別の分類に変わった昭和六十一年（一九八六年）まで、ずっと北米や欧州を抑えて首位のままだった。

昭和四十五年（一九七〇年）に発行された『わが外交の近況』には、「1969年（暦年）の一般旅券の目的別、渡航先国別（延数）統計表」が初めて掲載され、アジアの中でもどの国への渡航者が多かったかが実数で示されている。表92は、昭和四十七年（一九七二年）の同じデータである「一般旅券目的別・主渡航先別発行数（実数）」が掲載されている昭和四十八年（一九七三年）版の同書と並べて、観光目的での主要国別・地域別渡航者数を比較したものである。

これによれば、昭和四十四年（一九六九年）は台湾・香港・マカオへの観光客がアジア行き観光客の四分の三近く、全世界への観光客の三分の一以上を占めている。昭和四十七年になると、マカオへの渡航者が激減しているのは香港渡航者に吸収された集計ルールの変化によるのではないかと思われるが、韓国への渡航者が四年前から四倍以上に急増しているのが目を引く。韓国が外国人観光客を受け入れるようになったのは一九六四年（昭和三十九年）十月。日韓国交正常化はその一年後（昭和四十年十二月）であったから、海外旅行自由化の直後は、まだ海外旅行先として未開拓の地に等しかったためであろう。

なお、昭和四十四年の同表では台湾が「中国（台）」と表記されているが、これは当時、日本と中華人民共和国との間には国交がなく、日本政府は台湾の国民党政権を正統な中国政府とみなしていたことによる。中華人民共和国への渡航者数データ自体が本表には示されていない。逆に、昭和四十七年の日中国交正常化に伴い日本は台湾政府と断交したため、昭和四十八年に作成された同表では中華人民共和国を指す「中国」と、国家承認していない「台湾」をカッコ付きの地域名にして区別している。文化大革命の真っ最中だったこともあり、日本人旅行者の中国への年間渡航者総数（観光や業務も全て含む）は約九千人に過ぎず、台湾渡航者総数の十五分の一にとどまっていた。

表92　昭和44（1969）年と昭和47（1972）年の観光客の主要国別・地域別渡航者数。

昭和44(1966)年			昭和47(1972)年		
渡航先	総計(人)	観光目的(人)	渡航先	総計(人)	観光・訪問・その他の個人的目的(人)
韓国	41,986	25,614	韓国	142,624	131,956
—			〔北朝鮮〕	876	39
中国（台）	214,249	126,401	〔台湾〕	135,722	126,726
香港	206,740	110,372	香港	206,690	196,709
マカオ	130,043	92,495	マカオ	563	525
フイリピン	57,581	12,117	フィリピン	7,686	5,628
インドネシア	24,539	4,026	インドネシア	9,910	5,110
ヴィエトナム	3,324	47	ヴィエトナム	828	193
—			〔北ヴィエトナム〕	60	2
カンボディア	22,213	7,465	カンボディア	58	28
タイ	94,194	26,123	タイ	28,885	25,380
マレイシア	47,552	10,078	マレイシア	1,977	848
ビルマ	5,598	780	ビルマ	598	379
セイロン	5,626	1,400	スリランカ	364	209
インド	42,663	9,200	インド	4,945	3,737
パキスタン	29,924	5,025	パキスタン	242	49
ラオス	3,174	347	ラオス	76	25
—			ネパール	465	421
ブルネイ	2,470	279	ブルネイ	132	9
シンガポール	54,926	12,906	シンガポール	12,650	7,967
—			中国	9,089	1,205
—			モンゴル	62	54
その他	4,750	1,132	その他	163	23
アジア合計	991,534	445,807	アジア合計	564,665	507,222

このように、海外旅行が自由化された後の日本人観光客は、日本に近い東アジアの一部の国や地域にも大勢出かけていた。その目的地の多くは、『ブルーガイド海外版』シリーズがカバーしている香港、マカオ、台湾、そして後発の韓国であった。

アジアの特定地域に集中した理由

初期の『ブルーガイド海外版』シリーズがカバーするアジア地域が少なかったのは、旅行者の嗜好もさることながら、そもそも一般市民が呑気《のんき》に、そして気軽に観光旅行できる地域が欧米諸国に比べて限られていたからではないか、という見方もできよう。

旅行費用の面で言えば、確かに日本から近いアジアの方が安上がりになりやすい。ただ、昭和四十年代から五十年代半ばにかけては、中国大陸やベトナム、ラオス、カンボジアなどは国内の混乱や内戦、地域紛争などで観光旅行どころではなかったし、戦前は日本領だったり日本との直行旅客船があったソ連極東地域の樺太やウラジオストクは外国人の立ち入りが許されなかった。かろうじて平穏を保っていたのは、皮肉なことに、戦後も植民地として存続していたイギリス統治下の香港やポルトガル領のマカオくらいだったのだ。日本人旅行者を受け入れ始めた台湾や韓国でさえ、国内は一党独裁政治や戒厳令が続く準戦時国家で、その緊迫度は現代よりはるかに高かった。

ただ、台湾や韓国、あるいはイギリス統治下にある香港は、アメリカと同じく共産主義と対峙するという国是であるがゆえに日本と同じ西側、つまり自由主義陣営に属していた。『ブルーガイド海外版　香港・マカオ・台湾』における香港観光の解説ページでは、中国との国境を望む展望台を「東西の接点」と形容している。東西冷戦が現在進行形で続いている時代において、東側に属する中国のような共産主義国は、西側に属する日本人からすれば、国境前の展望台からこわごわ遠望する不気味なところであり、その国境は単なる国と国との境界線という地理的概念を超越した政治対立の最前線としての意味を持っていた。

したがって、共産主義圏に属する中国や北朝鮮、ソ連の国民に比べれば、台湾や韓国にとって日本人は同盟国民であり、それゆえに日本人が渡航しやすかったことは間違いない。そして、迎え入れる側の台湾や韓国も、政治情勢はともかくとして、日常的に観光旅行者を受け入れられる程度には自由な社会として落ち着いてくると、外貨獲得の方策として外国人観光客の受け入れに積極的になっていった。中でも、近隣諸国の中でも大きな経済発展を遂げ、国民の海外旅行を自由に認めるようになった日本からの旅行者は、自国内の観光資源や交通手段が整備されれば急速に増える見込みがあったはずである。

特に、日本人旅行者の人気渡航先として台湾や香港・マカオにおくれを取った韓国は、一九七〇年代になると日本人旅行者の受け入れ数が激増した。韓国政府による一九七八年（昭和五十三年）の『韓国観光統計』（交通部・韓国交通公社）によれば、日本人の韓国入国者は、日本の海外旅行自由化初年だった一九六四年（昭和三十九年）にはわずか二千二百八十人だったが、一九七一年（昭和四十六年）

表93 韓国を訪れた日本人旅行者数の推移
（韓国交通部・韓国交通公社『韓国観光統計1978』の「年度別・地域別外来客入国現況」より抜粋）。

年度	入国した外国人総計	入国した日本人	
	人員（人）	人員（人）	構成比（%）
1962	15,184	1,825	12.0
1963	22,061	2,169	9.8
1964	24,953	2,280	9.1
1965	33,464	5,110	15.3
1966	67,965	16,873	24.8
1967	84,216	19,740	24.0
1968	102,748	25,219	24.5
1969	126,686	32,181	25.4
1970	173,335	51,711	29.8
1971	232,795	96,531	41.5
1972	370,656	217,287	58.6
1973	679,221	474,773	69.9
1974	517,590	299,756	57.9
1975	632,846	363,879	57.5
1976	834,239	521,128	67.5
1977	949,666	581,525	61.2
1978	1,079,396	667,319	61.8

（注）「構成比」は入国した外国人総計に対する日本人入国者の割合を示す。

表94 1978年の韓国における「国籍別・目的別外来客入国現況」。訪韓外国人の6割が日本人であり、その大多数が男性である（韓国交通部・国際観光公社『韓国観光統計1978』より抜粋）。

国籍	計（人）	性別（人）		入国目的（人）				
				観光	商用	訪問視察	公用	其他
日本	667,319	男	634,514	570,268	54,945	714	1,657	39,735
		女	32,805					
アジア小計	758,849	男	703,667	614,821	58,178	1,483	4,317	80,050
		女	55,182					
世界総計	1,079,396	男	980,971	701,300	96,489	112,990	40,024	128,593
		女	98,425					

には約九万六千人、その翌年（一九七二年）には約二十一万七千人に急増。一九七八年（昭和五十三年）には約六十六万七千人にまで増えている（表93参照）。同表の「構成比」は全入国外国人の国籍比率を示す数値で、一九七二年以降、日本人が訪韓外国人の半数以上を占めていることがわかる。表94は同じ統計資料に出ている「国籍別・目的別外来客入国現況」で、六十六万人以上に及ぶ一九七八年の日本人入国者の渡航目的は、八割以上が観光目的となっている。政治的・軍事的な繋がりが強いアメリカや、日本と同じ近場である他の近隣アジア諸国からの訪韓者と比較しても、一九七〇年代に入って以降の日本人観光客の多さは群を抜いている。

準外国扱いだった沖縄渡航

それらの一部アジア諸国とは別に、外国ではなく日本の領土であり日本人が居住し観光旅行に行くこともできるが、渡航手続きは日本国内と同じようにはいかないというアジア地域が、昭和四十七年（一九七二年）まで存在した。沖縄である。同年五月に日本へ施政権が返還されるまで、終戦から二十七年にわたって沖縄はアメリカの施政下に置かれていた。

当時の沖縄渡航について、「沖縄返還までは本土から沖縄へ行くのにパスポートが必要だった」という趣旨の説明がなされることがあるが、これは正確ではない。戦前の『旅程と費用概算』を受け継いで改題した『全国旅行案内』（日本交通公社）の昭和四十五年（一九七〇年）版には「薩南諸島と琉球」というページがあり、その末尾に「沖縄への渡航手続」という項目が設けられている。その冒頭の説明は次の通り。

「沖縄への旅行は、一般には『沖縄渡航』といわれるが、正式には『南西諸島への渡航』といい、現在は内閣総理大臣の発行した身分証明書を所持しなければならない。外国へ渡航するときに必要とされる旅券＝パスポート（外務大臣発行）によらないのは、沖縄が先に述べた特殊地域であるためである。通過客で七二時間以内の滞在には身分証明書によらないで、簡単に査証が交付される。沖縄渡航の手続きは、このほかに予防接種証明書と外貨交換の手続きを行なわなければならない。」

この後、身分証明書発行のための具体的な手続きが詳述されている。居住地か本籍地の都道府県庁で申請する点は現在と似ている（現在は住民登録がある都道府県）が、この身分証明書に「琉球列島米国民政府」からの入域許可証が添付されて沖縄渡航の身分証明書となる点が特徴だ。また、七十二時間以内の通過（トランジット）滞在の場合は「東京の琉球渡航事務所」か「海外の米国領事館」で申請することで通過査証（ビザ）の発給を受けて渡航できるとされているが、これは沖縄以遠への航空券か旅客船のチケットを持っていることが条件となる。この手法はパスポートの所持が前提であり、アメリカ領事館発行のビザを入域根拠としているので、前者の身分証明書による渡航の場合よりも外国扱いの感が強い。

沖縄への空のアクセスとして、東京や大阪から日本航空と並んでノースウエスト航空（現在はデルタ航空に統合）が紹介されているのも、沖縄への航空便が純粋な日本国内路線ではないことを物語る。

現地の費用は全て米ドル表示で、那覇の市内交通は「タクシー＝一マイル（一六〇〇m）一五セント（小型）、二〇セント（中型）、二五セント（大型）」「観光タクシー＝南部（一〇～一二ドル）、北部（二五～三〇ドル）、中南部（一七ドル）」などとなっている。なお、アメリカ統治下の沖縄では、タクシーやバスを含む自動車の通行方式は本土と逆の右側通行だったが、これは本土復帰後もすぐには変わらず、本土と同じ左側通行に切り替わったのは返還から六年後の昭和五十三年（一九七八年）であった。

日本人のアジア観の移り変わり

『外国旅行案内』に見る中台の記述の変遷

沖縄は本土復帰によって旅行手続き上も日本国内扱いとなった。台湾は一九七二年（昭和四十七年）の日中国交正常化によって日本との国交を断絶し、一時的に日台間の航空路線も運航停止したことがあった。その時々の国内外の社会・政治情勢の影響が、平時の娯楽であるはずの観光旅行にまで及ぶことがあるのは、戦前の大日本帝国時代の外地旅行と変わりがない。

そのことは、民間会社が刊行する旅行ガイドブックの記述においても同様であった。戦前も社会の戦時色が強まるにつれて、外地向けの旅行ガイドブックに国威発揚を思わせる記述が増えたり検閲による記述削除が施されたりしたが、戦後の旅行ガイドブックでも、国際情勢の変化が掲載内容に反映された。ただ、戦後のケースは、日本人向けの旅行ガイドブックであるにもかかわらず、諸外国のうちの特定国の政治的な主義・主張にばかり配慮しているのではないかと思われる記述が、一部の主要ガイドブックに見られるようになった点が特色と言える。

その顕著な例が、中国と台湾に関する『外国旅行案内』の記述の変遷である。近年の海外旅行ガイドブックは都市別、国別、あるいは近接する複数国を一冊にするパターンが主流であり、政治的に緊張関係にある複数の国家を同じガイドブックに収めることは少ない。そのガイドブックを現地へ持参したときに、対立関係にある他の国の記述の存在が問題視されて当該ガイドブックが没収されるようなことがあっては、書籍本来の用を成さなくなってしまうからだ。現に、北朝鮮に観光旅行で行く場合でも、入国審査時に韓国の旅行ガイドブックが所持品の中にあれば、間違いなく没収される。逆に、日本で朝鮮総聯（在日本朝鮮人総聯合会）の関係機関が発行したり、北朝鮮本国で刊行された北朝鮮の旅行ガイドブックも、韓国入国時の税関検査で見つかれば没収の可能性はゼロではない。

ところが、『外国旅行案内』は全世界を網羅していることが特徴なので、四分冊のうちの『アフリカ篇・アジア篇・大洋州編』には韓国と北朝鮮が同時に掲載されている。同じように、中国本土と香港、マカオ、台湾の旅行情報もこの一冊に収まっている。

日本はサンフランシスコ平和条約の発効とほぼ同時（昭和二十七年四月）に台湾の国民党政権（中華民国）との間で日華平和条約を締結。それから日中国交正常化（昭和四十七年九月）までの約二十年間、日本は台湾政府を中国の正統政権とみなしていた。ところが、日中国交正常化後は逆に北京の共産党政権（中華人民共和国）を中国の正統政権とみなすことになり、今日に至っている。この変化が、『外国旅行案内』の記述にも大きく影響している。

同書の昭和四十六年（一九七一年）版（同年二月刊行）では、香港、マカオ、中華民国、中華人民共和国の順に観光案内が掲載されている。「中華民国（台湾）」の冒頭で当該国や地域の概説をする「一般事情」には、「1949年12月中国大陸の南京から台湾省台北に首都を移した中華民国政府は現在、国連加盟国の過半数によって中国の正統政府と認められている」とある。正確には、中華民国の首都は二十一世紀の現在に至るまで大陸の南京のまま変わっておらず、台北はあくまで「臨時首都」という位置づけであるが、その他の記述は事実に相違ない。

ところが、この年の十月に中華人民共和国が国連における中国の代表権を認められ、中華民国政権はこれを不服として国連を脱退。すると翌昭和四十七年（一九七二年）三月に刊行された同書の改訂版における観光案内のページでは、中国と台湾の掲載順序が逆転して中国が先になった。しかも、前年度までは「中華人民共和国」と正式名称になっていたエリア冒頭のタイトルが単に「中国」となり、「中華民国（台湾）」のタイトルは単に「台湾」だけになった。もちろん、台湾ページ冒頭の「一般事情」からは、「国連加盟国の過半数によって中国の正統政府と認められている」といった中間部分の記述は消え、観光的魅力をアピールする当たり障りのない文章に置き換えられている。

中国への政治的配慮が紙面の随所に

ここまでは事実関係の変化に伴う記述の変更であって、旅行ガイドブックのスタンスとして特段不思議はない。ところが、『外国旅行案内』及びその後の『世界旅行案内』の中国関係の記述をつぶさにチェックしてみると、日中国交正常化以降、中国関係の記述については明らかに中国（政府）への配慮ないし自主規制と思われる編集方針の偏《かたよ》りぶりが、紙面のあちこちから窺えるようになった。同書は各国・地域の観光地紹介ページの冒頭で、「一般事情」に続いて気候や歴史、社会を項目ごとに概説している。このうち、中華人民共和国の「歴史」の第二次世界大戦以降のくだりを、日中国交正常化前の昭和四十六年（一九七一年）版『外国旅行案内』と、昭和五十二年（一九七七年）に改題された『世界旅行案内』とで比較してみよう（いずれも傍線は引用者による）。

「（前略）1946年7月には国民党はふたたび共産党討伐にのりだし、ここに大規模な国内戦争が展開されるに至った。戦局は国民党に利あらず、1949年12月蔣介石は遂に台湾省台北に首都を移した。一方、中国共産党は1949年10月1日北京において毛沢東を主席とする中華人民共和国の成立を宣言した」（昭和四十六年版『外国旅行案内』）

「（前略）1946年7月には国民党は再び共産党弾圧に乗り出し、ここに大規模な国内戦争が展開されるにいたった。1949年5月《ママ》、蔣介石はついに台湾省台北にのがれた。一方中国共産党は、1949年10月1日北京において毛沢東主席を指導者とする中華人民共和国の成立を宣言した」（昭和五十二年版『世界旅行案内』）

傍線部分を比較すると、「共産党討伐」を「共産党弾圧」と言い換えたり、「戦局は国民党に利あらず」との一節を削除したりと、中国共産党目線での書き方に改められていることがわかるが、決定的なのは、歴史上の事実の概説なのに、後者は「毛沢東」を「毛沢東主席」と敬称付きの呼び方にわざわざ改めている点であろう。毛沢東を敬称付きで呼ぶなら、対立側の蒋介石も「総統」などの敬称付きにしなければ中立とは言えない。しかも、存命の政治家ならともかく、後者刊行時点ではすでに毛沢東も蒋介石も亡くなっている（前者刊行時は両者とも存命だったが、両者とも呼び捨て）。

このくだりの後は、両者とも文化大革命によって国内改革が進んでいるとのほぼ同じ記述があるのだが、昭和四十六年版ではさらにその後に、「一方1964年10月以来、5回の核実験を行ない、米ソなどに次いで5番目の核保有国となっている。」との説明が付されている。この中国の核兵器保有に触れた一節は翌昭和四十七年（一九七二年）版では削除され、「一方1971年10月には国連への復帰が承認され、歴史に新しい一ページを加えることとなった。」という記述に差し替えられた。

この部分以外にも、観光地の紹介文で昭和四十六年版に「毛沢東」と呼び捨てだった箇所は、昭和五十二年版では「毛沢東主席」に改められている。毛沢東とほぼ同時に亡くなった周恩来についても、「故周恩来総理」と表現している。「故蒋介石総統」という表記が皆無なのと比べれば、扱いの差は歴然である。

上海の紹介ページにある「歴史」の記述も、中国共産党関係者が喜びそうな加筆がなされている（いずれも傍線は引用者による）。

「（前略）1932年には日本との間にいわゆる上海事変が勃発し、37年日本軍に占領されたが、45年日本の降伏とともに国民党政府のものとなった。49年5月人民解放軍によって国民党から解放され、上海市人民政府が成立した」（昭和四十六年版『外国旅行案内』）

「（前略）1932年には日本との間にいわゆる上海事変が勃発し、1937年日本軍に占領されたが、1945年日本の降伏とともに国民党政府のものとなった。上海が解放されたのは、1949年5月27日。25万の解放軍は軍紀厳正、まさに〝神の軍隊〟として讃えられた。また地下活動を行なっていた共産党員と、その指揮下の労働者は、武装工場防衛隊を組織して工場を守ったので、上海の工業は殆ど無傷のまま解放軍に接収されたのである」（昭和五十二年版『世界旅行案内』）

当時の共産党軍が「神の軍隊」だったのかどうか知らないが、歯の浮くような讃辞が加えられた後者の記述は、どこか昭和十年代の大日本帝国時代を彷彿とさせる。これが中国政府の公刊物ではなく、日本の旅行会社が編集した旅行ガイドブックに書かれている点がポイントである。

昭和五十二年版『世界旅行案内』の中国に続く台湾のページでは、他のほとんどの国々のページにある冒頭の「一般事情」を構成する総論以外の「自然」「気候」「歴史」「政治」「社会」「産業」のうち、『外国旅行案内』時代の台湾のページにはあった「歴史」と「政治」の項目が丸ごと消滅している。日本人旅行者も興味を持ちやすいであろう日本統治時代があったことも含めて、台湾独自の歴史の概説が削除されているのだ。

この台湾のページの冒頭には、「Taiwan」とか「Republic of China」といった英語名が記載されていない。本書では各国や地域のページの冒頭には、その国・地域の英語名が併記されているのに、台湾だけそれがないのだ。『外国旅行案内』時代にはちゃんと英語名が併記されていたのに、である。香港のように独立国でない地域でも、中国本土と別扱いであるとして英語名が付されている地域と比較すると、本書の台湾の紹介ページは、その直前まで掲載されている中華人民共和国の地方都市紹介の続きのように受け取れる。

そして極めつきは、台湾の各ページの本文上部に印刷されるヘッダーと呼ばれる国名の見出しが全て「中華人民共和国」となっていること。「台湾は中華人民共和国の一部である」という編集方針は、この点からも明らかである。つまりこのガイドブックは、「台湾が中華人民共和国の一部である」という見解が、台湾旅行をする日本人にとって有用な情報だと判断していることになる。

この中国の扱いが特異であるというのは、同書に載っている韓国と北朝鮮の記述を比較するといっそうわかりやすい。同書では韓国の次に北朝鮮の観光案内も載っているが、北朝鮮のページの冒頭に掲げられている名称は正式国名の「朝鮮民主主義人民共和国」。英語の国名もちゃんと書かれている。日本は北朝鮮と国交がなく、しかも日韓基本条約（昭和四十年締結）によって韓国を「朝鮮にある唯一の合法的な政府」と認めるのが日本政府の立場だから、同書の中国と台湾の関係になぞらえれば、北朝鮮のページも大韓民国の一部として掲載しなければ筋が通らない。にもかかわらず、北朝鮮は韓国とは別個の独立国家として旅行情報を掲載しているのだから、ダブルスタンダードというほかない。

確かに、日中国交正常化の際に出された日中共同声明では、「台湾は中華人民共和国の一部である」という中国政府の立場を、「日本国政府」が「十分理解し、尊重」するとされている。ただそれはあくまで政府間の問題であって、少なくとも、独裁国家ではない日本の民間旅行会社がその見解に拘束される理由はない。現在、日本の書店に並ぶ中国や台湾のどの旅行ガイドブックを開いてみても、ここまで中国側におもねっている内容はまずない。

だいたい、台湾へ旅行に行きたいと考えるほとんどの日本人にとっては、日本政府の公式見解などどうでもよいのであって、中国のガイドブックを買って台湾のページを探すという行動はまずしない。旅行ガイドブックとはそんなものだ。出版元の日本交通公社がそれを理解していないはずはない。

ということは、一連の記述は購入者である日本人観光客に向けているのではなく、別の理由があって掲載されている、という推測が成り立つ。

そのヒントが、同書の中国「旅行事情」の記述に見られる。

「現在中国への旅行は日中友好関係団体や、各分野の代表団、使節団などで中国側の同意を得た極めて限られた場合にのみ可能であり、またいわゆる観光を目的とした旅行はできない。

現在中国を訪問することができる場合を大別すると

1．訪中希望者や関係団体が中国側の関係機関から直接同意（招聘状）を取りつけた場合。

2．日本の特定の旅行社（日本交通公社その他中国国際旅行社と業務関係をもつ旅行社）を通して、中国の受け入れ機関である中国国際旅行社の同意を得た場合。（この場合も個人でなく、一定の目的を持つ友好的団体に限られ、半年～1年位前に中国側に提案することになる。）」（傍線は引用者による）

このように、当時の中国旅行は現代のような個人の自由旅行は不可能で、中国側と強いコネクションを持つ「特定の旅行社」が団体手配旅行の業務を独占的に担っていた。そして、同書の出版元である日本交通公社は、この記事の通り、中国側の受け入れ機関である中国国際旅行社と業務関係を持つ「特定の旅行社」であった。

そして、同書刊行当時の中国はまだ文化大革命の余韻が冷めやらず、公式の終結宣言が出ていない時期でもあった。一九六六年（昭和四十一年）から一九七六年（昭和五十一年）秋の毛沢東死去まで続いた文化大革命の期間中、一般の外国人はほとんど中国に入国できず、新聞記者でさえ、親中的な記事を書き続けた朝日新聞を除く日本の他の新聞社の特派員はことごとく国外追放されてしまい、中国国内の客観的な情報を日本で得ることは極めて難しかった。

報道機関への対応でさえそんな状態だったことを、中国渡航の手配を業務とする同社の編集スタッフは当然承知していたはずである。それゆえに、「政治と観光旅行は別だから」という日本人的感覚で記事を書くと、思いもよらぬところで中国側のご機嫌を損ねて「特定の旅行社」としての自社の営業上の独占的利益を害してしまうかもしれない、と同書の編集スタッフが考えたのか、同社の高度な経営判断があったのかは確かめようがない。ただ、そういう営業上の判断がこれらの紙面への配慮となって表れているのではないか、と思えるほど、同書の中国に対する政治的配慮は過剰であった。

もっとも、それは「複数の国や地域を一冊に包含する」という同書ならではの特殊な宿命と見ることもできる。中国への配慮が一切いらない『ブルーガイド海外版』の昭和四十七年版『香港・マカオ・台湾』編には、「台湾の現代を見る」というページに次のような記述がある。

「＊世界情勢下における位置

台湾が反共国家群の中のきわめて有力な一員であることは明白である。もし中共内部に分裂混乱が生じたとき、もっとも積極的に乗り出すのは台湾政権をおいて他にないことも明瞭である。

（以下略）」

同書は国連の中国代表権が台湾政府から北京政府に移った翌年に刊行されている。『外国旅行案内』の中国への配慮はこの年の改訂版から始まっているが、中国行きの旅行ガイドブックを出してい

図95　昭和34年版『外国旅行案内』に掲載されている台湾の航空会社の広告。「自由中国」とは台湾のことで、中国大陸を実効支配する共産党政権に対して正統性を主張する呼称として、広告などにもしばしば登場した。なお、「京城」とは韓国の首都ソウルのこと。

ない『ブルーガイド海外版』はそんな配慮のそぶりも見せない。むしろ、こちらはこちらで、台湾寄りの目線で書かれているように読める。本書にしろ、『世界旅行案内』にしろ、「旅行ガイドブックだからニュートラル（中立的）、というのは錯覚である」ことを示す好例と言えよう。

中国旅行が文革後に〝社会科見学〟として復活

一般的な観光目的では旅行できない、と『外国旅行案内』（及び『世界旅行案内』）に書かれ続けた中国旅行事情に変化が訪れたのは、文化大革命の終結後である。昭和五十四年（一九七九年）版の『世界旅行案内』の中国「旅行事情」の記述は次のようになっている。252ページに引用した昭和五十二年（一九七七年）版と比較すると、違いがよくわかる。

「最近まで中国への旅行は、日中友好関係団体や、各分野の代表団、使節団などで中国側の同意を得た極めて限られた団体の場合にのみ可能であり、またいわゆる観光を目的とした旅行はできなかった。しかし、1978年からは、日本の特定旅行社（日本交通公社などの中国国際旅行社と業務関係をもつ旅行社）が、中国側斡旋機関の承認を得て主催するパッケージ・ツアーに限り、一般の個人でも中国旅行に参加できることになった。」

ここでいう「パッケージ・ツアー」とは、二十一世紀の日本で広告募集されている一般的な海外旅行団体ツアーとはやや趣を異にする。再び同書の記述に拠ると、

「中国の旅行事情で、特に理解する必要があるのは、中国は社会主義国であり、旅行事業も社会主義的性格をもっているということ。つまり、旅行の目的は、『交流によって相互理解を深め、友好を増進するため』であり、従って訪問者の受け入れも限度があり、無計画に、大量に受け入れることはしない。

旅行の内容も、いわゆる観光ではなく、農村（人民公社）、工場、教育施設、文化施設、病院、住宅など、中国社会の各方面を参観し、各分野の人々と交流することが目的となる。名所古跡の見物もあるが、それはあくまで旅行の一部としてとらえられている」

「中国旅行は既に述べたとおり、観光旅行、名所めぐりではない。農村や、工場、学校住宅などの参観と交流が主であり、一般的な個人旅行はできない。団体旅行だから、訪問都市や旅行内容も、団体の希望をもとに中国側と協議してから決めることになる」

……というように、いわば〝社会科見学〟に近いものであることがわかる。日本人が戦前から戦後にかけて長らく抱き続けた「旅行には大義名分が必要」という考え方に似ていないだろうか。現代で

も、北朝鮮の外国人向け観光旅行はこれに近い内容であることが多いし、旧ソ連も国内を外国人が自由に旅行することは認めていなかった。だから、ここに書かれている中国旅行事情は社会主義国に概ね共通する内容と言える。

これらの種々の制約はやや堅苦しくもあるが、ともかく中国が一般の日本人旅行者を受け入れるようになったことで、日本人は戦前以来、久しぶりに中国大陸を旅行先として選択できるようになった。と同時に、中国という国を通して、事実上、東アジアで初めて社会主義国という国家の様子を自ら見聞できるようになったのだ。

もっとも、「観光旅行」という物見遊山の旅行を国民にも建前上認めない国家体制だから、旅行の利便性を図る交通インフラは限られており、中国への出入国も不便を強いられた。

文化大革命が始まった頃は、昭和四十三年（一九六八年）版『外国旅行案内』によれば、北京からモスクワ（ソ連）、ハノイ（北ベトナム）、ラングーン（現・ヤンゴン。ビルマ〔現・ミャンマー〕）、平壌（北朝鮮）へ、上海からカラチ（パキスタン）、パリ（フランス）への国際航空路線が設定されていた。国交がなかった日本国民は、イギリス統治下にあった香港でビザを取得して、列車で国境を越えて中国側の深圳《シエンジエン》から入国するのが唯一の渡航方法だった。国交がないということは相互に大使館や領事館を相手国に開設できないだけで、国交がある第三国の大使館でビザを取得することは不正な行為ではない（ただし、当時の日本のパスポートは国交のない中華人民共和国〔中国大陸〕を除外国とするのが原則だったので、日本の法令に抵触せず中国へ渡航するためには、あらかじめ中国大陸を適用範囲に含んだパスポートの発給を受ける必要があった。２１９ページ参照）。現代の日本人も台湾にビザなしで大勢渡航しているし、絶対数は少ないが、北朝鮮へも、北京やウラジオストクなどの北朝鮮大使館・総領事館でビザ発給を受けて観光旅行者が訪れている。

ところが、文化大革命が進行すると中国が鎖国に近い状態となり、国際航空路線の規模は逆に縮小した。昭和四十七年（一九七二年）版の同書によれば、広大な中国全体に発着する国際航空便が、ソ連中部のシベリアに位置するイルクーツクへの週一便だけとなっている。かろうじてモスクワ、平壌、ハノイの近隣社会主義国には北京から国際列車が運行されているが、中国国内へアクセスすること自体が物理的に難しかったと言える。日本からの中国渡航は、戦前よりも逆に不便になってしまう退行現象が生じていたのだ。なお、文化大革命が終わった直後の昭和五十二年版『世界旅行案内』では、中国と世界各地との国際航空路線網が復活しており、直行便の運航都市の中に東京と大阪の名も見られるようになった。

中国社会の価値観の変化を行間に見る

各都市紹介の前に列挙されている「旅行上の注意」も、日中国交正常化前の『外国旅行案内』と『世界旅行案内』を比較すると、細かい違いがある。その記述からは、文化大革命中、あるいは改革開放政策の初期段階における中国人の価値観や社会常識の一端を垣間見ることができる。

「旅行上の注意

1. 国名は正しく呼ぶこと。中国の正式な名称は『中華人民共和国』で、略すときは『中国』。『中共』、『シナ』などということは正しくないばかりでなく、ときには侮辱ととられる場合もあるので注意のこと。とりわけ二つの中国という考え、表現は厳につつしむこと。

2. チップは、全くいらない。出しても受けとらないし、気楽な旅行ができる。贈物なども原則として受けない。

3. 写真はどこでも撮れる。撮ってはいけないところは、航空機の上からとか、軍事施設、特定の空港、工場、鉄橋などで通訳などから注意がある。フィルムは中国では割高なので、必要本数は十分用意のこと。特にカラーフィルムは入手困難である。

4. 買物をする時は、経済のしくみがちがうので『値切る』ことは無理な話。

5. おみやげを買うコツとしては、必ず各地にある外人専用の友誼商店で買うこと。友誼商店の場所は旅行社、ホテルなどで案内してもらうこと。

6. タブー二つ三つ

イ. 戦前の話はしないこと。

ロ. 道路や公共の場所をよごさないこと。『新中国になってハエがいなくなった』といわれるほど、街路などは清潔に気をつけているので、くわえタバコや、道路に吸がら、紙くずなどを捨てることなどつとめてさけること。
7．生水はのまないこと。その代りにどこでも、お茶がふんだんに出てくる。」（昭和四十六年版『外国旅行案内』）

「旅行上の注意
1．中国旅行の場合、中国側の歓迎にこたえる友好的な旅行をするためには、特に日中関係の歴史や中国の諸事情についても勉強していきたいもの。
2．国名は正しくよぶこと。中国、正しくは中華人民共和国。『中共』は中国共産党の略称にはなっても、中華人民共和国の略称にはならない。いわんや『支那』というようなことでは、中国旅行は失格。
3．無神経に、戦中戦前の話をしないこと。
4．中国の人々は、チップや個人に対する贈り物は絶対に受け取らない。無理に渡そうとすることは失礼。
5．買物では絶対に値切らないこと。釣銭はきちんと受け取ること。
6．写真を撮ることは自由だが、飛行機からの撮影は厳禁。禁止対象もあるので、判断に迷う時は中国側の同行者に尋ねる。特に一般の中国の人を撮る時は、必ず同意を。かくし撮りはトラブルのもとになる。
7．服装は四角ばる必要はないが、過度のおしゃれも禁物。工場や農村の参観も多いので活動的な服装がよい。
8．ゴミは別として、修理すれば使えるような不要品を捨てる時は、忘れ物とまちがえられないように『不要』と表示して捨てること。
9．生水は飲まないこと。そのかわりどこでもお茶がふんだんに出される。」（昭和五十四年版『世界旅行案内』）

内容は良識的なアドバイスが多いのだが、同じ内容でも後者の方がより生硬で、上から目線のきつい表現になっている。後者の「1」などは、果たして「旅行上の注意」と言えるのかも疑問である。後者の記述は改革開放政策が始まり、市場経済原理が中国社会に導入されるようになる初期の中国を旅行する際の注意事項だが、「過度のおしゃれも禁物」などは文化大革命の余韻を感じさせる。当時の中国ではいわゆる人民服（中山服）を着ている人ばかりだったので、日本の感覚で華美な恰好をするとかなり浮いた存在になったに違いない。

現代の中国旅行ガイドブックなどに書かれているアドバイスとは真逆の内容もある。「買い物の際に値切ってはいけない」という項目だ。前者の記述は「経済のしくみがちがうので」という理由でやんわりと控えるように諭しているが、後者になると、理由も記さずただ「絶対に」と強い表現で値段交渉行為を禁じている。だが、これから十五年後の平成六年（一九九四年）に刊行された『地球の歩き方　旅の会話集⑫中国語／英語』（ダイヤモンド・ビッグ社）では、「サバイバル会話――③買物・宿泊」のページの筆頭に「太貴了！」（高い！）というフレーズを挙げ、「旅の必須センテンスだ！」と強調している。

私事にわたるが、この会話集が刊行された頃とほぼ同時期に私が大学で第二外国語として選択した中国語の授業でも、「中国へ旅行に行って買い物をするときは、外国人と見られると吹っ掛けられることが多いので、とにかく最初は『太貴了《タイグイラ》』と言って値切ってみるとよい」という趣旨のアドバイス（？）を、講師が雑談として話していた記憶がある。そして、私は実際にその授業の学年末試験終了後に一人で中国を一ヵ月半ほど旅行し、行く先々で教えに従い「太貴了」を多用して値段交渉をしていた。当時としては、講師のアドバイスは現地の事情に即応した有益なものであったというのが私の実感である。

そのような授業が日本の大学の中国語授業で行われていたわずか十五年前に、「中国での買い物の際は値切ってはいけない」と旅行ガイドブックで強調されていた理由は、「経済のしくみがちがう」というかつての『外国旅行案内』の理由付けに近い。つまり、純粋な社会主義国では、全ての物の値段は国家が決めることになっている。その国家が決めた値段より安く買ったり高く売ったりすることはよくないことなので、市場経済原理が導入される前の中国では値段交渉そのものが不適切な行為である、という価値観が一般的だったのだ。それから十五年後の旅行ガイドブックの記載の変化は、中国に市場経済原理が浸透したことによる中国人の価値観の変化の表れであり、同じ頃に私が大学の中国語講師から教わった「中国では外国人は高額の金銭支払いを吹っ掛けられやすい」というアドバイスも、そのような変化を肌で感じた経験によるものだったのかもしれない。

中国では、外国人を「外賓《ワイピン》」（外国のお客様）と呼び、国家として、また社会全体で大切にもてなすべきとする考え方がある。改革・開放政策が始まり、多数の外国人が中国を訪れるようになると、社会サービスのさまざまな場面で外国人専用の優遇施策が用意された。たとえば、列車に乗るにはどの駅でも中国人民が長蛇の列を作り、何時間も並ばなければ切符を買えなかったが、外国人向けに外国人専用窓口が設置されて優先的に切符が購入できるとか、ホテルも外国人が宿泊できる施設を一定ランク以上の高級ホテルに限定したりした。

ただし、優遇措置を受ける代わりに、同じサービスを受けるのに外国人は中国人の約三倍が相場とされる外国人料金なる金額を支払わなければならなかった。列車の切符も、ホテルの宿泊料も、観光施設の入場料も、外国人というだけで必要額が中国人の何倍もかかったのだ。外国人料金という制度自体は中国だけでなく、ソ連（現・ロシア）をはじめとする社会主義国で広く導入されていた制度だが、中国ではそれがだんだん悪用されて、観光地では市中の食堂まで外国人料金を設定し、同じ料理を食べても外国人からは高い価格を徴収しようとする、というようなことまで起きてきた。これも私自身の経験だが、他の日本人旅行者と日本語を話しながら入った食堂で店員に外国人と認識され、最初に提示された英語メニューの料理の値段がやたらに高かったので、「漢字が書いてある中国語のメ

図96　1996年に北京・紫禁城（故宮）で発行された外国人用入場券。英語で印字され、中国人料金の2倍以上に相当する55元が外国人料金として設定されていた。

ニューと交換してほしい」と要求したら、出てきた中国語のメニューの値段が英語メニューの同じ料理より全て安かった、ということがある。要するに、「外国人は大切なお客様だから特別サービスをしてその分高い対価をいただく」というより、「外国人は金持ちだから同じサービスでも高い金を払わせてよい」という国籍差別のような発想に社会全体がシフトしがちになってしまったのだ。

こうした発想を制度として裏付けたのが、一九八〇年（昭和五十五年）から中国で使用された外貨兌換券である。外国人旅行者が中国で外貨を国内通貨に両替すると、中国人民が日常的に使用する人民元ではなく、この外貨兌換券が手渡された。額面上は人民元と等価だが、外貨兌換券を持っていれば、外国人優遇措置の一環として国営商店より良質の外国製品などを並べていた外国人向け商店を利用できるなどの特権的付加価値があり、ブラックマーケットで人民元より高く取引された。

このように、中国はもともとの物価が安かったにもかかわらず、旅行先の至るところで割高な外国人料金に直面せざるを得

図97　中国で発行されていた外貨兌換券。裏面に英文が記載されていて、人民元とは別の通貨であることが外国人にもわかりやすくなっている。

なかったことから、台湾や韓国と異なり、中国観光旅行は廉価になりにくい性質を持っていた。このため、一九九〇年代半ばの個人旅行者向けガイドブック『地球の歩き方』の『中国編』などでは、見た目が中国人に似ている日本人の特性を活かして（?）、中国人のふりをして中国人料金で安く旅行するテクニックなどが堂々と掲載されていた。以下は、平成七年（一九九五年）に刊行された『地球の歩き方⑥中国96〜97』の「中国大陸を走る鉄道旅行入門」の一節「中国人料金を追求するならば」である。現在では「旅先で身分を偽って本来支払うべき料金を払わない手法をガイドブックが推奨していいのか」と炎上しかねない内容だが、少なくとも一九九〇年代半ばまでは、日本人個人旅行者の間ではこの種の記述が有益な旅行情報として許容され、読者からは歓迎すらされたのだ。

「中国人料金を追求するならば

中国人料金追求の第一歩は、一般中国人のような服を着ることから始まる。もちろん、カバンやくつも中国人と同じにする。

次に、お金は絶対に財布から取り出してはならない。中国人は、ほとんど財布というものを持たないからだ。あらかじめ運賃を計算しておき、まごつかないようにしておこう。

切符はすべて中国語で頼めるように、必要事項を暗記しておく。それ以外は黙っているか、自分の語学力に頼るしかない。例えば、上海からウルムチ行きの54次を1枚、明日の硬座というように買いたかったら、

『明天的54次、到烏魯木斉的、一張硬座』。

もちろん直接駅に行き、半日でも1日でも、ひたすら並んで切符を買う。また、ここまで、徹底追求せずに、ただ受動的に〝どうか、外国人料金になりませんように！〟と願うだけでも、天のごほうびか何か知らないが、だまって中国人料金の切符を売ってくれることもある。

なお、車内検札の時、ビクビクしながら中国人料金の切符を見せても、服務員がニコニコと検

札を終えてくれる場合もあれば、追加料金を取られ、ハラを立てることもあるだろう。だから中国人料金を追求する人は、ダメでもともと、もしうまくいったら、天の恵みと、中国の人民の感《ママ》謝！」

（※引用者注……「硬座」とは中国の列車の二等座席車のこと。一等座席車は軟座、二等寝台車は硬臥、一等寝台車は軟臥といい、硬座は最も運賃が安いクラス）

外貨兌換券は一九九五年（平成七年）から流通が停止され、中国国内に事実上二種類の通貨が流通する事情は消滅した。さらに、鉄道運賃や航空運賃も一九九〇年代半ばから徐々に外国人と中国人の料金差をなくしていった。

これらは中国政府や中国人自身が道徳的に問題意識を持って解消したわけではなく、中国がＷＴＯ（世界貿易機関）に加盟するうえで、外国人料金の存在はＷＴＯが求める内国民待遇の原則（自国内で自国民や自国製品と同等の権利を他国の国民や外国製品にも保障すること）に反しており、その改善が必要だったからだと言われている。実際、一九九〇年代後半に初めて中国を旅行した私は、公式には外国人料金が廃止されているはずなのに、中国の国営旅行社が正規運賃の二倍から三倍の鉄道運賃を提示して日本人旅行者に切符の手配をしていたのを何度も見た。２６４ページに記した食堂での英語割高メニューの私の体験談も、実は二十一世紀になった直後のものだ。「外国人からは割高な金を取ってよい」という発想で商売する意識が実際の中国社会から薄れていくには、それなりの時間の経過が必要

図98　北朝鮮の外貨兌換券。青い紙幣は資本主義国の通貨と交換するもので、これとは別に、社会主義国の通貨と交換する赤いデザインの兌換券も存在した。

だったのだろう。

なお、自国通貨とは別に外貨兌換券を用いる通貨制度は、中国以外に北朝鮮や軍事政権下のミャンマーでも採用された時期がある。北朝鮮の場合は、通常のパスポートで日本人が旅行できるようになった頃に日本で発行されていた旅行ガイドブック『朝鮮観光案内』（朝鮮新報社出版事業部、平成二年）には、そもそも具体的な外貨との交換レートに関する記述がなかった。その改訂版にあたる『朝鮮―魅力の旅』（朝鮮新報社、平成八年）では日本円との交換レートが「1ウォン＝60円くらい」と明示されているが、この「ウォン」が一般に流通する人民ウォンではなく外貨兌換券という別の通貨であることはまったく示されていなかった。建前上は外貨と両替できない人民ウォンと等価だが、中国の外貨兌換券と同じく品揃え豊富な外貨商店で利用できることから、北朝鮮国内のブラックマーケットでの需要は大きかったようだ。私自身が平成九年（一九九七年）に平壌で市民から直接聞いたときは、外貨兌換券は闇レートで人民ウォンの八十倍の価値があるとのことだった（詳しくは拙著『鉄馬は走りたい――南北朝鮮分断鉄道に乗る』（草思社、平成十六年）参照）。また、同じ外国人でも、北朝鮮を訪れる外国人観光客の大半を占める中国人は遅くとも一九九〇年代半ばには外貨兌換券と交換せず、中国の人民元をウォンに換算して直接使用していたので、中国に比べると、北朝鮮の外貨兌換券は制度として徹底されていなかったようである。

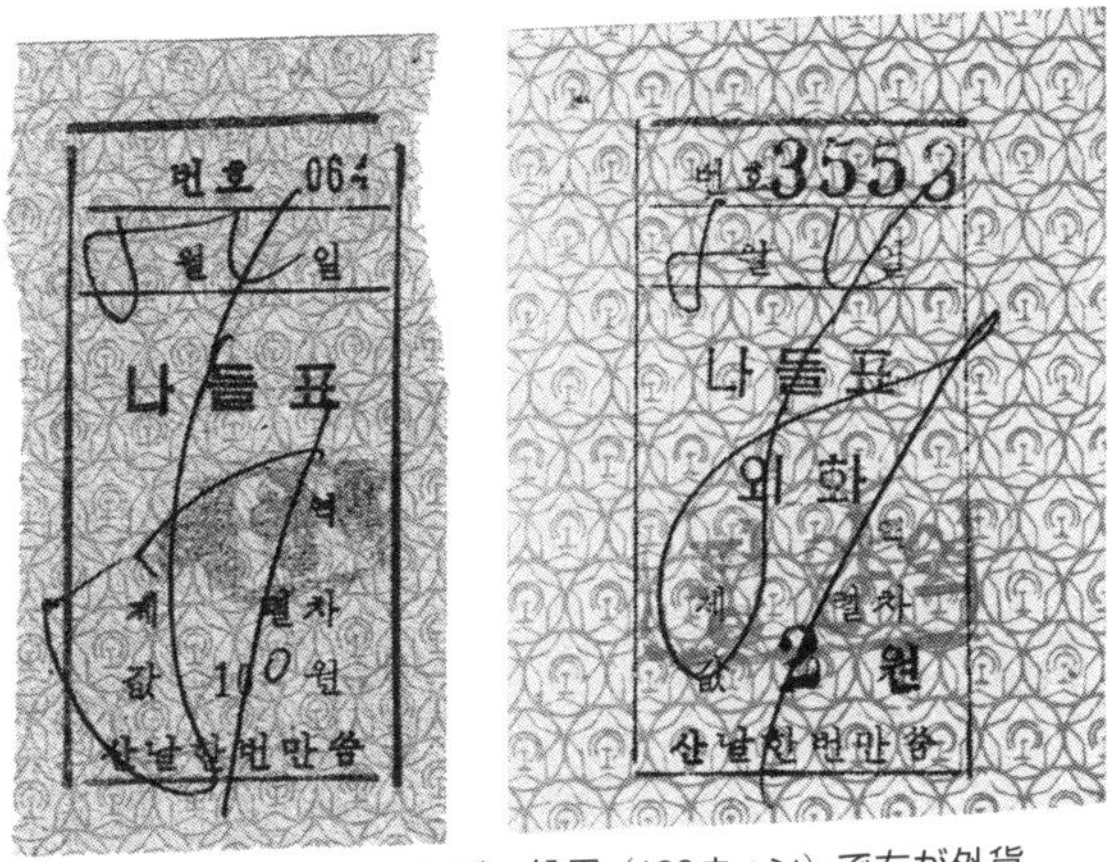

図99　平壌駅の入場券。左が一般用（100ウォン）で右が外貨用（「2ウォン」と印刷されているが中国元で1元）。機能は同じだが国内人と外国人とで値段が異なる一例。

　ミャンマーでは、個人旅行者が入国時に二百ドル分を強制的に外貨兌換券に交換させられることになっていた。この兌換券は米ドルへの再両替ができず、ミャンマー国外でもまったく通用しない。自国を訪れる外国人旅行者から少なくとも二百ドルは徴収しようというかなり強引な外貨獲得策であり、高級ホテルに泊まったり、短距離でも列車ではなく飛行機を利用したりしないと、短期間では使い切れないことになる。『地球の歩き方』の『ミャンマー編』も、「旅行期間が短い人には困った制度」と指摘していた。

以上のように、外貨兌換券制度は本来、社会主義国が外貨確保の手段として用いる制度だった。現在では、文民政権に移行したミャンマーは外貨兌換券を廃止して国内通貨に一本化したが、外国人向けのホテルや観光地では米ドルでの支払いが求められるケースも少なくない。北朝鮮も外貨兌換券は廃止したが、外国人旅行者には原則として人民ウォンを使わせない方策は変わっておらず、外国人旅行者は中国の人民元やユーロ、時には米ドルや日本円で直接支払うようになっている。アジアから姿を消した外貨兌換券制度を現在も採用しているのは、中米の社会主義国キューバくらいである。

戦後アジアの旅行会話事情

通貨とともに、戦後の東アジア旅行事情において主役の交替が起こったのが言語である。大日本帝国時代には日本語が日本の海外領土やそれに準ずる権益地等で広く通用したことは、第一章で詳述した通りである。

第二次世界大戦に日本が敗れて、日本列島の外にあった台湾、樺太、関東州、朝鮮、南洋群島といった海外領土や租借地は全て日本の手を離れた。当然ながら、それらの地域では日本語教育が行われなくなり、各地域の固有民族の母語が国語となった。その結果、複数の国家を跨《また》いで広範囲で共有される公的なアジア固有の統一言語が存在しなくなった。

短期間だけその地域を訪れる観光客が、海外旅行のたびに母語と異なる現地の言葉をいちいちマスターしていくわけにはいかない。そこで、旅行会社の添乗員が常時帯同する団体旅行の場合は別として、ホテルに泊まるにも食事をするにも列車の切符を買うにも自力で現地の人たちとの会話が不可欠になる個人旅行者の場合は、母語以外の言語で旅行のための最低限のフレーズを覚えたり、買い物のために数を数えたり、ということが必要になった。国別・地域別の海外旅行ガイドブックでは、巻末に「旅の簡単会話集」のようなコーナーが必ず載るようになった。

国際共通語として日本人がまず思い浮かぶのは英語であろう。「自分は英語ができない」と意識する日本人が多いのは事実だが、では、日本語以外の言語で挨拶のワンフレーズくらいは言えたり、一から十まで数が数えられる外国語があるかと聞かれれば、大半の日本人は、それくらいなら学校で習った英語を覚えている。一方、フランス語やスペイン語では、日本人の多くは朝昼晩の挨拶の使い分けや数のカウントさえ満足にできないのが普通であろう。その意味で、英語の通用度は日本人旅行者にとっても、旅行のしやすさの尺度の一つにはなる。

だが、日本人旅行者が頻繁に海外旅行へ出るようになった昭和四十年代以降から平成初期頃まで、つまり二十世紀後半の時期は、英語は、アジア旅行時には必ずしも広範囲で有用なわけではなかった。旅行上必要な情報を得るのにほぼ英語で事足りたのは、イギリスの植民地である香港、かつてイギリス領だったシンガポールやマレーシア、インドやパキスタン、アメリカ領だったフィリピンなど、英語を公用語もしくは準公用語としている地域に限られた。

他方、アジアに限らず世界規模での事情として、フランスの植民地だった地域では、独立国となった後もフランス語の方が通用度が高いことが多かった。『外国旅行案内』の昭和四十三年（一九六八年）版でベトナムのページを開くと、当時の日本は南ベトナムとだけ国交があり、しかも内戦中で観光旅行どころではないと記したうえで、言語事情について「ベトナム語が国語であるが、仏領であったため、仏語はもちろんどこでも通用する」と紹介している。カンボジアは、この頃はベトナムによる侵攻や国内クーデター、ポル・ポト派の支配などが起こる前の平穏な時期で、同書によれば「観光査証は現地到着後空港でも簡単に取得できる」状況であり、言語事情について「フランスの支配が長かったせいで、フランス語がかなり普及している」と紹介している。これらの国で旅行会話として英語が有用になるのは、フランス語で高等教育を受けた世代が少なくなっていった一九九〇年代以降のことである。

中国の場合、『世界旅行案内』の記述が示す通り、一九七八年（昭和五十三年）に日本人観光客を受け入れ始めてからしばらくは、常に中国側の通訳兼ガイドが同行する団体旅行しか認められず、個人の資格で自由に中国を旅することができなかった。そのため、旅行に必要な言語として最低限の中国語を頭に入れておく必要はなかった。そして、一般の中国人も日常生活の中で外国人との接触機会がないので、中国全体における英語の通用度は著しく低かった。どんなに英語が堪能で行動力がある個人旅行者も、中国大陸では中国語ができないと困り果てることになった。平成七年（一九九五年）に改訂された『地球の歩き方』の『中国篇』巻末に載っている中国語会話集コーナーでは、総論に「中国では英語は通じない」という小見出しを掲げて、「高校を卒業しても英語を話せないという状況（小学校3年から英語教育を始める地方もある）は、ほぼ日本と同じ」という皮肉交じりのコメントを付している。

ただし、日本人の場合は、漢字を紙に書いて筆談する、という欧米人では容易に真似できないテクニックによって、中国人と最低限の意思疎通をすることができる。戦後の中国大陸では日本漢字と異なる簡体字を用いてはいるけれども、この点は台湾や香港でも戦前から変わらない。事情が異なるのは韓国と北朝鮮で、戦後の朝鮮半島ではある時期から漢字教育がほとんど行われなくなったため、戦後半世紀以上を経て、高齢者を除いて漢字の筆談による意思疎通はほとんどできなくなった。

現地の高齢者との意思疎通として戦後の東アジア旅行に特有だったのは、日本語の通用という点である。戦前に日本語教育が行われていた旧外地では、学校で日本語を教わった世代は、当然ながら戦後も日本語を解した。『外国旅行案内』の昭和四十三年版を開くと、台湾では「30才以上の人の間では日本語も広くつかわれている」、韓国でも「30歳以上の人には日本語を話す人が多い」とある。しかも韓国の場合、「日本語が中年以上の人には通じるので言葉の不安もなく」とある。昭和四十一年（一九六六年）の『ブルーガイド海外版 香港・マカオ・台湾』でも、台湾の言語事情について「30才以上の本省人（台湾人）は、すべて日本語が流暢《りゅうちょう》であるから、言葉の不自由はほとんど感じない。どうしてもわからないときは漢字を書けば了解してくれる」と記している。

これらの記述は、年を経るごとに「30才（歳）以上」が「40才以上」などと変化したが、戦前の日本統治の結果としての現地での日本語の通用度の高さが日本人旅行者の安心感を高める肯定的な要素として、昭和の終わりまで台湾、韓国向けの旅行ガイドブックに記載され続けた。平成に入ると韓国旅行のガイドブックではそういう記述は見られなくなったが、『地球の歩き方』の『台湾編』では、平成十一年（一九九九年）発行の改訂版に「台湾の老人の中には、現在もなお日本語で生活している人もいる。彼らは同世代との会話時のみ日本語を用い、若い世代とは台湾語・国語で、といった具合に、巧みに使い分けるという場合も少なくない。」「(列車内で）車掌さんが高齢の人だったら、あなたはきっと日本語で話しかけられるだろう。言語事情はそのまま民族事情にもつながる。これは台湾を知る上で、そして、旅を楽しむ上で、かなり重要な位置を占めているはずだ。」という記述がある。

二十一世紀になっても、例えば同書の平成十九年（二〇〇七年）改訂版にはなおも「老人の多くは日本語を解し」と書かれている。台湾と韓国とで日本語教育を受けた世代に年齢差はないのだが、台湾の旅行ガイドブックにのみこの種の記述が長く残り続けたのは、韓国と台湾における対日感情や日本統治時代に対する社会的評価の違いから、「日本語教育を受けた世代に対して日本人の方から日本語で話しかけてよいかどうか」に関する編集者の判断の差によるものと思われる。

なお、同書では台湾の言語事情の一環として「一部では日本語が使用されている」とも紹介している。これは日本語世代の高齢者のことではなく、山岳地帯の村などでは、少数民族固有の言語とは別に他部族との共通語として戦後も日本語が受け継がれている事実に基づく。南米でスペイン語が公用語となっているのとは規模において比較にもならないが、日本国外で日本語が日系人以外のコミュニティーの共通語として現代も用いられている例は、おそらく台湾が世界唯一であろう。

ガイドブック非公認の日本語通用国・イラン

以上は旅行ガイドブックの記述から見る戦後のアジア旅行会話における日本語通用事情の変遷だが、旅行ガイドブックに書かれていない非公式な実態であるものの、一九九〇年代以降、現地の人との間で日本語が通用する確率が不思議なくらいに高くなった国がアジアにあることも紹介しておきたい。台湾や韓国に代わる日本語通用度の高いアジアの国、それは中東のイランである。

イランの旅行ガイドブックを開いても、言語事情として日本語が通用するとは一言も書いていないのが通常だ。イランが国家として日本語教育を特に推進していた時期があるわけでもない。だが、実際にイランを旅行してみると、観光地で客引きをする呼び込みでもないのに、流暢な日本語を話せる中年以上の男性に遭遇する確率が周辺諸国と比べて格段に高い。

四十代以上の日本人であれば、時代が平成へと変わった直後の一九九〇年代初頭に、東京の上野公園や代々木公園にイラン人が休日ごとに大勢集まっていたという話題がニュースになっていたことを覚えているかもしれない。都市部の街頭でテレフォンカードを売っていたイラン人を見たり、声をかけられたことがある、という体験者も珍しくないだろう（私も中学生時代に見たことがある）。携帯電話が普及する以前は誰もが公衆電話用のテレフォンカードを所持していたが、彼らが路上で販売してい

表100　訪日イラン人の推移（法務省「出入国管理統計」の「国籍別入国外国人」欄より抜粋）。

年次		イラン人入国者数	年次		イラン人入国者数
1964	昭和 39年	649	1985	60年	23,949
1965	40年	471	1986	61年	16,404
1966	41年	602	1987	62年	20,325
1967	42年	644	1988	63年	14,693
1968	43年	706	1989	平成　元年	17,050
1969	44年	966	1990	2年	32,125
1970	45年	1,989	1991	3年	47,976
1971	46年	1,369	1992	4年	15,415
1972	47年	1,382	1993	5年	4,389
1973	48年	1,856	1994	6年	3,658
1974	49年	2,357	1995	7年	3,124
1975	50年	3,490	1996	8年	3,400
1976	51年	4,639	1997	9年	4,288
1977	52年	4,916	1998	10年	4,871
1978	53年	5,172	1999	11年	4,958
1979	54年	3,368	2000	12年	5,334
1980	55年	4,145	2001	13年	5,301
1981	56年	1,367	2002	14年	5,666
1982	57年	1,627	2003	15年	6,038
1983	58年	4,190	2004	16年	6,342
1984	59年	10,559	2005	17年	6,534

たカードは使用済みカードに細工をして再び使用できるようにしたり、使用限度回数を大幅に増やしたりした違法な偽造カードであることが多く、社会問題にもなった。犯罪に走るイラン人ばかりだったわけではないのだが、当時の日本におけるイラン人の一般的なイメージは、あれから四半世紀以上が経過した今でも、偽造テレフォンカードと結びついて語られることが残念ながら少なくない。

法務省が公表している「出入国管理統計」の中の

表101　日本国民に対して3ヵ月以内の滞在査証（ビザ）取得を免除する国・地域
（『世界旅行案内』昭和54年版より）。

北米	カナダ
中米	コスタリカ、エルサルバドル、グアテマラ、ホンジュラス、メキシコ（観光のみ180日ツーリストカード必要）
南米	アルゼンチン、チリ、コロンビア、ウルグアイ、ペルー
カリブ海諸国	ドミニカ
西欧	オーストリア、ベルギー、デンマーク、フィンランド、フランス、西ドイツ、ギリシャ、アイルランド、アイスランド、イタリア、リヒテンシュタイン、ルクセンブルク、マルタ、オランダ、ノルウェー、ポルトガル、サンマリノ、スペイン、スイス、イギリス
北欧	スウェーデン
東欧	ブルガリア（観光のみ）、ユーゴスラビア
アジア	シンガポール、パキスタン、バングラデシュ、イスラエル、トルコ、キプロス、イラン、スリランカ（1ヵ月）、フィリピン（21日）、インド（28日、観光のみ）、香港（7日）、タイ（15日）、マレーシア（14日）
大洋州	フィジー、ニュージーランド（30日）
アフリカ	モロッコ、チュニジア

「国籍別入国外国人」のデータ（表100）によれば、日本に入国したイラン人は昭和五十八年（一九八三年）までは毎年五千人弱で推移していたが、翌昭和五十九年（一九八四年）に約一万人、さらにその翌年（昭和六十年〔一九八五年〕）には二万四千人近くへと急増した。その後五年間は年間一万四千人から二万人程度で推移したが、平成二年（一九九〇年）は約三万二千人、平成三年（一九九一年）になると約四万八千人ものイラン人が訪日している。その二年後の平成五年（一九九三年）には十分の一以下の四千四百人弱にまで激減しているから、平成二年と三年の二年間だけ、訪日イラン人が爆発的に増えたことがわかる。

これは、イランと日本との間に入国ビザ（査証）の相互免除協定が締結されていたことが原因であった。昭和五十四年（一九七九年）版『世界旅行案内』では、日本人がビザなしで短期滞在できる国を表101の通り列挙している。香港でさえ七日しかビザなしで滞在できず、台湾や韓国に観光で短期旅行するにも日本人がビザが必要だった時期に、イランへは三ヵ月以内の滞在なら日本人はビザ不要で、パスポートさえあれば行けたのだ。この裏返しとして、イラン人もビザなしで日本に来ることができたのである。しかも、イランがビザの相互免除協定を締結している国は世界中にほとんどなく、先進国では日本だけだった。

そのため、イラン・イラク戦争が一九八八年（昭和六十三年）に休戦となった後、イラン国内の不景気を背景に、大勢のイラン人が日本へ出稼ぎにやって来た。その多くは、兵役を終えたもののイラン国内では仕事がない二十代の男性だったと言われている。その結果、ビザなしで認められる短期滞在期間を超えて不法滞在するイラン人も急増。法務省の「国籍（出身地）別 性別 不法残留者数の推移」という統計によれば、平成二年七月一日時点でのイラン人の不法滞在者は七百六十四人だったのに、翌年（平成三年）五月一日時点では一万九百十五人、さらにその次の年（平成四年）には四万一人にまで膨れ上がっている（表102参照）。

そうした事態が問題視され、この平成四年四月に日本とイランとのビザ相互免除協定は一時停止措置が執られた。その翌年（平成五年）の訪日イラン人が激減したのはそのためであろう。

それから二十年以上が経った今、イランには、かつて日本へ行って働いていたことがあるという中年以上の男性が数多くいる。有名観光地に日本語を使う客引きがいるのは世界共通の現象だが、イランの場合はただ街を歩いていたり列車に乗っているだけで、出稼ぎ時代に覚えたという上手な日本語

表102　国籍（出身地）別・性別にみる不法残留者数の推移（法務省入国管理局「本邦における不法残留者数について（平成13年1月1日現在）」より抜粋）。

国籍（出身地）		平成2年	平成3年	平成4年	平成5年	平成6年	平成7年
		7月1日現在	5月1日現在	5月1日現在	5月1日現在	5月1日現在	5月1日現在
総数		106,497	159,828	278,892	298,646	293,800	286,704
	男	66,851	106,518	190,996	192,114	180,060	168,532
	女	39,646	53,310	87,896	106,532	113,740	118,172
イラン		764	10,915	40,001	28,437	20,757	16,252
	男	645	10,578	38,898	27,630	20,151	15,762
	女	119	337	1,103	807	606	490

国籍（出身地）		平成8年	平成9年	平成10年	平成11年	平成12年	平成13年
		5月1日現在	1月1日現在	1月1日現在	1月1日現在	1月1日現在	1月1日現在
総数		284,500	282,986	276,810	271,048	251,697	232,121
	男	160,836	155,939	149,828	145,225	134,082	123,825
	女	123,664	127,047	126,982	125,823	117,615	108,296
イラン		13,241	11,303	9,186	7,304	5,824	4,335
	男	12,853	10,964	8,883	7,024	5,569	4,158
	女	388	339	303	280	255	177

〔注１〕本表の不法残留者数は、外国人が提出する入国記録、出国記録等を処理して得た数であるため、実際の不法残留者数を正確に表すものとは言い難いが、不法残留者の概数（推計数）を示すものである。
〔注２〕日本とイランとの間の査証免除協定は平成４年４月15日より一時停止措置が執られている。

で声をかけられるケースがしばしばある。自分自身は訪日経験がなくても、親戚や友達を見渡せば日本で働いていた者が一人くらいいるのは、それほど珍しいことではないようだ。そして、そんな彼らが日本で何をして働いていたかはともかく、日本滞在時代の印象は総じて良いようで、そうした体験談が周囲に伝播されていることもイランの親日感情が強い一因のように思われる。

　イラン旅行のガイドブックに「日本で働いていた経験を持つ中年以上のイラン人男性には、今でも日本語が通じる」という旅行情報が載らないのは、彼らのかつての訪日事情が今なおネガティブなイメージとして日本人の記憶に残っているからなのかもしれない。だが、台湾や韓国などの大日本帝国時代の日本語世代が高齢化によって確実に減少しつつある現在、短期滞在の日本人旅行者が非日系の一般市民と日本語で意思疎通ができる可能性が世界で最も高い国は、実はイランなのではないかと私は思っている。

旅行ガイドブックの読書層の変化

個人旅行者向けの情報が紙上に増加

海外旅行先の言語事情が気になったり、旅行に必要な現地語の会話特集が旅行ガイドブックで編まれたりするのは、そのような情報を必要とする読者、つまり独力で海外を旅行しようとする日本人が増えたからである。その多くは、時間はあるが資金には限りがある若年層であった。海外旅行の自由化直後は高額だった旅行費用が徐々に安くなり、一般市民でもちょっと頑張れば手が届くくらいのレジャーになったことで、日本社会の長い伝統（？）でもあった「大義名分ある団体旅行」の議論は実質的な意味を失ったのだ。大仰な大義名分や経済力がなくても海外旅行にでかけることが珍しいことではなくなると、団体旅行の枠組みに収まらない好奇心旺盛な個人旅行者が着実に増えていった。

戦後、日本人の海外旅行が大衆化する過程を、前掲『異国憧憬—戦後海外旅行外史』は次のようにまとめている。

「まず、64年の自由化である。そのあと、ジャンボ機導入によりツアー料金が安くなる70年代はじめ。格安航空券が出回り始めるのが70年代後半。『地球の歩き方』は79年から出版が始まり、85年のプラザ合意で円高が容認され、バブル経済が始まる。この流れは、旅行者が若年層に広がるのと同時に、団体旅行から個人旅行への変化でもある。

旅行費用が安くなると、海外旅行に特別な思い入れなど必要ではなくなってきた。時給800円のアルバイトを20日間やれば、タイを1カ月旅行できるのだから、強固な決意などいらない。いま、新聞の広告を見れば、東京・鹿児島間の往復航空券代よりも安い運賃で欧米向けの往復航空券が売られているのがわかる。そんな時代なのである。かつては、よほどの覚悟がないと、旅費をためる苦労に耐えられなかったのだが、いまはもうそんな時代ではない」

「昔といまで決定的に違うのは、航空運賃と旅行先の物価である。円高になって以降、世界のたいていの国の物価は、日本より安くなった。日本円の価値が、かつてとは比べものにならないほど高くなったのである」

ここに記されている通り、現在まで続く海外旅行ガイドブック・シリーズ『地球の歩き方』の初版は、昭和五十四年（一九七九年）に登場した。最初はヨーロッパ編とアメリカ編の二種類だった。昭和五十六年（一九八一年）に第三作として出版されたインド編が初のアジア版であったが、「手描きの地図やイラストを多用した現地情報を満載して、読むだけでも面白い土地紹介や投稿記事がぎっしりと詰まったインド編は、ガイドブックとしての『地球の歩き方』の評価を確立したという」（山口誠『ニッポンの海外旅行――若者と観光メディアの50年史』ちくま新書、平成二十二年）との見方がある。

同書は、『地球の歩き方』の画期的なところは、「旅行者が鉄道の駅やバスのターミナルからユースホステルなど旅行者向け宿泊施設へ移動する方法、つまり現地の人々と言葉を交さなくても、ひとりで旅行を続ける方法を提供することに注力している」点であったと分析している。「言葉が通じない異国の人々に質問する場面を減らし、ひとり旅でもスムーズに、できるだけ独りでも歩いて周れる海外旅行を目指した『地球の歩き方』の登場は、日本の旅行者にとって画期的だった」というわけだ。

「現地の人々と言葉を交わさないで旅行する方法」を推奨することと、旅行ガイドブックに現地語の旅行会話集を載せることは矛盾するようにも思われるが、旅行ガイドブックに載る会話集とは旅行に必要な移動や宿泊、買い物の場面で必要なフレーズを紹介したものであって、その他の文化交流や友達づくりのような内容はおまけに過ぎない。現地の言葉を真剣に学ばなくても、会話集を使えば通訳や添乗員がいなくても単身で必要な意思疎通はでき、逆にそれ以上の会話はしなくてよいという結果を導き出せることを考えれば、ガイドブックの現地語旅行会話集は個人旅行をする読者の需要にこそ応えるもの、と言うこともできるだろう。

個人旅行者は旅の遂行に必要な全ての手続きを自ら行う必要がある。そのため、初めての訪問地であっても出入国審査や両替、空港から市街地までのアクセスなどの情報はできるだけ事前に情報を得て、効率よくこなして宿泊施設までスムーズに到達することを望む傾向が強い。その点、海外旅行自由化の直後に登場した『ブルーガイド海外版 香港・マカオ・台湾』編を開くと、香港の空港到着から出入国手続き、税関検査、両替、空港から市街地までのアクセス手段などが順を追って詳述されている。空港やホテル、市中の両替所の両替レートの高低や投宿するホテルでのこまごました注意事項、公共交通機関の利用法など、観光名所の紹介以前の旅行テクニックに属する記述が二十ページ以上に及んでいる。同書は日本航空が販売する海外団体ツアーブランド「ジャルパック」と連動しており、伝統的な団体ツアーの参加客を念頭に置いて作られたのだが、その編集内容は戦前の『旅程と費用概算』や戦後の『外国旅行案内』にはない構成で、『地球の歩き方』をはじめとする後発の個人旅行者向けガイドブックにも通じるところがある。

『異国憧憬―戦後海外旅行外史』が指摘する通り、それらの個人旅行客の増加を支えた大きな要因の一つは、格安航空券と総称される割安な海外行き航空券の普及にあると言われている。格安航空券とは、もともとは団体用の大幅割引航空券が個人客向けにバラ売りされるイリーガルなチケットを意味したことから、航空会社や大手旅行会社が販売する正規航空券と比べて、当初はどこか「ある種の胡散臭さ」（前掲『ニッポンの海外旅行――若者と観光メディアの50年史』）を持たれていたという。

昭和五十二年（一九七七年）にリニューアルされた『世界旅行案内』では、『外国旅行案内』の「総論」篇に掲載されていた「旅程と費用」を大幅に改稿した「旅行計画と費用」という項目が新たに登場している。その中に「グループ旅行と個人旅行」という解説ページがあり、日本交通公社（ＪＴ

B）が「ルック（Look）」の愛称をつけて販売しているパッケージ・ツアーを例とする添乗員付き団体旅行（グループ旅行）と、個人旅行の形態の差異を説明している。個人旅行という旅のスタイルが一般に普及し始めた表れと言えるが、個人旅行の場合に最も問題となる高額な航空券の手配方法については、その次の「旅費」の項目にある「航空運賃」の解説で正規の通常運賃と周遊割引運賃、団体割引に触れているだけで、現代の格安航空券に相当するチケットの存在には言及していない。

格安航空券が広く認知されて市民権を獲得するようになるのは「バブル以後」（前掲『異国憧憬―戦後海外旅行外史』）のこと。エイチ・アイ・エスなどの新興旅行会社が台頭すると、格安航空券に対するイリーガルなイメージは消え、旅行ガイドブックの記述も、格安航空券は海外旅行時の主要な選択肢の一つであることが前提になった。平成七年（一九九五年）の『地球の歩き方』の『中国編』では、日本から中国主要都市への公式運賃を一覧表で挙げつつ、本文では「以前に比べると正規運賃もずいぶん安くなった。もっとも、現実に私たちが手にする格安航空券は（〜）」という言い回しで正規運賃の利用が「現実」的ではないと指摘し、個人旅行者が中心と思われる読者の大半は格安航空券を利用することを最初から想定している。

女性向けの海外旅行情報は出遅れた

昭和三十九年（一九六四年）の海外旅行自由化は、それまで男性ばかりだった海外旅行者に、初めて一般の女性が加わるようになるという効果ももたらした。

もちろん、自由化以前に海外渡航資格が男性に限られていた、などということはない。ただ、自由化以前は209ページ以下に紹介したような数々の渡航制限があり、日本の国益に資するか自力で外貨を稼いだ商社のビジネスマンでなければ外国へ行くことは事実上不可能だった。そして、昭和三十年代以前の日本では、占領時代のGHQによる「婦人の解放」改革や経済成長による女性の社会進出などによって働く女性は増えていたが、企業では男性社員と女性社員とで賃金や昇格扱いに差を設けたり、女性にのみ結婚したら退職するよう求める例は決して珍しくなかった。女性の定年が男性より若い女子若年定年制が違法・無効であるとの最高裁判例（日産自動車事件）が確定したのは昭和五十六年（一九八一年）、男女雇用機会均等法が施行されたのは昭和六十一年（一九八六年）のことで、海外旅行の自由化当時は、それまで設定されていた渡航制限をクリアできる勤労女性は著しく少なくならざるを得ない社会環境であった。

国益云々という渡航制限がなくなったということは、社会的な職業を持たない専業主婦や農家などの自営業で家業に就く女性、あるいは結婚前の勤労女性（「OL」という表現が定着したのは昭和四十年代後半と言われる）なども海外旅行へ行ける道が拓けたことを意味する。ところが海外旅行ガイドブックの記述は、自由化後もなかなか女性旅行者の視点が入らなかった。

その典型的な例が、生理用品に関する情報の欠如である。昭和四十三年（一九六八年）の『外国旅行案内』では「男性の場合」の服装として「夏向きズボン下（ステテコ）は日本以外では買えないから用意すること」といったレベルのアドバイスまで記されているのに、「その他の携帯品」に生理用品は入っていない。昭和四十一年（一九六六年）の『ブルーガイド海外版 香港・マカオ・台湾』の巻末にある「旅行に必要な携行品」というページも事情は同じだ。

最近の『地球の歩き方』の『中国編』では、生理用品はその他の一般薬品と同列扱いで「自分に合ったものを用意しておいたほうが安心」などと簡潔に記されていて、必要度も「必需品」より一ランク下の「あると便利」に位置づけられているが、平成七年（一九九五年）の『地球の歩き方』の『中国編』では「旅の道具・チェックリスト」の中で「生理用品」が「必需品」として挙げられている。一九九〇年代半ばの中国では、日本で入手できるのと同レベルの品質の生理用品を現地調達することは、まだ難しかったのだろう。同書では「都市にはナプキンあり。タンポンは大都市の外資系スーパーにあることがある」との具体的な注記まで添えられている。こうした記述と比較すれば、それから二十年前だろうが三十年前だろうが、女性の身体の構造に変化がない以上、生理用品の存在そのものに言及していないというのは不自然としか言いようがない。

月刊誌『旅』で昭和二十三年（一九四八年）から初の編集長を務め、海外旅行自由化前に海外渡航ができた稀少な日本人女性の一人である戸塚文子は、外国旅行へ出かける際の旅行ガイドブックでの情報収集の経験として、生理用品に関する現地情報だけが欠落していることを次のように嘆いている。

「仕事の関係で私はこれまでずいぶん多くの外国旅行の案内書を読んでいる。こんどの旅に先立っても、二、三近刊のものを見た。何から何まで親切にくわしく教えてくれているが、この女性だけの悩みに関する案内は、どこにも見当らなかった。街の女の値段まで詳しく報道してあっても、圧縮綿の自動販売や備え付けについては、ふれてはいない。やはりトイレに関することは、タブーなのであろうか。そこで女の旅行者は、何ヵ月かの道中にそなえて、大量に持参することになる。それが普通の脱脂綿だと、大そうかさばって、スーツケースの収容力に影響する」（戸塚文子「海外旅行についての10章」より。桑原武夫・阿川弘之〔編〕『世界の旅1 日本出発』中央公論社、昭和三十六年所収）

生理用品に関する旅行ガイドブックのこうした冷淡な戦後史（?）を、『異国憧憬—戦後海外旅行外史』は、「40年前のことなら、『海外旅行者のほとんどが男性だったから』という理屈が成り立たないわけではないが、観光目的の旅行では女性のほうが多い現在でも一向に変わらないのはなぜだろう。『男の私が、その問題に触れるのは変だ、イヤだ』とライターや編集者たちが考えてきたからだろう」と推測する。そもそも生理用品自体について男性は平均的な女性ほどの知識を持っていないのが通常で、したがって女性にとってのその必需性も理解できず、ましてや外国各地での生理用品の調達方法や品質に関する正確な情報を得ることができなかった、という事情もあっただろう。

女性自身が生理について公に言及しにくいという事情は、現代でもさほど変わりがない。二〇一六年（平成二十八年）に開催されたリオデジャネイロ五輪で、中国の女子競泳選手が「試合前日に生理が始まったため体調が万全でなかった」とインタビューで自ら答えたことが、「生理とスポーツのタブーを破った」としてBBCなどで世界中に報道され、話題になったことがあった。選手の体調管理が最先端の科学によって支えられている現代スポーツで世界トップレベルにある選手の間でさえ、女子選手が自身の生理について話しにくいタブーがあるのだから、半世紀前の日本の淑女に、海外旅行中の生理用品の調達に関する積極的な情報発信を求めることは、編集者が男性であれ女性であれ難しかったのだろうと想像できる。

前出の戸塚文子の指摘にしても、「生理用品」という言葉そのものは文中のどこにも登場せず、「女性専用の圧縮綿」という言い回しを用いている。「この方面」とか「この女性だけの悩み」とか、そういう表現が多用され、ズバリ「生理」とか「月経」という単語は出てこない。筆者自身が直截的な表現として忌避したのか、編集者が編集段階で修正したのかはわからない。ただ、この昭和三十六年（一九六一年）当時の戸塚文子の慨嘆は、海外旅行の自由化後もしばらく、ほぼ同じ状態のまま続いた。

着物姿の外国旅行が推奨された

逆に、女性向けの旅行情報として当時のガイドブックには載っていたが現代ではあまり見られない記述として、旅行時の服装に関する和服着用のアドバイスがある。

海外旅行自由化以前の『外国旅行案内』に掲載されていた「服装」の記述は、背広やネクタイ、タキシードなど男性の服装にのみ言及していて、そもそも女性の服装に関する記述がなかった。生理用品に限らず、服装面でも同書が女性旅行者の存在自体を想定していなかったことの表れと言えよう。

昭和四十三年（一九六八年）の同書で同じ項目を開くと、自由化前の同欄に載っていた内容がほとんどそのまま「男性の場合」という小項目に移行し、これと並んで「女性の場合」という小項目が新設された。その総論は、女性が海外旅行へ出かけるときの服装について、次のようにアドバイスしている。

「洋装の方が活動的で便利だが、着物で行けばあちらの流行も気にしないですむ上に、高級品でなくても結構立派にみえるから経済的である。比較的短期間の旅行なら着物で行くか洋服で通すかは各自の好みに合わせればよい」

この総論に続いて、まず和服の場合に持っていく衣類が列挙され、続いて洋服の場合についての情報が並ぶ。洋服より和服の情報が先なのだ。「高級ゆかたが1枚あれば東南アジアのように暑い所では便利」とか、「名古屋帯を3本ぐらい。うち1本は付け帯にする」といった説明は、昭和五十二年（一九七七年）の『世界旅行案内』にもほぼそのまま引き継がれている。

女性旅行者の服装として『外国旅行案内』が洋服よりも和服を推奨したのは、昭和三十年代から四十年代頃までは和服を普段着とする女性がまだ少なくなかったことも背景にあったと思われる。特に「よそ行き」の服装は着物が多かったという。「よそ行き」、つまり非日常的な外出をするときは普段よりもおめかしをする、という習慣は、泊まりがけで遠方へ行楽旅行をするときも同じであった。これは男性も同様で、『外国旅行案内』でも『ブルーガイド海外版』でも、男性の衣類として最初に挙

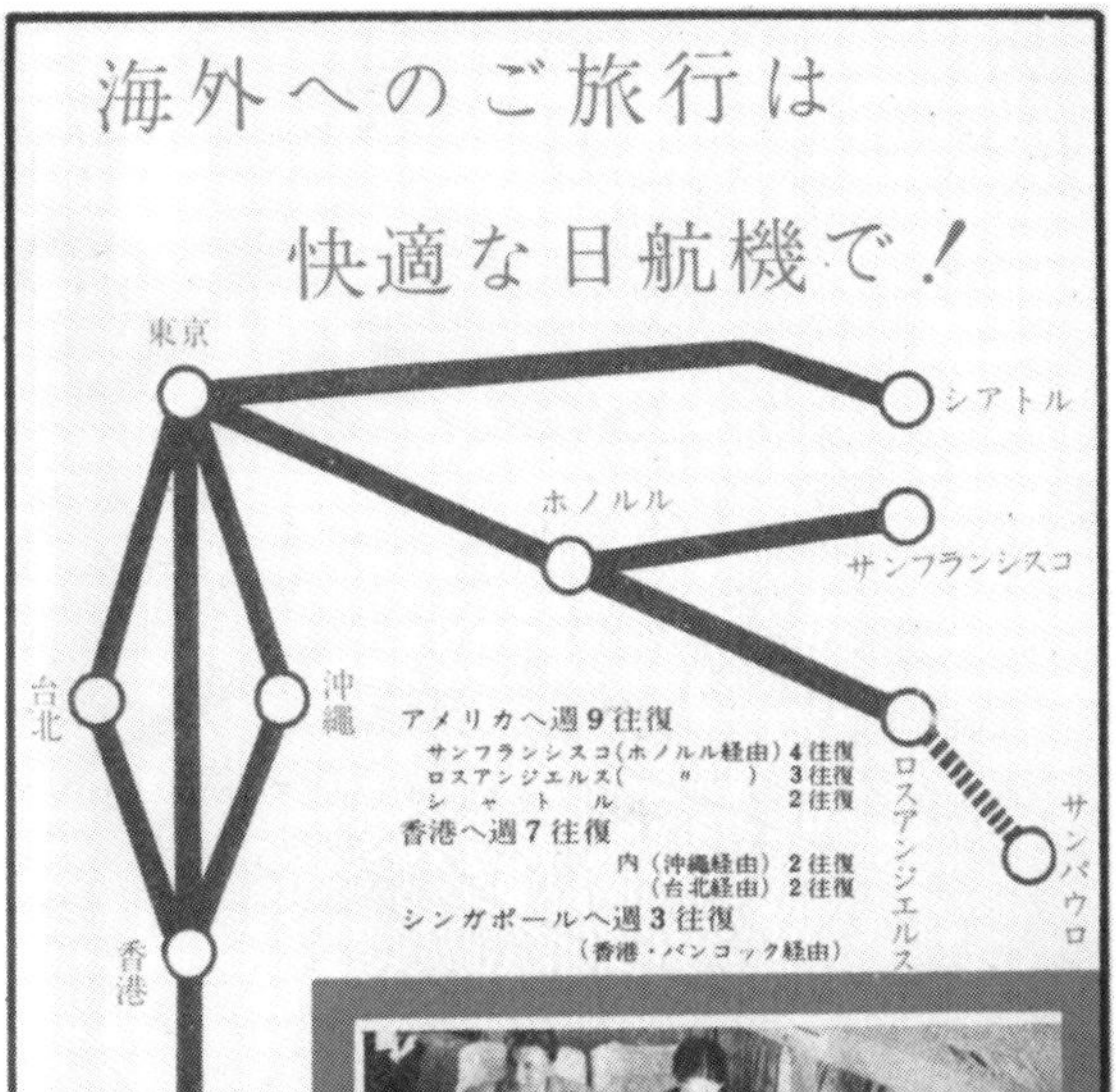

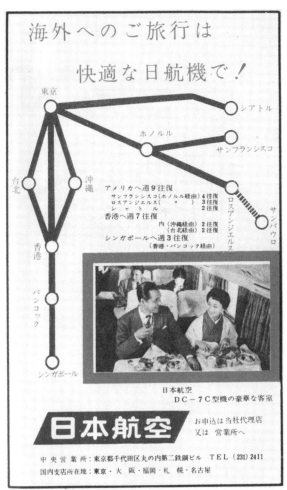

図103　昭和34年版の『外国旅行案内』に掲載されている日本航空の広告。乗客の女性は和服姿である。

げられているのが背広であり、ネクタイやワイシャツも必須となっている。現在の各種海外旅行ガイドブックでは、行き先にもよるが、持ち物リストには男女を問わずそうした「よそ行き」用衣類は含まれていないことも少なくない。

また、女性にのみ和装での海外旅行を勧めているということは、女性旅行者が団体ツアーに参加せず自分自身で重い荷物を持ってフットワーク軽く旅をする、という旅行スタイルを『外国旅行案内』や『世界旅行案内』の編集者が想定していなかったことの表れとも言える。和服に草履姿の女性は通常、重くて大きいスーツケースやバックパックを自ら持つことはないし、ガイドブックを片手に街を颯爽と歩かない。女性が海外旅行に出かけやすくなり、同時に個人旅行者が増えていったとは言っても、その両方に合致する女性の個人旅行者を旅行ガイドブックとして積極的にサポートする意図は、これらの紙面からは感じられない。

そうした編集方針には、「旅行は本来、男がするものだ」という、当時の日本人の古い意識も見え隠れする。国内旅行であっても、女の一人旅は、身の上で何か思い悩んだ末の行動であるかのように奇異に見られがちな時代が、確かにあった。そんな社会の目がある中で、ましてや海外へ女性が一人、あるいは女友達同士の少人数で、団体ツアーに参加せず自力で観光旅行へ行くことが一般化するとは、昭和五十年代までの海外旅行ガイドブックの編集者には予測しにくかったのかもしれない。

「女の値段」が書かれている香港の舞庁紹介

海外旅行ガイドブックが男性目線で作られていることを最も端的に示すのが、旅先でのナイトライフに関する記述である。戸塚文子が昭和三十六年（一九六一年）に前掲『海外旅行についての10章』で指摘した「街の女の値段」を詳しく明示したガイドブックもあれば、曖昧な表現の観光案内文やホステスの写真で夜の歓楽街へと男性読者を誘い込もうとするガイドブックもある。全員とは言わないが、当時のアジア方面への男性旅行者が、現地でどんなナイトライフを満喫したがる傾向が強かったのかがわかる。そして、市販の旅行ガイドブックにそういう記述が散見されるということは、それらの遊興は旅の愉しみとして社会通念上概ね許容されるという規範意識が暗黙のうちに広く存在していたことを窺わせる。

昭和四十七年（一九七二年）に刊行された『ブルーガイド海外版　香港・マカオ・台湾』には、香港と台湾の双方におけるナイトライフ事情が綴られている。まずは「香港の夜と昼」というページを開いてみよう。以下は、同ページの「夜の娯楽」の一部である「舞庁」の紹介文である。

「＊舞庁《モウテン》（Ball Room）

ダンスホールであるが、日本と違う点は酒を出さないことである。中国茶とジュース的な軽飲料、そして瓜子児という西瓜のたねだけである。舞庁にももちろんピンからキリまである。時間制で1曲の時間、約15分間がダンサー一人につき、最高が8・80Hドル。それについで6・60、4・40、2・20とつづき、キリは1・10Hドルとなる。午後8時まではティー・タイムで少し割安になっている。旅行者が行けるのはせいぜい4・40Hドルどまりで、それ以下の三流、四流ホールは敬遠した方がよい。

一流のホールの小姐（ダンサー）は、銀座に連れてきても目立つような美女がそろっているし、大学卒業者や、世が世ならば……といった由緒ある名家の出身者もいて、なかなか絢爛としたムードが漂っている。外国語堪能の女性もおおいのだ。シートに坐るとボーイが名単というダンサーたちの名簿をもってきて、客の希望をうかがう。これに名前と、何語を話すかが書いてある。広東語・上海語・国語（北京語）・美国語・英語・日語（日本語）……とあるから、適当に指名するなり、ボーイにまかせるなりすればよい。

ダンスをたのしみ、それから夕食なり、ナイトクラブなりへつれだすこともできるが、そのばあいはカンバン（午前1時）までの時間料を払わなくてはならない。老婆心ながら付け加えると、あまり早くつれだすと数時間以上とられるし、かといって節約するつもりでカンバン少し前ぐらいに行くと、売れ残りばかりで、ということになるから、午後10時〜10時半ごろ行くのがいちばん適当と思われる」

遅い時間まで指名がかからない女性を「売れ残り」と表現している部分は現代なら問題視されるだ

ろうが、この『ブルーガイド海外版』の記述は、それでもまだ抑制的である。舞庁（ダンスホール）について、同じ昭和四十七年にキャセイ航空や香港観光協会などの協力を得て初版が出された『香港・マカオの旅』（ワールドフォトプレス）というガイドブックは、同じ種類の店舗を次のように紹介している。

「ダンスホール（舞庁＝モウテン）

香港にはダンスホールが約50軒ほどある。一流から四流クラスまであるが、観光客が遊べるのは、二流クラスまで。

三流、四流クラスは、舞庁といわず『舞苑』とか『舞院』という看板が掲っているから、このあたりは避けたほうが無難だ。

ダンスホールといっても、日本のように女性を連れて行くのではない。ダンサーというよりホステスといったほうがよいが、チャンと女性がキミの来るのを待っている。

席につくと、まずボーイがメニュー（名単《ミンタン》）を持って来る。

これは酒のリストではなくて、女性のリストである。第一、ここでは酒は出さず、中国茶やジュース類に西瓜のタネ（瓜子児《クワズル》）だけ。

女性のメニューには、名前と何語がしゃべれるかが書いてある。

広東語、上海語、北京語、そして英語、美国語（アメリカ）日語（わがニッポン）など書いてあるから適当に指名すればよい。

はじめての旅で、英語が得意でなかったら、日本語のしゃべれる小姐《シウチエ》（ダンサー）を呼んでもらい、タドタドしいが、なつかしい日本語をやりとりするのもよかろう。

だが、日本語をしゃべれる小姐はそれだけ日本人と多く接触しているわけだから、外国へ来てまで、日本人と兄弟愛を分かつ必要はないや、とおっしゃるご仁は避けるがよかろう。むしろ、前向きに、中国語の本を持参に及び、ゼヒ学びたいからと本を片手にセマルのもテだ。この場合、毛沢東さんを意識してなら北京語、香港の歴史を学びたい、なんて人は広東語、昔、オヤジが行ったことのある、歌にもうたわれる上海の地を偲びたいとするなら上海語の小姐を呼んでもらえばよい。

料金は1時間（といっても正味は15分程度）で7〜10ＨＫドルが一流クラスの相場。ここに来る主目的は、目指す小姐を連れ出すことであり、その連れ出し料は、閉店時刻の1時までの料金を払うことになる。

午後10時すぎの連れ出しが効果的で、大体のコースはナイトクラブからキミのベッドとなり、その値段は１５０〜２００ＨＫドル。なかにはそれの相手を拒絶する女性もいるから、せいぜい恋人気分を出してやることだ」

香港にはダンスホールのほかに夜総会というナイトクラブがあり、こちらは家族連れでも楽しめる健全なナイトショーであると、『ブルーガイド海外版』もワールドフォトプレス社の『香港・マカオの旅』も異口同音に紹介している。前者はそこでナイトライフの紹介が終わっているのだが、後者はさらに「招待所」を第三のナイトライフの場として挙げ、次のような解説文を載せている。現代では社会問題、というか国際問題にもなるのではないかと思われる内容だが、『ブルーガイド海外版』の方は肝心(?)な情報をぼかしているのに対し、『香港・マカオの旅』は、ある意味、当時の読者の需要に愚直なまでに正直に応えていたと言えるのかもしれない。

「街を歩いていると、よくこの看板が目につく。ビルの6階や10階など高いフラットにもあるが、これは簡易旅館である。

といって、1人で単純に寝に行くのではないし、また日本のように彼女とウデ組んで入る連れ込みともちがう。

ズバリといえば、そこに行けば、女性と親しく出来る所。だから香港が男性天国だといわれるゆえんなのである。

この招待所に入っていくと、番頭がもみ手をしながら出迎える。その店に女性がいる場合と、出張してやって来るのと二通りあるが、出張のケースが多い。

まず料金をいう。ランクがあって一番安いので60HKドル、高いクラスは300HKドルなんてのまである。

300HKドルといえば、約1万8千円だ。しかもこの値段、ワンショート20分間のオネダン。どんなクラスが来るかといえば、香港映画の女優さん。彼女らは本数契約なので、仕事がないと金にならない。そこでアルバイトをするというわけ。

たしかに、身体が顫《ふる》えて来そうな程の美人だ。

60HKドルクラスにしても、こちらの好みをいって注文するから、こちらの美的感覚とさほどちがわない。

また、香港は国際都市、といわれているが、まさにその通り、アフターダークでも、注文すれば、ヤンキー娘、ロンドン娘、黒人女性、ロシアの女性まで調達出来るとは、おそれいった。

あるイギリスの女性は、長い旅行の途中、わが植民地を見に立ち寄り夜景の美しさとマージャンに魅せられ、ついにはマージャンの賭け金欲しさに、コールガール（香港ではファミリーガールという）組織に、自ら尋ねて入ったのだそうだ。金髪女性のコストは、香港女優よりも少し安く250HKドル程度。イギリス女性のストーリィは実話で、さすが香港という街は、そんな話を聞いても、少しも不思議ではない。ミステリアスなハナシなんて、いくらでも転《ころが》っている。女のコは概して親切、というよりか、やはりビジネスライク。ハートまで求めるのはゼイタクというものかもしれぬ」

ちなみに、この招待所については、昭和五十年（一九七五年）発行の『ブルーガイド海外版』の「香港・マカオの旅」になると、存在自体には言及されている。「これはふしぎなところで、ある程度組織化された秩序をもっており、それぞれバーが備えられ、女性がたむろしている」という、何が言いたいのかよくわからない記述が、「ずばり、香港のアバンチュールは？」という小見出しを掲げた本文の中に見られる。他社のガイドブックで詳述されているので触れないわけにはいかないが、さりとて露骨に紹介するのは気が引けて……という、『ブルーガイド海外版　香港・マカオ』の担当編集者の悩みが、行間からにじみ出ているようにも思える。

台湾で引き継がれた温泉芸者とお座敷宴会

昭和四十七年（一九七二年）版『ブルーガイド海外版　香港・マカオ・台湾』では、台湾のナイトライフに関する記述は香港のページよりさらに男性目線が強まる。

そもそも台湾では日本統治時代の名残として、台北近郊の温泉地である新北投《しんほくとう》温泉などではタタミ敷きの部屋に浴衣を用意した温泉旅館が営業を続けるなど、戦前に日本人が整備した温泉歓楽郷としての環境が戦後も引き継がれた。温泉に入った後、浴衣に着替えて自分の和室で食事を取り、芸者にあたる侍応生（ホステス）を呼んで宴会を楽しむこともできるというから、日本の温泉旅館とほとんど変わりがないのだ。

同書では新北投温泉の特色を、「ここは風景や家並みが日本に似てはいるが、土産物屋はなく、浴衣がけで夜の湯の街の散策、といった情景はない。もっぱらホテルの中で歓楽のかぎりをつくすところであり、またいたれりつくせりのサービスが盛りだくさんに用意されているから、散策どころではないということになろう」と紹介している。その「いたれりつくせりのサービス」がどういうものかは、その直後の次の記事で理解できる。ナイトライフの特集ページではなく一般の観光地紹介ページにこういう記述があること自体、この温泉地の性格を物語っている。

「魅力的な旗袍《チーパオ》と呼ぶ中国服の彼女たちが、すでに現在日本では見られないような、しとやかな礼儀作法で客に近づいてくるのは一驚に価するであろう。しかも興《きょう》いたれば彼女たちは別室で粋な浴衣に着換え、日本の歌謡曲や民謡などを歌い踊り、そのあとは天地自然の成行きということになってくるが、彼女たちの献身的ともいえるあたたかい素朴な情緒を得、高唐賦にある『巫山《ふざん》の夢』を結ぼうと思うならば、やはり対等の人間として丁重に遇することこそ紳士道であろう。女性の旅行者もホステスを呼んで風俗を観察してみるのもおもしろい」

最後に「女性の旅行者も……」などと書かれているが、女性読者へのアリバイ的配慮を目的とした、いかにもとってつけたような一文くらいにしか見えない。自室に呼んだホステスが日本式の浴衣に着替えて歌舞を演じ、「そのあとは天地自然の成行き」などといいながら、同時に「紳士道」を説かれてもなあ……というのが率直な私見である。

この優柔不断で紳士らしからぬ態度の記述は、「台北の夜の歓楽郷」というナイトライフの紹介ページになると次第に正直になっていく。

「台湾旅行で現在、歓楽的な要素が占める割合は、相当大きいといっても過言ではない」との一文で始まる同ページは、「レストランとキャバレーをいっしょにしたようなところ」であるとする「酒家」の紹介記事で、「香港同様ナイトクラブには女性がいないので、ここのホステスを連れ出して行くことになる。連れ出し料三〇〇〜五〇〇元。なおそれ以外のところへは話の仕方しだいであり、意気が投合すれば台湾旅行中、ガイドもかねて同伴することもできる。料金は個々の話し合い、腕しだいである」として、ナイトクラブ以外への女性の連れ出しとその金額の相場を示している。「舞庁（ダンスホール）」の紹介文でも、「ダンサーは酒家のホステスと違って、良家の子女もおおく、一種のプライドをもっていて、2日や3日通ってもなかなかロマンスが生まれるまでには行かないのがふつうだ。したがって羽化登仙《うかとうせん》の夢をともにすることができたばあいの相場もまだ明白ではないが、1万円前後というのがだいたいの目安である」と綴っている。ロマンスが生まれたり羽化登仙の夢をともにするのは結構だが、その結果に至ったときに日本円で一万円前後の対価が必要だ、と言い切っている。

次の「珈琲庁（喫茶店）」はもっとはっきりしていて、「美人喫茶であり台北独特のもの。市内に約三〇〇軒あまりあって、店内は例外なく暗く、北部海岸地区の基隆《キールン》では、娼婦のたまり場ともなっており、台北でもだいたい大同小異であろう」と紹介している。「娼婦」と明言しているので、ある意味わかりやすい。「ジャスミンの香り高い香片というお茶を飲み、ホステスが割って口に入れてくれる瓜子を食べていると、台湾女性がいかに従順で可憐であるかがわかるのである」という魅力の語り口は、百パーセント男性向けである。

同書はこうした数々の歓楽施設で出会う台湾の女性について、その「純情可憐さ」は「香港の比ではない」と絶賛している。その楽しそう、というか（執筆している筆者の）嬉しそうな様子がさらにより強く伝わってくるのが、その直後の見開き二ページに掲載されている「〝男性天国〟台湾の桃源郷へ」という現地ルポだ。「旅行家」という肩書の男性（署名記事であるが、ここでは伏せる）が、台北の酒家と新北投温泉を訪れたときの体験ルポを、旅行ガイドブック向けとは思えない筆致でかなり赤裸々に綴っている。

特に、新北投温泉での体験ルポは、読んでいる方が気恥ずかしくなるような内容だ。筆者は「招待者とともに」同温泉へ行ったと書いているので、人目を忍んで一人でこっそり行ったわけではないらしい。そこに後ろめたさはまったく感じられない。本文には、「うるんだ瞳と豊かな身体が魅力だった、新北投の若い侍応生」というキャプションをつけた、チャイナドレス姿でベッドに横たわる女性の写真まで添えられている。

「北投は戦前から台湾最高の温泉歓楽郷である。浴衣でくつろげるのも外国ではここだけだ。ホテルから山ぞいにならんだホテル群の灯を眺めていると、酒や料理がテーブル狭しとならべられ、杯をあげること一刻。

やがて芸妓たちが現われる。腰を折って古き日本的マナーそのままだ。飲み食べ放談し、酒家のような歌の応酬や飲みくらべがたけなわになる。

新鮮な感じに打たれたのは、歌が途中でつかえると、彼女たちは赤くなって娘のようなはじらいを見せることだ。ゲームをやるところに勝たせるように気を使う。宴が乱れかけたころ、彼女たちは中国服を浴衣に着換えて、私たちのそばに『金瓶梅』の月娘のように、楚々としてはべるのであった。

招待主がひときわ目立つ美女になにかいうと、私の眼前に忽然として桃源の秘境が展開した。すらりと立ち上がった彼女から、羽衣がすべり散ったのだ。それから悪びれもせず、笑みをふくんで踊り出す。

じつに明るく健康的な感じで、これは北欧3国の女性にも共通しているが、肉体に対する変なじめじめしたようなうしろめたさや、その裏返しのもったいぶった不自然さがまったくないのだ。といってかさかさした情のない、いわゆるドライ派というのでもない。しなやかにゆれ動く雪のようなトルソー。そして、それにつづく首や手足の造型する千変万化の光と影の交錯……。

なるほど、これこそまさに男性パラダイスの極致だなーと思いながら、夜のふけるのも忘れて、私はこの世ならぬ仙境の中に埋没していったのである」

こうした記事や写真が見られる一方で、同書は「夜の歓楽はほどほどにし、日本人としての体面を頭の片隅にいつも意識しておいてほしい」とか、「あくまで紳士的に、そしてヒューマニズムを忘れないこと。さもないとやがて台湾女性のひんしゅくを買い、日本人不信感を植《うえ》つけることにもなり、ひいては一般の対日感情にまで影響することになるのである」などと、上から目線の注意喚起も忘れていない。今読むと、本文を読んだ時点ですでに日本女性のひんしゅくを買うのではないかと思ってしまうが、本書刊行当時の香港や台湾では、売買春は少なくとも現地の法令違反に問われる行為ではなかった。

日本で売春防止法が施行され、いわゆる赤線地帯が廃止されたのは昭和三十三年（一九五八年）だったが、香港では昔も今も売春が一般的に禁止されておらず、ただ客引き行為の態様に一定の制限があるに過ぎない。台湾でも、新北投温泉には一九七九年（昭和五十四年）まで公娼が存在していた。台北の公娼地帯が廃止されたのは二〇〇一年（平成十三年）で、その後も地方には政府公認の売春宿が残っていた（二〇一一年〔平成二十三年〕には、特定地域での売買春行為を条件付きで合法化する法律が施行されている）。

それに、昭和四十年代から五十年代の日本の成人男性は、警察の正当な管理下に置かれていた遊廓や赤線という存在を感覚として知っていた。昭和六年（一九三一年）生まれだったコメディアンのいかりや長介は自伝『だめだこりゃ』（新潮社、平成十三年）の中で、中学を卒業して静岡県内の製紙工場で働き始めた戦後まもなくの頃、父親や工場の先輩に赤線へ連れていってもらったことをはっきり書いている。作家・吉行淳之介が昭和二十六年（一九五一年）に発表して芥川賞の候補作となった小説『原色の街』は、東京・向島の赤線地帯「鳩の街」の娼婦が主人公だ。そうした時代を実際に生きていた世代にとって、売買春という行為に関する道徳観は、明らかに二十一世紀の日本人と異なっている。そこに、「旅の恥は掻き捨て」という便利な言葉も加わって、風俗情報誌のような現地ルポが読者である（男性の）日本人旅行者の旅行意欲を喚起させる話題として、香港・台湾の旅行ガイドブックに載り続けたのではないだろうか。

男性目線旅行の象徴・キーセン観光

こうした近隣アジア方面への風俗旅行の最たるものが、韓国の「キーセン（妓生）観光」であろう。朝鮮の伝統的芸妓である妓生が、日本統治時代に売春サービスも担って地元住民や観光客の相手をしていたことは、１９１ページ以下で紹介した当時の朝日新聞による妓生遊びの体当たりルポが示す通りである。戦後の韓国では公娼制度がいったんは廃止されたものの、主に韓国駐留アメリカ軍兵士向けの売春業は実質的に朝鮮戦争後まで継続した。

とりわけ、一九六一年（昭和三十六年）に韓国政府が制定した観光事業振興法によって、韓国内での各種行事に伴う多くの外国人来韓に備えて、日本でいうところの赤線地帯が韓国全土に百ヵ所以上設定され、その地域内での売買春が合法化された点が特筆される。つまり、戦後の韓国における外国人観光客向けの売春サービスは、観光事業を振興して外貨を獲得する国策としての経済政策でもあったのだ。これが、一九七〇年代に大勢の日本人観光客を韓国へと呼び込んだ妓生観光へとつながっていくことになる。

世界史上に類例を見ないこの前代未聞の売春観光推進政策によって、「キーセンハウス」と呼ばれる韓国各地の観光料亭に所属する酌婦（観光妓生）の数は、一九七〇年代初めには四万人にもなったという。こうした観光妓生が国の外貨獲得策として外国人観光客相手の売春をしていたことは、一九八〇年（昭和五十五年）に韓国で行われた妓生観光の実態調査の結果報告書にある次のような記述から窺える。

「ホテルに着いた女たちは、自分たちのパートナーが入っている部屋を探すのに、ときどきまごつくことがある。キーセンたちをたやすく入れてくれないのである。ここで、いわゆるホテル通過証でもあり外国人に身を売っても法にひっかからないという許可証ともなる『接客員証明書』が必要なのである。接客員証明書の発給過程をみると、国際観光協会料亭課から料亭に出ているキーセンたちに発給してくれるもので、接客員証を発行するのにさきだって、本人の年齢、容姿、家庭環境、学力（最低中卒以上、元来は高卒である）、身元保証書、住民登録謄本などの身上調査書がそろっていなければならない。またいわゆる『素養教育』という教養講座のコースを受けなければならないが、この教養講座は観光協会料亭課が主催し、観光協会と国際観光公社が協賛したり、後援したりする形をとっている。こうした教養講座が、季節ごとに一度ずつ、一年に二度以上行なわれているのだが、ソウルでは主に文化体育館を借りて会場に使っているようだ。
教育を受けてきたキーセンたちに聞いてみた教育内容というものは、著名人や教授たちが出てきて、キーセンたちがかせぎ入れた外貨が、わが国の経済発展にどんなにたいせつに使われているかを説明する内容、客を迎えるマナー（？）を外国の例をあげながら、戦後の日本の女たちが身を売ってかせいだドルのおかげで日本経済の建設が可能だったという内容、反共教育、最後に外貨獲得という聖戦のためにはどんな犠牲も甘受しなければならないという内容と、外国の男性を相手に身を売る行為が売春ではなく愛国行為の発露だといい誇りを持てという結論が一体になるのだという。
釜山観光協会の一関係者は、こうした教育実施の目的を『観光従業員（キーセン）たちの身分上の問題を解決してやるため』だと説明している。一日か二日のこんな教育が終わると証明書が出されて、女たちには観光要員または従業員という名がつくのだが、これが『ライセンス（許可証）』となるのだ」（山口明子〔訳〕『アジア問題シリーズ③キーセン観光実態報告書』NCCキリスト教アジア資料センター、昭和五十九年）
このように韓国が国家を挙げて受け入れようとした買春目的の外国人観光客とは、そのほとんどが隣国の日本人であった。240ページの表93と表94で見た通り、そもそも一九七〇年代の訪韓外国人の半数以上は日本人であり、その八割以上は観光目的であった。しかも、日本人入国者の九割以上が男性なのだ。韓流ドラマに魅せられた日本人女性が大挙して訪韓した二〇〇〇年代初頭と比較すると、信じ難いほどの男女比である。

当時の男性旅行者たちがどのような予備知識を抱いて訪韓したのか。その手がかりとなる記述を、昭和四十九年（一九七四年）に発行された『ブルーガイド海外版　韓国の旅』から見てみよう。

同書の「韓国ナイトライフ」という特集ページは、「韓国の夜をいろどる楽しみでは、まず妓生《キーセン》パーティを筆頭にあげねばなるまい」との一文から始まる。「現在は韓国の代表的な観光名物のひとつになっており、どこの旅行社で組むツアーコースにも、妓生パーティが必ずといってよいほど入っている」そうで、この特集記事も四ページにわたってその魅力をアピールしている。ちなみに、後年の改訂版ではこの記事の「妓生パーティ（Ⅰ）」という単語が「韓式宴会」に置き換えられたが、内容はほとんど変わっていない。

当時の韓国はほぼ全土にわたって夜間通行禁止令が出ていたため、夜十二時から朝四時までは外出できない。そのため、十二時までに宿へ帰りつけるように、妓生パーティーは夕方の七時頃から始めるのが一般的とされた。その間、客一人につき原則として妓生が一人つくことになっており、その後の展開は次のようになると同記事は紹介している。

「パーティの開かれている3時間半前後の間、妓生のサービスは至れりつくせり。客が手を使わなくても、食べたい料理は妓生がハシでとって口まで運んでくれるし、タバコにもすかさず火をつけてくれる。疲れれば肩や脚をもんでくれたりするので、男性なら大名気分にうっとり我を忘れるのも無理はない。韓国の酒席では返盃という習慣があり、客の飲みほした盃のお流れ頂戴というわけで妓生は待っているから、一つの盃がしげく往来し、にぎやかな笑いに座がはずんでくる。（中略）パーティが終わってから、お気に入りの妓生をさそって散歩に出ることも、マダムにことわれば可能である。南山などのドライブウェイを、妓生といっしょにソウルの夜景を眺めながらドライブするのもまた一興であろう」

最後に書かれている「お気に入りの妓生をさそって散歩に出ることも、マダムにことわれば可能」というのは、事実上、出席者が自分の宿泊ホテルの自室に妓生を連れ帰って朝まで一緒に過ごすことができる、という意味であるとみてよいだろう。夜間通行禁止令がある韓国で、宴会が終わってから夜景を眺めつつドライブするというのは非現実的だからだ。

いくら旅行先である韓国自体が国策として外国人観光客の買春を奨励していたといっても、このような海外買春ツアーが日本で積極的に推奨されていたわけではない。むしろ、こうした「不健全」とされる海外旅行者の行状はしばしばマスメディアを通じた批判にさらされ、旅行業界を監督する立場にある運輸省（現・国土交通省）がたびたび警告を発し、国会でも批判的に取り上げられた。

ただ、それでもなお、この種のナイトライフ情報は、すぐには近隣アジア方面への海外旅行ガイドブックの紙面からなくならなかった。この妓生パーティーの記述でいえば、一九八〇年代まで『ブルーガイド海外版』に掲載されていた。それは、旅行ガイドブックが男性目線で作られていた時代の最後の名残であったと言えるかもしれない。

やがて、この種の旅行情報はアングラ情報ばかりを集めた書籍やインターネットへと移行し、一般の旅行ガイドブックからは次第に姿を消して現在に至っている。今、韓国向けの旅行ガイドブックを開けば、多くの日本人女性をとりこにした韓流ドラマに関する現地情報が満載で、往年の妓生パーティーに代表される性風俗情報はほとんど見られない。

ただそれは、「旅行ガイドブックは、違法もしくは不健全な旅行情報は扱わなくなった」という理由だけでは説明できない。買春ツアー情報が紙面から消えた後の一九九〇年代になっても、『地球の歩き方』の『中国編』が外国人料金の支払いを免れる方法をアドバイスしたり、外国人に正式開放されていない地域を身分を偽って旅した体験談を載せたりしていた事実と整合しないからだ。それに、建前論ばかりが載っている旅行ガイドブックは、往々にして、実践的で役に立つとは言えないものである。

ということは、日本社会全体の価値観や意識の変化だけでなく、何よりもアジア方面への女性旅行者が増加したという単純な事実こそが、このナイトライフ情報の変化の最も大きな要因であると思われる。海外旅行自由化から三十年前後を経て、ようやく、アジア向け旅行ガイドブックの読者層として女性の目線が無視できなくなってきた。ナイトライフ情報の質の変化は、その典型的な表れと言えるのではないだろうか。

女性読者が増えて書籍としての見栄えが向上

旅行ガイドブックに女性読者が増えたことは、紙面にカラー写真が多用されるようになるという、書籍としての外形的変化をもたらした。

戦前はもとより、戦後も昭和三十年代から四十年代までは、「写真」といってもそれが常にカラー写真を意味するわけではなかった。昭和四十三年（一九六八年）の『外国旅行案内』には、旅の携帯品としてのカメラについて、「できれば白黒の写真とカラー写真の両方が撮《うつ》せるように、2台あると便利」との説明を付している。別のページにある写真撮影の注意事項では「カラーフィルムの発達した現在」という言い方をしているが、同じ項目内で「とくに辺ぴな土地でない限り、白黒フィルムの現像はしてくれる」とのアドバイスを載せており、カラーフィルムの現像機会は海外ではまだ限られていることを示唆している。

そういう事情をカバーしようとしたユニークなサービスとして、日本航空と富士フイルムがタイアップした「フジカラー空輸サービス」の詳細が同書で紹介されている。「ニューヨーク、サンフランシスコ、ロサンゼルス、パリ、ロンドン、ローマ、コペンハーゲン、デュッセルドルフ、ハンブルク、香港の各日航営業所に投函《ママ》を設け、撮影ずみのフィルムを投函すれば、日本に直送され、現像して留守宅に郵送するサービスを行なっている。所要日数は投函してから約2週間。料金は1本につき35㎜、6×6㎝判は150円、8㎜は170円で日本で後払いでよい」とのこと。このサービスは、海外旅行自由化が実現した昭和三十九年（一九六四年）から昭和五十年（一九七五年）まで実施されていたという。

そういう時代の旅行ガイドブックは、写真は載っていても白黒が通常で、カラー写真は巻頭の口絵ページや広告にしかなかった。カラー写真を載せれば書籍としての単価も跳ね上がるから、それは当たり前のことだったであろう。文章ばかりのページも多く、特に『外国旅行案内』や後年の『世界旅行案内』は、戦前の『旅程と費用概算』と同じく文章による情報が中心である。平成初期（一九九〇年代半ば）までの『地球の歩き方』や、バックパッカー向けにアジア横断やシルクロードなどの広域ガイドブックを多く出した『旅行人ノート』（旅行人）シリーズも似たようなものだった。

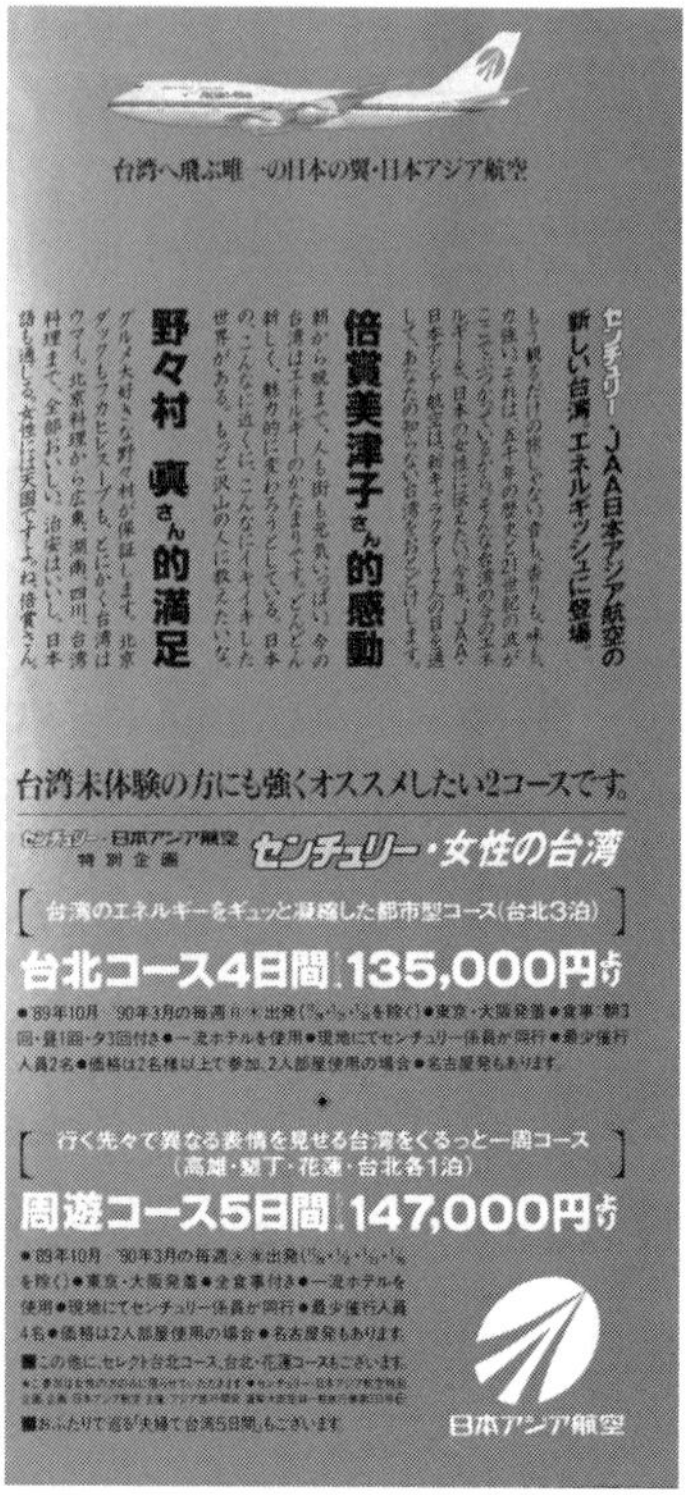

図104　1989年発行の『ブルーガイド情報版 No.128台北／台湾』に掲載されている日本アジア航空の台湾旅行広告。「台湾の今のエネルギーを日本の女性に伝えたい」「女性には天国ですよ」という説明文があり、台湾への女性旅行者を増やそうとする意図が感じられる。

ところが、近年の海外旅行ガイドブックは、宿泊施設の案内などかつては文章による情報だけだった項目にもカラー写真を多用しており、オールカラー化が定着している。一般的にはカラー写真が当たり前の時代になったとはいえ、書籍に載せる写真をカラーにするか白黒にするかが単価決定に与える影響は決して無視できないはずなので、それでもなおカラー写真を多用するのは、少なくない数の読者がそれを望んでいるからに他ならない。

前掲『異国憧憬—戦後海外旅行外史』はこれを、「男用の武骨なガイドブックの女性誌化」と評している。「アンアン」「ノンノ」といった女性誌は海外旅行特集をすると、観光名所の定番写真だけでなく、現地で買いたくなりそうな商品や食べ物の写真をたくさん並べ、値段や店の住所など詳細な情報をイラストマップと一緒に載せたので、そうした旅行情報に慣れた女性観光客に旅行ガイドブックとして選んでもらうには、白黒写真がたまにあるだけで文章中心、しかも観光名所の概説ばかりが綴られている『外国旅行案内』のような伝統的な団体旅行客向けガイドブックは不向き、というわけだ。女性の海外旅行者がガイドブックの読者数として無視できなくなるほど増えたことは、旅行ガイドブックの見栄えも変えたのである。

アジアは急速に旅行しやすくなった

アジア方面への女性旅行者が増えたということは、その国や地域で、ナイトライフに代表される歓楽以外の観光要素の魅力が増し、かつ、格段に旅行しやすくなったことも意味している。

２３８ページで触れた通り、海外旅行が自由化された直後の『ブルーガイド海外版』が、日本近隣のアジア地域として香港、マカオ、台湾、それにやや遅れて韓国くらいしか扱わなかったのは、日本の周辺諸国ではそれらの地域しか日本人が平穏かつ容易に観光旅行できる環境になかったからである。インドシナ半島の各国は内戦や国境紛争などで旅行どころではなかったし、中国やソ連は強固な共産主義体制下にあり自由旅行が厳しく制限されていた。

ところが、各国の国情が落ち着いてくると、共産主義体制の国々であっても、主として経済的な事情から、資本主義国の外国人観光客を少しずつ受け入れるようになった。戦後は日本人旅行者の立入りがほとんど認められなかった樺太（サハリン）でさえ、ソ連崩壊後は直通の航空便や船便が北海道から設定され、サハリン専門の旅行ガイドブックまで販売されている。今や、自国内での外国人観光客の自由旅行を一切認めないのは北朝鮮くらいだ（その北朝鮮にしても旅行ガイドブックはあり、日本人を含む外国人観光客の受け入れはしている）。

西ヨーロッパに比べて越えることが難しかった中国周辺国との国境も徐々に観光客に開放され、東南アジア諸国間を観光客が自由に渡り歩くことさえできるようになった。とりわけ日本人旅行者にとっては、観光目的で入国する際に査証（ビザ）の取得が免除される国が大幅に増え、旅行前に必要な手続きが著しく簡素化されている。

海外旅行自由化直前の昭和三十八年（一九六三年）の『外国旅行案内』によれば、短期滞在の日本人観光客にビザ取得を免除しているアジアの国はパキスタン（当時は現在のバングラデシュも東パキスタンとして含まれていた）だけだった。パスポートを発給してもらうこと自体が難しかったが、やっとパスポートを手に入れたとしても、香港やマカオへ行くときでさえ、いちいちそれぞれの地域の入国ビザを事前に取らなければならなかった。

　それから五十年以上が経過した平成三十一年（二〇一九年）一月現在、日本人観光客に事前のビザ取得を義務づけているアジアの国（空港や国境の到着時にビザが即時発給されるため実質的に事前手続き不要の国は除く）は、東南アジアには一ヵ国もなく、東アジアでは北朝鮮のみ。南アジアではブータン、インド、パキスタン。中東ではアフガニスタン、イラン、イラク、サウジアラビア、イエメン。旧ソ連から独立した中央アジアやコーカサスの国々の中でも、今や日本人旅行者に事前のビザ取得を常時要求するのはタジキスタンとトルクメニスタンだけだ。極東地域に領土を持つロシアは、旧日本領のサハリン（樺太。旧日本領ではない北半部も含む）に限り、短期滞在の日本人旅行者にビザ取得を免除しているほか、二〇一七年八月

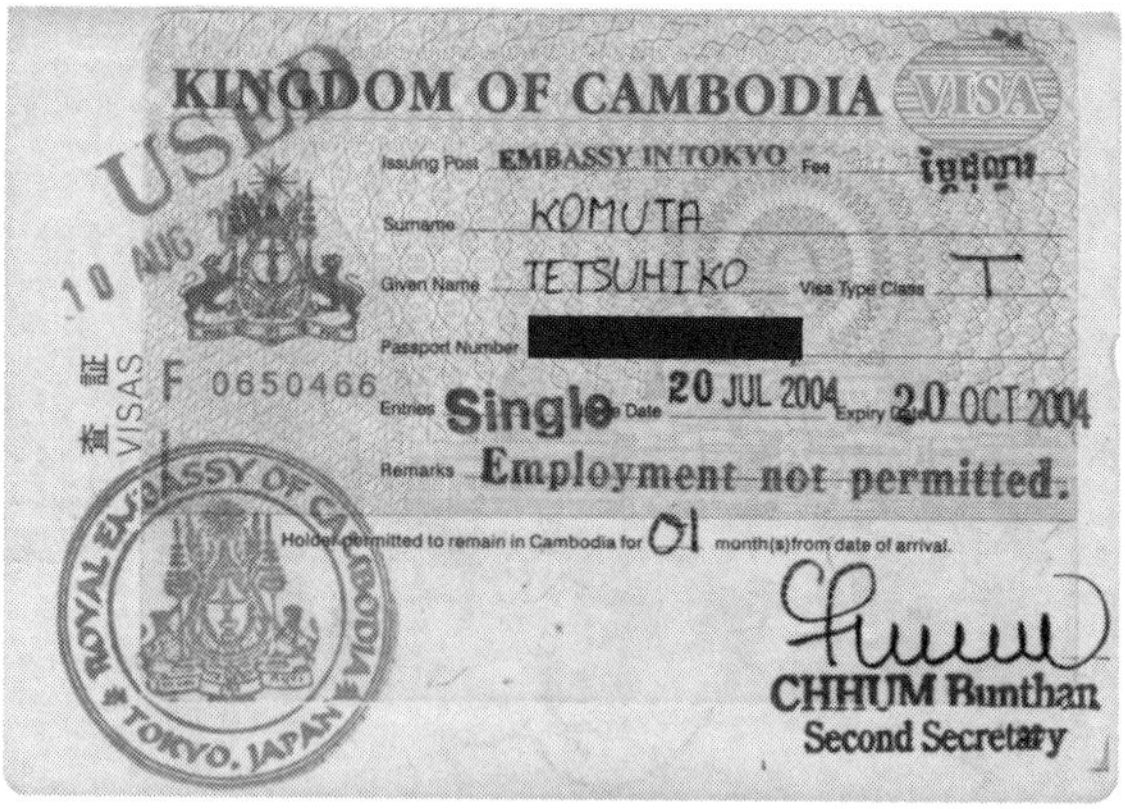

図105　パスポートに貼り付けるシール式のカンボジア観光ビザ。近年はアジアで観光ビザを要する国は減っている。

からウラジオストクやハバロフスクなど極東地域への観光客に対して、インターネットでの電子ビザ申請を開始。この方式の通用範囲が少しずつ拡大している。自宅からパソコン操作で簡単に手続きを完了できるので、大使館や領事館へパスポートを預けたり受領したりする必要がなく、実質的にはビザ免除に極めて近い方法と言える(オーストラリアがすでにこの方法を導入している)。

このように、現在のアジアでは、日本人観光客が事前に入国ビザを取得しなければならない国や地域を探す方が、逆に難しいほどになっている。一九九〇年代から二〇〇〇年代初頭の頃までは、アジア各国はヨーロッパに比べてビザ必要国が多く、旅行ガイドブックのビザ取得情報は重要な記述だったが、近年の地域別のガイドブックでは、ビザの取得に関する旅行情報は大幅に簡素化されている。

エピローグ――旅行ガイドブックの変遷から見えること

言葉や通貨、交通手段も日本標準の方式が東アジア全体を席巻し、東アジアへの渡航が国内旅行の延長のようだった大日本帝国時代とはまったく違った形で、戦後の日本人はかつての自国領を含む近隣アジアを明確に「外国」として意識し、日本とのさまざまな差異を前提としたうえでの自由かつ身軽な旅行を楽しむようになった。旅行者の行動範囲や遊び方は徐々に拡大し、あるいは多様化してきた。

各時代の旅行ガイドブックを比較すると、そうした緩やかな変遷の過程が読み取れる。旅行ガイドブックという書籍は、表紙や内容の章立てなど基本構成が同じでも、記述の詳細部分は毎年のように緩やかに変化し続ける点で、一般の単行本とは異なる特性を持っている。しかも、せっかく購入したガイドブックはたいていの場合、消耗品のごとく使用される。旅行が終われば再び同じページが開かれることは少なく、仮にリピーターとして同じ旅行先を選ぶとしても、ガイドブックは最新版を改めて購入する人が多いと思われる。観光案内の記述は流用できても、現地で要する費用の金額や交通情報などは最新版でないと、かえって旅行中の自分が不便になってしまうからだ。

とりわけ、東アジア各地は戦前も日本人が旅行を楽しみやすく、戦後も海外旅行自由化後の早い段階から足を延ばしやすい近場だったため、地域別旅行ガイドブックの歴史が長く、その移り変わりを長期的に見比べやすい。それゆえ、「同じ地域のガイドブックを続けて数年分読んで比較する」という作業がしやすい。その作業に取り組んでみると、記述の変化は単に旅行先の実用情報についてだけでなく、その発行時期における読み手である一般の旅行者にとっての日常の生活習慣や価値観についてまで及んでいることがある。「一般の旅行者」とは、日本語の旅行ガイドブックの場合、当然ながら日本人と同義になる。

紙面の変化には、その時々の日本内外の国際情勢から服装、金銭の支払い形態、通信手段といった生活レベルでの社会環境、さらに戦争史跡やナイトライフに関する紹介記事が示すように、時代ごとの価値観の違いまでが反映されている。イランの日本語通用事情のように紙面に現れない情報もないわけではないが、「読む人が実際の旅行を楽しめるように」という刊行目的の単純さゆえに、戦前でも戦後でも、政府の公式見解や堅苦しい建前論などに左右されない旅行者、すなわちその時代における標準的日本人のたくましさや本音を、行間から読み取ることができる。

特に、日本からの距離が近く短期旅行でも行きやすい東アジアへの海外旅行は、遠い欧米よりもたくさんの日本人が体験しやすいだけに、より実用的であろうとするガイドブックにその傾向が強く表れやすいのかもしれない。編集者の主観が入った解説文やコラムはもとより、無機質な現地情報の羅列からも、見えてくるものはある。

近年はインターネットによる旅行情報を活用する旅行者が増えて、旅行ガイドブックを持たなくてもスマホやタブレットを持っていれば、特段の不便を感じずに海外旅行を楽しむことができる。だから紙の旅行ガイドブックが世界中で廃刊の危機に瀕しているかというと、少なくとも現在の日本では、全てがそういうわけではないようだ。『ブルーガイド海外版』や『地球の歩き方』などの歴史が長い海外旅行シリーズはなお紙の本として健在で、売り上げを順調に伸ばしている新シリーズもあるという。

特にアジア向けガイドブックは、旅行者の絶対数の多さが需要の大きさの前提となっており、製本・市販される紙の書籍の存続を支えやすい。アフリカや南米への日本人旅行者がアジア方面より少ないのは、それらの場所が観光未開地だからではなく、単に日本から遠くて時間的・経済的に観光旅行先となりにくいからに過ぎない。ヨーロッパからは近場になるアフリカへ、北米から近場になる南米へはそれぞれ旅行者が多く、決して観光要素が客観的に乏しいわけではないのだ。だから、「日本から近いので行きやすい」という東アジアの立地条件は、観光旅行先としての魅力度の高低とは別に、日本人が旅行先を選択するときの優先度を上げやすくして現実にアジアへの旅行者を増やしている単純明快な重大要素と言えるのである。

その要素が今後も変わらない以上、インターネットやSNS（ソーシャル・ネットワーキング・サービス）全盛の中で日本近隣の東アジア諸国を扱う旅行ガイドブックが紙媒体として発行されている現状は、アジア以外の地域に比べれば、それほど急速かつ劇的には変わらないだろう。明治から平成まで、伝統的に旅行好きな日本人旅行者の貴重な海外旅行情報源として読み継がれ、その時々の世相をも反映させ続けてきた東アジア方面への旅行ガイドブックは、平成に続く令和時代以降も、当面は電子媒体での旅行情報と適度に共存しながら、製本されて書店の海外旅行コーナーに並び続けると思われる。

あとがき

十九歳のときに初めて一人で海外旅行に出かけて以来、旅行中に携帯していたガイドブックを帰国後も捨てられず、ずっと自室の書棚に並べていた。子供の頃から小遣いをはたいて購入した時刻表や鉄道雑誌を保管し続けてきたので、「古くなった実用情報は不要である」という感覚が私にはなかった。

そうして二十年も経つと、発行年だけ異なる同じ地域の旅行ガイドブックが何冊も並ぶ、というケースが増えてくる。それらを読み比べてみると、旅行先の実用情報以外にも記述が変化していて、同じシリーズのガイドブックが同じ観光地を紹介しているのに、発行年によって紹介の仕方がずいぶん異なっていることに気がついた。二十世紀末はスマホなどなかったし、旅先でパソコンを触る機会もなかったから、海外で日本語の活字が恋しくなると、用がなくても手元の旅行ガイドブックを何度も繰り返し読んだ。そのせいか、他愛のないコラム記事も含め、ガイドブックにどんなことが書いてあるかが後年まで頭によく入っていて、数年後に同じ地域を再訪するときに同じシリーズのガイドブックを買って読むと旧版との違いに気づきやすかったのかもしれない。

そんな読み比べを、明治以降の東アジア各地に拡大して実践してみたらどうなるだろうか、という思いつきによる分析結果を、平成二十五年に文化庁の後援で行われた一般財団法人霞山会での公開講座「旅行史からアジアを眺める」で、次いで翌平成二十六年に中央大学文学部中国言語文化専攻主催の講演会「旅行ガイドブックが語る中国旅行の歴史」で発表した。本書はこの二つの講演がきっかけとなり、その後の史料分析を重ねて成立したものである。貴重な発表の機会を作っていただいた霞山会文化事業部課長の齋藤眞苗氏と中央大学文学部教授の榎本泰子氏、そして拙い両講演をご清聴いただいた当時の聴講者の皆様には、本書刊行の報告をもって改めて感謝申し上げる。

両講演において特に留意したのは、旅行の自由が保障され、かつ近代的な公共交通機関が発達した時代や社会であれば多くの一般市民が体験できる行楽旅行のあり方を分析対象とし、古びた旅行ガイドブックの紙面を実際に示して経年による記述の変化を丹念に追うという分析手法を実演することであった。百年以上に及ぶ旅行ガイドブックの充実化の歴史が実証している通り、時代や社会体制、そして個々人の思想・信条の違いをも超えて、明治以降、多くの日本人が休日に遠隔地への行楽旅行を楽しんできた。彼らの多くが旅行中に携帯していた旅行ガイドブックには、発行当時の標準的日本人が持っていた生活習慣や価値観が文面や行間に内在している。現代の我々が持つさまざまな先入観にとらわれず、堅苦しい思想・信条とはほぼ無縁の実用書である旅行ガイドブックからそれらの情報を当時の視点に立って読み解けば、比較的近い過去に生きていた当時の日本人の等身大の姿や日本社会の一面に触れることもできる。そんな風変わりな歴史観察の楽しみ方を提示してみようとしたささやかな主意は、本書全体の基本スタンスでもある。

もっとも、本書は両講演を踏まえて書き始めたものの、その後の文献渉猟には長い時間を要した。分析作業の深入りも一因だが、分析すべき過去の旅行ガイドブック自体が入手しづらいという事情もあった。旅行ガイドブックという書籍は新聞や月刊誌のように公共図書館に毎年度版が欠かさず納品されているわけではないので、自分が実際に使用した過去二十年間よりもさらに前の時期のガイドブックは、戦後の刊行であっても全ての年度版に当たるのは難しいのである。ある日突然、ある時期のガイドブックに遭遇して新たな発見があり、そのたびに本文は随時改稿するというサイクルが不定期に繰り返され、そのため脱稿時期は当初の想定より大幅に遅れた。本書の出版を強く後押ししてくださった草思社編集部の増田敦子氏と編集を担当していただいた木谷東男氏、そして本書全体のレイアウトから装幀までを一手に引き受けていただき私の細かい注文にも対応してくださったデザイナーの板谷成雄氏には、遅筆のお詫びとともに、種々のご高配に心より御礼申し上げる。

令和元年五月　著者

主要参考文献一覧（刊行年順）

※①発行年の表記は、当該書籍刊行当時の刊行地の公用暦に従った。和暦以外を公用暦とする外国で刊行された書籍の場合は、相当する和暦をカッコで付記した（元号のない４ケタは西暦。「康徳」は満洲国暦の元号）。

※②ＪＴＢ（日本交通公社）時刻表などの定期刊行物、『地球の歩き方』などの不定期に更新される旅行ガイドブックで現在も刊行が続いているもの、『るるぶ』などの雑誌類は一覧から省略した（本文中に引用したものを参照）。

統監府鉄道管理局（編）『韓国鉄道線路案内』統監府鉄道管理局、明治41年

南満洲鉄道（編）『南満洲鉄道案内』南満洲鉄道、明治42年

朝鮮総督府鉄道局（編）『朝鮮鉄道線路案内』朝鮮総督府鉄道局、明治44年

南満洲鉄道（編）『南満洲鉄道旅行案内』南満洲鉄道、大正6年

鉄道院（編）『朝鮮満洲支那案内』鉄道院、大正8年

南満洲鉄道（編）『南満洲鉄道株式会社十年史』南満洲鉄道、大正8年

南満洲鉄道大連管理局営業課（編）『満鮮観光旅程』南満洲鉄道大連管理局営業課、大正9年

ジャパン・ツーリスト・ビューロー（編）『旅程と費用概算』ジャパン・ツーリスト・ビューロー、大正9年

青島守備軍民政部・鉄道部（編）『山東鉄道旅行案内』青島守備軍民政部・鉄道部、大正10年

南満洲鉄道（編）『南満洲鉄道旅行案内』南満洲鉄道、大正13年

台湾総督府鉄道部（編）『台湾鉄道旅行案内』台湾総督府鉄道部、大正13年

外務省通商局（編）『上海事情（在上海帝国総領事館調査）』

外務省通商局、大正13年
台湾総督府交通局鉄道部(編)『台湾鉄道旅行案内』台湾総督府交通局鉄道部、昭和2年
朝鮮総督府鉄道局(編)『朝鮮之風光』朝鮮総督府鉄道局、昭和2年
南満洲鉄道(編)『南満洲鉄道株式会社第二次十年史』南満洲鉄道、昭和3年
樺太庁鉄道事務所(編)『樺太の鉄道旅行案内』樺太庁鉄道事務所、昭和3年
朝鮮総督府鉄道局(編)『釜山案内』朝鮮総督府鉄道局、昭和4年
朝鮮総督府鉄道局(編)『京城案内』朝鮮総督府鉄道局、昭和4年
朝鮮総督府鉄道局(編)『平壌案内』朝鮮総督府鉄道局、昭和4年
朝鮮総督府鉄道局(編)『朝鮮旅行案内記』朝鮮総督府鉄道局、昭和4年
糸乗紫雲『樺太案内旅行記』福田精舎、昭和4年
台湾総督府交通局鉄道部(編)『台湾鉄道旅行案内』台湾総督府交通局鉄道部、昭和5年
仲摩照久(編)『日本地理風俗大系 第14巻 北海道及び樺太篇』新光社、昭和5年
仲摩照久(編)『日本地理風俗大系 第16巻 朝鮮篇(上)』新光社、昭和5年
仲摩照久(編)『日本地理風俗大系 第17巻 朝鮮篇(下)』新光社、昭和5年
日本遊覧社(編)『全国遊廓案内』日本遊覧社、昭和5年
改造社(編)『日本地理大系 第10巻 北海道・樺太篇』改造社、昭和5年
改造社(編)『日本地理大系 第11巻 台湾篇』改造社、昭和5年
改造社(編)『日本地理大系 第12巻 朝鮮篇』改造社、昭和5年
改造社(編)『日本地理大系 満洲及南洋篇』改造社、昭和5年
改造社(編)『日本地理大系 別巻第4 海外発展地篇下巻』改造社、昭和6年
ジャパン・ツーリスト・ビューロー(編)『旅程と費用概算』博文館、昭和6年
仲摩照久(編)『日本地理風俗大系 第15巻 台湾篇』新光社、昭和6年

ジャパン・ツーリスト・ビューロー（編）『旅程と費用概算』博文館、昭和8年
朝鮮総督府鉄道局（編）『朝鮮旅行案内記』朝鮮総督府鉄道局、昭和9年
ジャパン・ツーリスト・ビューロー（編）『旅程と費用概算』博文館、昭和10年
台湾総督府交通局鉄道部（編）『台湾鉄道旅行案内』台湾総督府交通局鉄道部、昭和10年
東京府小笠原支庁（編）『南洋群島産業視察概要』東京府、昭和10年
京城観光協会（編）『京城案内　近郊、温泉』京城観光協会、昭和10年
三省堂旅行案内部（編）『朝鮮満洲旅行案内』三省堂、昭和11年
内藤英雄（編）『Taiwan: a unique colonial record』国際日本協会、昭和12年
南満洲鉄道株式会社総裁室弘報課（編）『南満洲鉄道株式会社三十年略史』南満洲鉄道、昭和12年
松本豊三（編）『満洲概観』南満洲鉄道／満州文化協会、昭和12年
朝鮮総督府鉄道局（編）『半島の近影』朝鮮総督府鉄道局、昭和12年
室生犀星『駱駝行』竹村書房、昭和12年
ジャパン・ツーリスト・ビューロー（編）『旅程と費用概算』ジャパン・ツーリスト・ビューロー、昭和13年
三平將晴『南洋群島移住案内』大日本海外青年会、昭和13年
南満洲鉄道（編）『簡易満洲案内記 昭和十三年版』南満洲鉄道、昭和13年
満鉄鮮満案内所（編）『朝鮮満洲旅の栞』南満洲鉄道東京支社、昭和13年
満洲帝国政府特設満洲事情案内所（編）『満洲戦跡巡礼』三省堂、昭和14年
ジャパン・ツーリスト・ビューロー（編）『旅程と費用概算』ジャパン・ツーリスト・ビューロー、昭和14年
奉天交通（編）『奉天観光案内』奉天交通、康徳6年（昭和14年）
哈爾濱観光協会（編）『哈爾濱ノ観光』哈爾濱観光協会、康徳6年（昭和14年）
大宜味朝徳『南洋群島案内』海外研究所、昭和14年

今井晴夫（編）『朝鮮之観光』朝鮮之観光社、昭和14年
金剛山電気鉄道（編）『金剛山電気鉄道株式会社二十年史』金剛山電気鉄道、昭和14年
東文雄『鮮満支 大陸視察旅行案内』東学社、昭和14年
台湾総督府交通局鉄道部（編）『台湾鉄道旅行案内』台湾総督府交通局鉄道部、昭和15年
ジャパン・ツーリスト・ビューロー（編）『旅程と費用概算』ジャパン・ツーリスト・ビューロー、昭和15年
ジャパン・ツーリスト・ビューロー満洲支部（編）『満支旅行年鑑』博文館、昭和16年
美濃部正好『華中鉄道沿線案内』華中鉄道、昭和16年
華中鉄道（編）『呉楚風物』華中鉄道、昭和17年
華中鉄道（編）『華中鉄道と中支那』華中鉄道東京支社、昭和18年
朝日新聞社（編）『南方の拠点・台湾写真報道』朝日新聞社、昭和19年
日本交通公社（編）『外国旅行案内』日本交通公社、昭和27年
日本交通公社（編）『外国旅行案内』日本交通公社、昭和34年
日本交通公社（編）『外国旅行案内』日本交通　公社、昭和35年
桑原武夫／阿川弘之（編）『世界の旅1 日本出発』中央公論社、昭和36年
日本交通公社（編）『外国旅行案内』日本交通公社、昭和38年
日本交通公社（編）『外国旅行案内』日本交通公社、昭和41年
日本航空・実業之日本社ブルーガイド編集部（編・監）『ブルーガイド海外版 ＪＡＬシリーズ1 香港・マカオ・台湾』実業之日本社、昭和41年
日本交通公社（編）『外国旅行案内』日本交通公社、昭和43年
日本交通公社（編）『全国旅行案内』日本交通公社、昭和45年
日本交通公社（編）『外国旅行案内』日本交通公社、昭和46年
日本航空・ブルーガイド編集部（編・監）『ブルーガイド海外版 ＪＡＬシリーズ1 香港・マカオ・台湾』実業之日本社、昭和47年

日本交通公社（編）『外国旅行案内』日本交通公社、昭和47年
本多勝一『冒険と日本人』実業之日本社、昭和47年
ワールドフォトプレス（編）『香港・マカオの旅』ワールドフォトプレス、昭和47年
ブルー・ガイドブックス編集部（編）『ブルーガイド海外版　ＪＡＬシリーズ17　韓国の旅』実業之日本社、昭和49年
金重紘『ブルーガイド海外版　ＪＡＬシリーズ１　香港・マカオの旅』実業之日本社、昭和50年
大韓民国交通部観光局（編）『統計資料 TOURISM STATISTICS』大韓民国交通部観光局、１９７５年（昭和50年）
須藤郁『ブルーガイド海外版　台湾の旅』実業之日本社、昭和51年
日本交通公社出版事業局（編）『世界旅行案内』日本交通公社出版事業局、昭和52年
大韓民国交通部／国際観光公社（編）『韓国観光統計』大韓民国交通部／国際観光公社、１９７８年（昭和53年）
日本交通公社出版事業局（編）『海外ガイド④　香港・マカオ・台湾』日本交通公社出版事業局、昭和53年
日本交通公社出版事業局（編）『世界旅行案内』日本交通公社出版事業局、昭和54年
ブルー・ガイドブックス編集部（編）『韓国』実業之日本社、昭和55年
ブルーガイドパック編集部（編）『ブルーガイド　パック・ワールド02台湾』実業之日本社、昭和56年
平壌教区史編纂委員会（編）『天主教平壌教区史』プンド出版社、１９８１年（昭和56年）
駒場孝雄／清水尾佐虫『台湾旅行術』文潮出版、昭和57年
吉行淳之介『吉行淳之介全集　第１巻（原色の街・驟雨）』講談社、昭和58年
韓国教会女性連合会（編）／山口明子（訳）『アジア問題シリーズ③キーセン観光実態報告書』ＮＣＣキリスト教アジア資料センター、昭和59年
鮮交会（編）『朝鮮交通史』三信図書、昭和61年
南満洲鉄道株式会社総裁室弘報課（編）『思い出の写真帖　満洲概観（下）』国書刊行会、昭和62年
Ｂ・Ｈ・チェンバレン／Ｗ・Ｂ・メーソン（楠家重敏・訳）『チェンバレンの明治旅行案内―横浜・東京編

―』新人物往来社、昭和63年
朝鮮観光案内編集部(編)『朝鮮観光案内』朝鮮新報社出版事業部、平成2年
西川俊作／山本有造(編)『日本経済史5　産業化の時代 下』岩波書店、平成2年
朝鮮総督府『朝鮮総督府帝国議会説明資料 第10巻』不二出版、平成6年
秋山和歩『戦後日本人海外旅行物語　巨いなる旅の時代の証言』実業之日本社、平成7年
白幡洋三郎『旅行ノススメ』中公新書、平成8年
朝鮮新報社出版局(編)『朝鮮―魅力の旅』朝鮮新報社、平成8年
アーネスト・サトウ(庄田元男・訳)『明治日本旅行案内〈上巻〉カルチャー編』平凡社、平成8年
アーネスト・サトウ(庄田元男・訳)『明治日本旅行案内〈下巻〉ルート編Ⅱ』平凡社、平成8年
杉原薫『アジア間貿易の形成と構造』ミネルヴァ書房、平成8年
宮脇俊三『増補版　時刻表昭和史』角川書店、平成9年
いかりや長介『だめだこりゃ』新潮社、平成13年
佐藤一一『日本民間航空通史』国書刊行会、平成15年
前川健一『異国憧憬―戦後海外旅行外史』ＪＴＢ、平成15年
小牟田哲彦『鉄馬は走りたい――南北朝鮮分断鉄道に乗る』草思社、平成16年
山室信一『キメラ――満洲国の肖像 増補版』中公新書、平成16年
酒井直行／牧野洋(編)『外地鉄道古写真帖』新人物往来社、平成17年
小島英俊『文豪たちの大陸横断鉄道』新潮新書、平成20年
曽我誉旨生『時刻表世界史 時代を読み解く陸海空143路線』社会評論社、平成20年
今尾恵介／原武史(監修)『日本鉄道旅行地図帳 歴史編成 満洲樺太』新潮社、平成21年
今尾恵介／原武史(監修)『日本鉄道旅行地図帳 歴史編成 朝鮮台湾』新潮社、平成21年
髙木宏之『写真に見る満洲鉄道』光人社、平成22年
福沢諭吉(土橋俊一：校訂・校注)『福翁自伝』講談社学術文庫、平成22年
平塚柾緒(太平洋戦争研究会・編)『図説 写真で見る満州

全史』河出書房新社、平成22年
山口誠『ニッポンの海外旅行――若者と観光メディアの50年史』ちくま新書、平成22年
小牟田哲彦（監修）『旧日本領の鉄道100年の軌跡』講談社、平成23年
髙木宏之『満洲鉄道発達史』潮書房光人社、平成24年
前間孝則『満州航空の全貌1932～1945：大陸を翔けた双貌の翼』草思社、平成25年
髙木宏之『満洲鉄道写真集』潮書房光人社、平成25年
小牟田哲彦『大日本帝国の海外鉄道』東京堂出版、平成27年
片倉佳史『古写真が語る台湾　日本統治時代の50年　1895―1945』祥伝社、平成27年
喜多由浩『満洲文化物語――ユートピアを目指した日本人』集広舎、平成29年

著者略歴――――
小牟田哲彦《こむた・てつひこ》

昭和50年、東京生まれ。早稲田大学法学部卒業、筑波大学大学院ビジネス科学研究科企業科学専攻博士後期課程単位取得退学。日本及び東アジアの近現代交通史や鉄道に関する研究・文芸活動を専門とする。平成7年、日本国内のJR線約2万キロを全線完乗。世界70ヵ国余りにおける鉄道乗車距離の総延長は8万キロを超える。平成28年、『大日本帝国の海外鉄道』(東京堂出版)で第41回交通図書賞奨励賞受賞。ほかに『鉄馬は走りたい―南北朝鮮分断鉄道に乗る』(草思社)、『鉄道と国家―「我田引鉄」の近現代史』(講談社現代新書)、『去りゆく星空の夜行列車』(草思社文庫)など著書多数。日本文藝家協会会員。

旅行ガイドブックから読み解く
明治・大正・昭和
日本人のアジア観光

2019年6月28日　第1刷発行

著　者　小牟田哲彦
装幀者　板谷成雄
発行者　藤田　博
発行所　株式会社草思社
〒160-0022　東京都新宿区新宿1-10-1
電話　営業 03(4580)7676　編集 03(4580)7680

組版・図版　板谷成雄
印刷・製本　中央精版印刷株式会社

ISBN978-4-7942-2402-6 Printed in Japan　検印省略

草思社刊

文庫 去りゆく星空の夜行列車

小牟田哲彦 著

「トワイライトエクスプレス」も「北斗星」も姿を消していく。長く愛されてきた憧れの夜行列車の失われた旅情を求めて、著者が体験した19の夜行列車の旅を綴る。

本体 850円

鉄馬は走りたい
——南北朝鮮分断鉄道に乗る

小牟田哲彦 著

南北の対立によって分断された京義線、京元線など4つの鉄道の今と昔。韓国と北朝鮮の両側から現状を探り、廃線跡をたどっては往事をしのぶ。出色の朝鮮鉄道紀行。

本体 1,800円

文庫 朝鮮開国と日清戦争
——アメリカはなぜ日本を支持し、朝鮮を見限ったか

渡辺惣樹 著

日米が独立国と認め、日本はそのために戦ったにもかかわらず朝鮮は自らを改革できなかった。米アジア外交の視点を加え、日清戦争の解釈に新たなパラダイムを示す。

本体 1,200円

韓国「反日主義」の起源

松本厚治 著

日本統治の歴史を一次資料をもとに再構築し、韓国における「反日」の起源を明らかにするとともに、それが国家イデオロギーへと発展する過程を圧巻の筆で描く！

本体 4,200円

＊定価は本体価格に消費税を加えた金額です。